高职高专“十二五”规划教材·工商管理类

基础会计学

第3版

主　编　吕秀娥
副主编　孙　琳　迟丹凤　倪　玲

南京大学出版社

编写说明

本教材是为了适应新企业会计准则和现代企业会计制度，适应商务电子化发展背景下的信息化平台与管理有机结合的需要，组织有丰富教学实践经验的教师编写的。适用于高等职业技术教育经济管理类专业的会计教学，也可供财会人员自学使用。

本教材从高职高专经济管理类专业的人才培养方案的整体要求出发，融合国家职业标准，主要针对高职高专经济管理类专业（三年制、二年制）教学的要求，加强基本理论的教学和基本技能的训练，将理论教学与实践教学、经济管理与信息技术、文字教材与电子教材紧密结合起来，最突出的特色是基础理论与实践教学的有机融合。

本教材突出操作性、实用性和创新性，强化技能训练。本书全面系统地阐明了会计的基本理论、基本知识和基本方法，各章按操作任务、操作知识、操作训练、能力测试、电子化应用的体例来编写，引导教师采用理论教学与实训教学相结合的方式，来强化对学生职业技能的培养。

本教材由山东商务职业学院组织编写，吕秀娥担任主编并负责总纂定稿，孙琳、迟丹凤、倪玲（山东省农业广播电视学校莱阳分校）担任副主编。吕秀娥、倪玲、孙琳编写第十、十一章和模拟实训资料，徐寿荣、迟丹凤编写第六、七章，马述珍、韩岚岚、林文编写一、二、三章，黄性清、付晓编写第四、五章，唐荣君、陈玉峰编写第八、九章，徐玉果、赵卫卫编写第十二、十三章。在本教材编写的过程中，烟台明远纺织品有限公司财务总监王朔，威海港湾建设工程有限公司总经理张友联、北京玖明安达物流有限公司总经理王安宝给予了大力支持，在此表示诚挚的感谢。

由于编者水平有限，书中纰漏和错误在所难免，恳请读者批评指正。

编　者

2014 年 2 月

目　　录

第一章　会计基本理论

【操作任务】

了解：会计的产生与发展，会计基本假设。

熟悉：会计信息质量要求，会计计量原则。

掌握：会计的概念及特点，会计基本职能，会计核算方法的相互联系。

【操作知识】

第一节　会计概述

一、会计的产生与发展

（一）会计是在社会生产实践中产生的

人类社会的生产活动决定着人类其他一切活动，也是人类会计行为产生的根本前提。因此，人类的会计行为是社会生产发展到一定阶段的产物。会计在我国有着悠久的历史，从原始社会“结绳记事”的会计萌芽阶段发展到现代的复式记账，从生产的附带部分发展为独立的职能，从“会计”命名和会计机构出现，发展到完整的科学体系，其间经历了一个漫长的历史过程。在原始社会，会计只是生产职能的附带部分，当社会生产发展到一定水平并出现了私人占有财产以后，人们为了保护私有权和不断扩大其私有财产，生产过程中便逐步产生了用货币形式进行计量和记录的方法，使会计逐渐从生产职能中分离出来，成为独立的职能。我国远在原始社会末期，即有“结绳记事”“刻石记数”等原始计算、记录的方法，这是会计的萌芽阶段。

（二）会计随着社会经济的发展而发展

我国商代是“官厅会计”的创始时期。到西周（公元前1100年至公元前770年）有了发展，开始出现了“会计”的命名和较为严格的会计机构。根据西周“官厅会计”核算的具体情况考察，“会计”开始运用时，其基本含义是“零星计算为计，综合计算为会”，既有日常的零星核算，又有岁终的综合核算，通过日积月累到岁终的核算，达到正确考核王朝财政收支的目的。同时，西周王朝也建立了较为严格的会计机构，设立了专管钱粮赋税的官员，并建立了所谓“以参互考日成，以月要考月成，以岁会考岁成”的“日成”“月要”和“岁会”等报告，初步具有了旬报、月报、年报等财务报表的雏形，发挥了会计既能对经济活动进行记录核算，又能对经济活动进行审核监督的作用。我国“会计”命名的出现，是我国会计理论产生、发展的一种表现，而这样完备的会计机构的出现，也是我国会计发展上的一个突出进步。

与此同时，会计核算的记账方法也是逐步发展的。我国账簿的设置，开始是使用单一的流水账，即按经济业务发生先后顺序登记的一种单一的序时账簿，后来才从单一流水账发展成为“草流”(也叫底账)、“细流”和“总清”三账，一直使用到明清时期。对会计的结算方法，也从原始社会末期开始的“盘点结算法”发展成为“三柱结算法”，即根据本期收入、支出和结余三者之间的关系，通过“入－去＝余”的公式，结算本期财产物资增减变化及其结果。到了唐、宋两代，我国创建了“四柱结算法”，通过“旧管(即期初结存)＋新收(即本期收入)－开除(即本期支出)＝实在(即期末结存)”的基本公式进行结账，为我国通行的收付记账法奠定了基础。到了清代，“四柱结算法”已成为系统反映王朝经济活动或私家经济活动全过程的科学方法，成为中式会计方法的精髓。明末清初，随着手工业、商业的发达和资本主义经济萌芽的产生，我国商人又进一步设计了“龙门账”，把会计科目划分为“进”“缴”“存”“该”四大类(即收、付、资产、负债)，“进”和“缴”为一线，“存”和“该”为另一线。设总账进行“分类记录”，并编制“进缴表”和“存该表”(即利润表和资产负债表)，实行双轨计算盘亏。继“龙门账”之后，又出现了“四脚账”，对每一笔经济业务，既登记“来账”，又登记“去账”，反映同一账项的来龙去脉。“龙门账”和“四脚账”是我国复式记账方法的最初形式，记录比较全面，为以后发展严密的复式记账方法奠定了基础。

人类会计方法的演进，经历了由单式簿记向复式簿记转化的过程，它是社会经济发展的客观要求。我国长期以来使用单式簿记，在历史上发挥了积极的作用。直至清代后期才从国外引进了借贷复式记账法。

借贷复式记账法的产生和发展，与西方资本主义经济关系的产生和发展有着密切的联系。这一方法最早来自商品货币经济比较发达的意大利佛罗伦萨式、热那亚式和威尼斯式的“三式簿记”。1494 年，意大利数学家，会计学家卢卡·帕乔利的《数学大全》一书在威尼斯出版发行，对借贷复式记账作了系统的介绍，并介绍了以日记账、分录账和总账三种账簿为基础的会计制度，以后相继传至世界各国，为现代会计的发展奠定了基础。

辛亥革命以后，我国会计学家积极引进了西方会计，使我国会计事业有了发展。在 20 世纪 30 年代曾发起了改良中式簿记运动，对中小型企业的会计曾经起过一定的作用。但仍存在“中式簿记”和“西式簿记”并存的局面。

中华人民共和国成立以来，根据不同时期经济发展的要求，我国会计朝着与国际惯例接轨的方向不断地演进发展，制定了一系列按照所有制性质和企业经营方式划分的企业会计制度。

1993 年 7 月 1 日，财政部公布执行的《企业财务通则》和《企业会计准则》以及分行业的会计制度(简称“两则两制”)，是我国会计为适应社会主义市场经济发展和扩大对外开放，由计划经济模式向市场经济模式的转换，实现会计与国际惯例初步接轨的一次较大改革。

2000 年 12 月 29 日，财政部制定了《企业会计制度》，于 2001 年 1 月 1 日起在股份制企业施行，继之逐步扩大至其他企业全面执行。2000 年以后，又陆续对《企业会计准则》的基本准则和具体准则进行了补充修订，制定了《小企业会计制度》《金融企业会计制度》等制度和办法。

2006 年 2 月 15 日，财政部正式发布新修订的《企业会计准则——基本准则》和 38 项具体准则，同年 10 月 30 日又发布了《企业会计准则——应用指南》，自 2007 年 1 月 1 日起在上市公司范围内施行，并鼓励其他企业执行。这是我国会计为适应经济全球化，提高我国企业会计信息在全球经济中的可比性，推进我国会计国际化的发展战略，全面提高我国对外开放水平的又一次较大改革。

（三）会计的功能随现代科技的发展而扩展

现代科学技术的发展和经济体制改革的深化，使现代会计管理科学进一步得到推广，特别是电子计算机技术在会计上的应用，对会计的发展有着深刻的影响。会计在经济管理中的作用日益显著，会计在原有核算和监督功能的基础上，又进一步扩展为预测经济前景、参与经济决策、考核和分析计划执行情况等领域，这对于加强经济管理、提高经济效益有着重要的意义。

二、会计的概念及特点

（一）会计的概念

会计是以货币为主要计量单位，以提高经济效益为主要目标，运用专门方法对企业、机关、事业单位和其他组织的经济活动进行全面、综合、连续、系统的核算和监督，提供会计信息，并随着社会经济的发展，逐步发展为预测、决策、控制和分析的一种经济管理活动，是经济管理活动的重要组成部分。

（二）会计的特点

根据上述会计的产生和发展的过程，说明会计具有以下四个特点：

1. 会计以货币为主要计量单位

原始的会计计量只是用简单的实物数量和劳动量度对经济活动和财物收支进行计算和记录。随着社会生产的日益发展，会计便从简单的计量和记录，逐步地发展为以货币为计量单位来综合核算与监督经济活动的过程。因为所有财产物资和劳动消耗的总括指标，必须利用价值形式间接地进行计算，才能取得必要的、连续的、系统的、全面的、综合的会计信息，使经济核算成为可能。

2. 会计所反映的数据资料具有连续性、系统性、综合性和完整性

要反映已发生或已完成的各项经济活动，了解和考核经济活动的过程和结果，必须对经济活动进行顺序的、不间断的记录和计算，通过分类、汇总和加工整理，取得综合性的指标。随着社会生产的发展、经营规模的扩大和经济活动的日趋复杂，在经济管理上除了要求提供反映现状的核算指标外，还要提供预测未来的会计信息，以便为实现预期效果而采取相应的措施。

3. 会计核算职能与监督职能相结合

会计的事前、事中和事后监督是对会计信息的正确性、真实性和合法性进行检查和监督。会计监督是会计核算的继续和补充，对经济活动具有促进、控制、考核和指导作用，两者不能分离。会计首先是在反映各项经济活动的同时，对经济活动及会计核算进行监督，并且利用各种价值指标来考核经济活动的效果。随着经济的发展，参与企业预测、决策、控制和考核将成为会计职能的主要方面。

4. 会计为提高经济效益服务

提高经济效益是会计的主要目标，充分利用会计信息反馈，参与经济决策，也是现代会计的特点，它会给社会和单位带来经济利益。

三、会计的职能

会计的职能是指会计在经济管理中所具有的功能。马克思所说的对生产“过程的控制和观念总结”（《马克思恩格斯全集》第 24 卷第 152 页），就是指会计对经济活动的核算与监督，这是对会计职能的科学概括。随着经济的不断发展，经济关系的复杂化和管理理论水平的不断

提高，会计职能的内涵也不断得到充实，并开拓了新的领域。

根据会计的特点和马克思的科学论断，会计的职能可以概括为：综合核算与监督经济活动的过程，参与企业的预测、决策，并对经济活动进行控制和分析。

（一）会计的基本职能是核算与监督

马克思所指的“观念总结”，一般是指反映经济活动情况，为经济管理提供会计信息。但随着经济的发展，会计的核算职能从事后反映发展到预测未来。“过程的控制”，一般是指利用会计信息进行会计监督，包括事前、事中和事后的监督。通过控制、分析和检查，发挥会计的控制、考核和促进的作用，引导人们在经济活动中权衡利弊，比较得失，讲究经济效益。

会计的核算职能是会计监督职能的基础，会计监督职能则又贯穿于会计核算的全过程，只有实施会计监督，才能保证会计信息的高质量。会计核算和会计监督两者辩证统一，相辅相成，缺一不可。

（二）会计职能随着经济的发展和管理理论的提高重新分化组合

会计的基本职能是核算与监督，但随着历史的进展，传统的职能已得到不断充实，新的职能不断出现。如，随着我国经济体制改革和国民经济发展的需要，为加强经济核算，讲求经济效益，要求会计工作开展预测经济前景、控制经济过程、参与经济计划和经济决策，把这些职能从核算和监督中分离出来，就更切合实际和符合需要，因此，在会计学术界提出了“会计多功能论”。我国会计界一般认为，会计除了核算与监督职能外，还具有预测、决算、控制和分析等职能。

第二节　会计基本假设

会计假设是指为了保证会计工作的正常进行和会计信息的质量，对会计核算的范围、内容、基本程序和方法所作的限定，并在此基础上建立会计原则。会计面对的是一个现实的、复杂多变的社会经济环境，要使会计核算工作具有一定的稳定性和规律性，必须对会计工作提出一定的前提条件，即作出某些假设，从而使会计工作处于一个相对稳定的、比较理想的环境中。《企业会计准则》将会计假设分为会计主体、持续经营、会计分期和货币计量四项内容。

一、会计主体

会计主体假设就是明确企业会计确认、计量和报告的空间范围。

尽管现代企业归投资者所有，但企业的会计核算不包括该企业的投资者或债权人的经济活动，或其他单位的经营活动。一般地，经济上独立或相对独立的企业、公司、事业单位等都是会计主体，甚至只要有必要，任何一个组织都可以成为一个会计主体，典型的会计主体是经营性企业。

应注意会计主体与法人是有区别的。一般来讲，法人应该是会计主体，但是作为会计主体的企业不一定是法人，如独资企业、合伙企业一般不具有法人资格，但它们却是会计主体。此外，由于管理上的需要，企业内部的某一部门可以作为会计主体进行内部核算，但它们也不是法人。

二、持续经营

持续经营，是指在可以预见的将来，企业将会按当前的规模和状态继续经营下去，不会停业，也不会大规模地削减业务。在持续经营的前提下，会计确认、计量和报告应当以企业持续、正常的生产经营活动为前提。

企业是否持续经营，在会计原则、会计方法的选择上有很大差别。一般情况下，应当假定企业将会按照当前的规模和状态继续经营下去。明确这个基本假设，就意味着会计主体将按照既定用途使用资产，按照既定的和约条件清偿债务，会计人员就可以在此基础上选择会计原则和会计方法。根据这一假设，企业的固定资产会在持续经营的生产经营过程中长期发挥作用，固定资产可以按历史成本进行记录，并按一定的折旧方法，将历史成本分摊到各个会计期间或相关产品的成本中。如果企业不会持续经营，固定资产就不应当按历史成本记录并按期计提折旧。

三、会计分期

按照持续经营假设，企业的正常生产将无限期地进行下去，要绝对正确地核算盈亏，理论上应当从企业成立开始经营起，到企业结束经营止，将企业存续期间全部收支相抵才能确定盈亏，如果这样，会计信息就无其使用价值。因此，为了及时提供企业生产经营信息，我们假设企业正常的生产经营活动可以人为地分割为若干相等的、较短的时间段落，这就是会计分期。可见，会计分期假设是持续经营假设的一个必要补充，它同样是会计核算时间范围的规定。通过会计期间的划分，将持续不断的生产经营活动划分成连续、相等的期间，据以结算盈亏，及时向会计信息使用者提供有关企业财务状况、经营成果和现金流量的信息。

在会计分期假设下，企业应当划分会计期间，分期结算账目和编制财务会计报告。会计期间通常分为年度和中期。年度为从公历元月 1 日起到 12 月 31 日止。中期，是指短于一个完整的会计年度的报告期间，分为月度、季度和半年度。

四、货币计量

货币计量是指会计主体在财务会计确认、计量和报告时以货币计量，反映会计主体的经营活动。在会计核算中，日常登记账簿和编制财务报表用以计量的货币，也就是单位主要会计核算业务所使用的货币，称为记账本位币。

货币计量有两层含义：

(1) 会计核算要以货币作为主要的计量尺度。我国《会计法》规定，会计核算以人民币为记账本位币，业务收支以人民币以外的货币为主的单位，可以选定其中一种货币作为记账本位币，但是编报的财务报表应当折算为人民币。在以货币作为主要计量单位的同时，如有必要也应当以实物量度和劳动量度作为补充。

(2) 假定币值稳定。因为只有在币值稳定或相对稳定的情况下，不同时点上的资产的价值才具有可比性，不同期间的收入和费用才可以进行比较，并计算确定其经营成果，会计核算提供的会计信息才能真实反映会计主体的经济活动情况。

第三节 会计核算方法

会计方法是用来反映和监督会计对象，完成会计任务的手段。会计方法包括会计核算方法、会计分析方法及会计预测和决策方法等。会计核算是会计的基本环节，会计分析、会计预测和决策等都是在会计核算的基础上，利用会计核算资料进行的。本节阐述会计核算的方法，是初学会计者必须掌握的基础知识。会计分析方法及会计预测和决策等方法将在以后章节和相关课程中具体讲述。

会计核算方法就是对会计对象进行连续、系统、完整的核算和监督所应用的方法。为了完成会计核算的基本任务，必须采用一系列的会计核算方法。

一、设置账户

设置账户是对会计对象的具体内容进行分类核算的一种专门方法。会计对象的具体内容复杂多样，设置账户就是根据会计对象内容的特点以及管理的要求，按一定的标准对它分类反映，取得所需要的财务信息。

二、复式记账

复式记账是对每一项经济业务都要以相等的金额同时在两个或两个以上的相互联系的账户中进行记录的一种方法。复式记账法能够全面、系统地反映每一项经济业务的来龙去脉和各项经济业务之间的联系。同时，通过账户的平衡关系，可以检查有关经济业务的记录是否正确，以便于核对凭证填制和账簿登记的正确性。

三、填制和审核会计凭证

填制和审核会计凭证是以会计凭证作为记账的依据，保证会计记录真实、完整、可靠，审查经济活动是否合理、合法的一种专门方法。会计凭证是记录经济业务、明确经济责任的书面证明，是登记账簿的重要依据。对每一项经济业务填制会计凭证，并加以审核，可以保证会计核算的质量，明确经济责任。

四、登记账簿

登记账簿是根据审核无误的会计凭证，在账簿上进行全面、连续、系统记录的方法。账簿是用来全面、连续、系统地记录各项经济业务的簿集，也是保存会计数据资料的重要工具。登记账簿必须以凭证为依据，同时按规定的会计科目设账户，将凭证中所反映的经济内容分别记入相关账户，这样就将凭证中分散的会计信息进一步系统化。登记账簿是会计核算的中心环节。按照科学的方法和程序登记账簿，即可以完整、连续、系统地反映经济活动，也可以为编制财务会计报告提供重要的依据。

五、成本计算

成本计算是指对生产经营过程中所发生的各种费用，按照一定对象和标准进行汇集和分配，以计算确定各对象的总成本和单位成本的方法。账簿记录是成本计算的基础，成本计算是确定材料采购成本、产品生产成本、产品销售成本以及当期损益不可缺少的重要方法，是确定当期损益的重要前提之一。

六、财产清查

财产清查就是盘点实物、核对账目，查明各项财产物资和资金的实有数据的方法。在财产清查中，若发现账实不符，应分析原因，明确责任，调整账簿记录，以使账实完全相符。财产清查是保证核算资料正确性的重要手段，通过财产清查，可以查明各种物资的利用、保管情况以及各项账款结算和拖欠情况，对于监督财产管理、正确核算损益具有重要意义。

七、编制财务报表

财务报表是指企业对外提供的反映企业某一特定日期的财务状况和某一会计期间的经营成果、现金流量等会计信息的文件。它是以一定的表格形式，对一定时期账簿记录内容的总括反映。编制财务报表是对日常会计核算的总结，是将账簿记录的内容定期地加以分类、整理和汇总，是为经济管理提供会计核算指标的一种方法。

上述各种会计核算方法相互联系、密切配合，构成了一个完整的方法体系。在会计核算方法体系中，就其工作程序和工作过程来说，主要是三个环节：填制和审核凭证、登记账簿和编制财务报表。在一个会计期间，所发生的经济业务都要通过这三个环节进行会计处理，将大量的经济业务转换为系统的会计信息。这个转换过程，即从填制和审核凭证到登记账簿，直至编制财务报表的周而复始的变化过程，就是通常所谓的会计循环。上述七种核算方法之间的相互关系如图 1－1 所示。

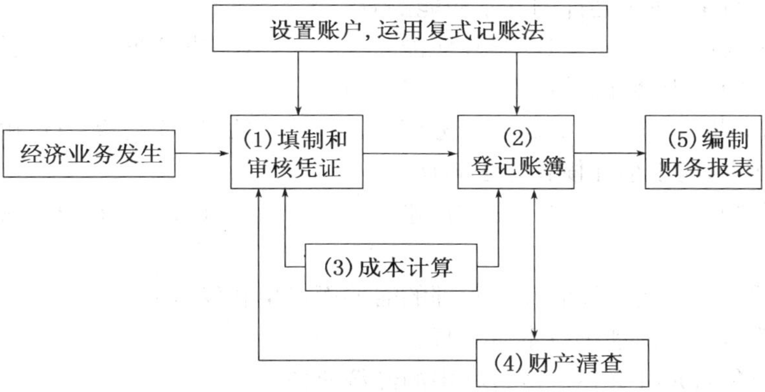

图 1－1　会计核算方法

这些方法相互配合运用的程序是：

(1) 经济业务发生后，取得和填制会计凭证。

(2) 按会计账户对经济业务进行分类核算，并运用复式记账方法在会计账簿中进行登记。

(3) 对生产经营过程中各种费用进行成本计算。

(4) 对账簿记录通过财产清查加以核实，保证账实相符。

(5) 期末，根据账簿记录资料和其他资料，进行必要的加工计算，编制财务报表。

【能力测试】

一、单项选择题

1. 会计核算中所采用的主要计量单位是（　　）。
   A. 货币计量单位　B. 实物计量单位　C. 工时　D. 劳动计量单位
2. 下列各项中，属于会计假设的是（　　）。
   A. 客观性原则　B. 会计主体假设
   C. 编制财务报表　D. 权责发生制原则
3. 会计方法是用来核算和监督（　　）。
   A. 会计职能　B. 会计对象　C. 会计任务　D. 会计作用
4. 会计期间假设是由（　）假定决定的。
   A. 会计主体　B. 持续经营　C. 谨慎性　D. 货币计量
5. 下列不属于会计核算基本前提的是（　）。
   A. 权责发生制　B. 货币计量　C. 会计主体　D. 持续经营
6. 会计核算基本前提中的货币计量前提还包括（　）前提。
   A. 币值稳定　B. 外币折算　C. 货币名称　D. 货币单位
7. 下列各项中属于会计核算方法的是（　）。
   A. 设置会计账户　B. 及时传递凭证　C. 会计分期　D. 实际成本法

二、多项选择题

1. 下列各项目中，属于会计的基本职能的有（　　　）。
   A. 预测职能　B. 核算职能　C. 决策职能　D. 监督职能
2. 下列各项中属于会计假设的是（　　　）。
   A. 货币计量　B. 会计分期　C. 持续经营　D. 财产清查
3. 下列各项中，属于会计核算方法的是（　　　）。
   A. 设置账户　B. 复式记账　C. 财产清查　D. 成本计算

三、判断题

1. 会计是适应生产的发展和经济管理的需要而产生和发展的。（　）
2. 会计只能对经济活动进行事后监督。（　）
3. 会计的对象就是社会再生产过程中的经济业务。（　）
4. 我国的企业只能以人民币作为记账本位币。（　）
5. 会计的基本职能是对经济活动进行预测、决策和核算。（　）
6. 在我国，会计期间有三种，即年度、季度和月份，其中，会计年度的起讫时间为每年7月1日至下年的6月30日。（　）

四、名词解释

1. 会计
2. 会计核算职能
3. 会计监督职能
4. 会计主体假设

5. 持续经营假设
6. 会计分期假设

五、简答题

1. 简述会计基本假设。
2. 简述会计的特点。
3. 简述会计核算方法。

第二章　会计要素和会计等式

【操作任务】

熟悉：会计对象的含义、工业企业和商业企业资金循环。

掌握：资金运动的静态和动态表现，会计六大要素的概念及特征，会计要素之间的关系，4种类型经济业务的发生与会计恒等式的关系。

【操作知识】

第一节　会计的对象

一、会计对象的概念

会计对象是指会计所要核算与监督的内容。在社会主义制度下，社会再生产过程是由生产、分配、交换、消费四个相互关联的环节构成的，它概括了各种经济活动。如前所述，会计是以货币为主要计量单位，因此，会计所要核算和监督的也只能是用货币表现的那部分经济活动。在我国，企业、机关、事业单位和其他组织经济活动的内容虽各有不同，但它们的所有财产物资都是以货币形式表现出来的，并在生产经营和收支活动中不断发生变化。这些财产物资的货币表现以及货币本身称为资金，即会计的对象就是社会再生产过程中的资金运动。

二、会计对象的内容

企业与机关、事业单位的经济活动不同，其会计对象的内容也有所不同。

(一) 企业会计对象的内容

企业的经济活动内容主要是生产经营活动。工业企业经过供应、生产、销售三个阶段，企业的资金随着生产经营活动的进行而不断发生变化，资金周而复始地循环周转。在资金循环周转过程中所发生的一切经济活动就是会计对象的具体内容，即资金运动。

由于各个企业的经济业务不同，其经济活动也不同，资金运动的表现也有所区别。任何事物的运动都有相对静止和显著变动两种形态，资金运动也不例外，也有静态和动态两个方面。

1. 资金运动的静态表现

资金运动的静态表现是指一个企业在一定时点上的资产总值和权益总值。其内容反映在企业的资产负债表中。

资产是企业资金的占有。其分布和存在的形态，主要是房屋及建筑物、机器及设备、材料物资、加工中商品、银行存款、库存现金以及结算过程中的应收及预付款项等债权。权益是对资产的所有权，是企业资金的来源，包括负债和所有者权益。资金的取得和形成，主要是投入资本、企业经营过程的积累、借款及结算过程中的应付、应交及预收款项等债务。如图 2 - 1、图 2 - 2 所示。

- 资金取得及形成来源
  - 自有资金
    - 所有者投入资本
    - 企业内部形成的积累资金
  - 借入资金
    - 银行借款
    - 其他金融机构借款
  - 结算中债务
    - 应付账款
    - 应付票据
    - 预收账款
    - 其他应付款

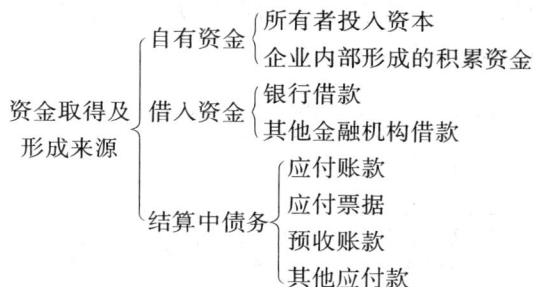

图 2 - 1　企业的资金取得及形成来源

- 资金分布及存在形态
  - 流动资产
    - 货币资金
      - 库存现金
      - 银行存款
    - 存货
      - 材料采购
      - 在途物资
      - 周转材料
      - 原材料
      - 在产品
      - 产成品
      - 库存商品
    - 结算中债权
      - 应收账款
      - 应收票据
      - 其他应收款
      - 预付账款
  - 非流动资产
    - 固定资产
      - 房屋及建筑物
      - 机器及设备
    - 在建工程
    - 工程物资
    - 无形资产
      - 专利权、商标权
      - 非专利技术等

图 2 - 2　企业的资金分布及存在形态

2. 资金运动的动态表现

资金运动的动态表现是指一个企业在一定期间的经营成果，它是资金在生产经营过程各个阶段不断转变形态的结果，表现为收入、费用和利润。其内容反映在利润表中。

(1) 工业生产企业的交易或事项主要是采购材料、制造产品、销售产品，在生产经营过程中，其资金运动从货币资金形态开始，依次经过供应、生产和销售阶段，不断改变其形态，最后又回到货币资金形态。企业取得资金后，在供应过程中，企业以货币购入各种原材料，从而由货币资金转化为储备资金；在生产过程中，企业利用劳动手段将原材料投入生产，引起了原材料的消耗、固定资产的折旧、工资的支付和生产费用的开支，使储备资金和一部分货币资金转化为生产资金；产品完工后，生产资金就转化为成品资金；在销售过程中，产品销售后取得销售收入，成品资金又转化为货币资金，同时支付销售费用。在这三个过程中，货币资金依次不断改变其形态，称为资金循环，周而复始地不断循环，称为资金的周转。企业对净收入进行分配时，一部分资金就退出了循环。其具体过程如图 2－3 所示。

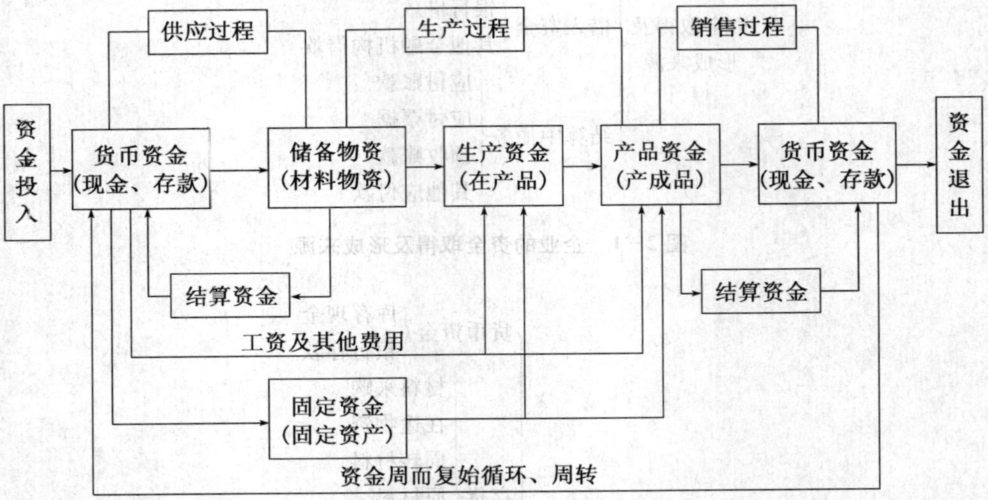

图 2－3　工业企业资金循环图

（2）商品流通企业的经济业务是组织商品流通，其经营过程有商品购进和销售两个阶段，其资金运动主要是按照“货币—商品—货币”的方式不断依次进行。在商品购进阶段，用货币购入商品，货币资金转化为商品资金；在商品销售阶段，取得销售收入，商品资金又转化为货币资金。其具体过程如图 2－4 所示。

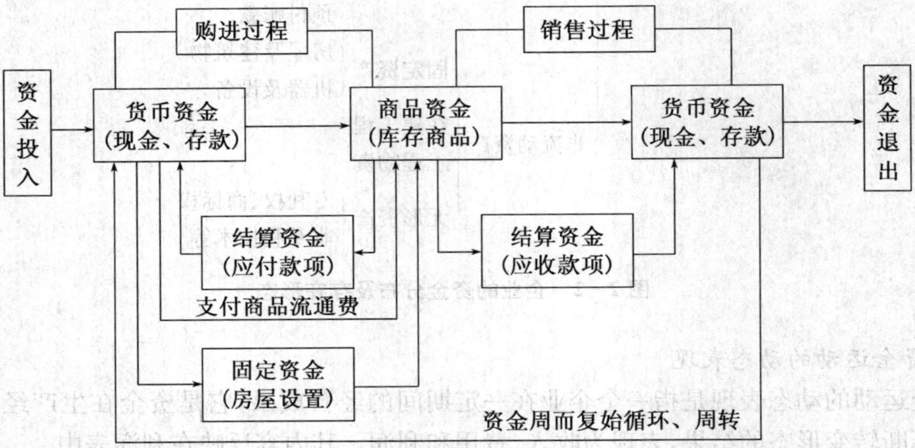

图 2－4　商品流通企业资金循环图

（二）机关、事业单位会计对象的具体内容

机关、事业单位会计对象的具体内容与企业有所不同，它们的经济活动是执行国家预算过程中预算收入和预算支出。因此，机关、事业单位的会计对象可以概括为社会主义再生产过程中的预算资金收支。

机关、事业单位的预算收支活动也有相对静止和显著变动两个方面的表现，但其具体内容与企业有所不同。预算资金活动的静态表现是指预算资金的使用和来源，如货币资金、固定资产、财政拨款、应交款项等。在执行预算过程中所发生的预算资金收支，如拨款的收入、支用、结存，构成了预算资金活动的动态表现。

对一些兼有经营业务、实行企业管理的事业单位，由于财务管理上的双重性质，既有预算资金收支活动，也有经营资金的活动，因此，其会计对象的具体内容可概括为预算资金收支和经营资金循环。

第二节　会计要素

会计要素是与会计对象紧密相关的一个概念。会计对象是各单位在社会再生产过程中可以用货币表现的经济活动。这些经济活动在会计核算中也称为会计事项。为了分门别类地、正确地核算和监督各项经济业务，提供各种会计信息，就必须对会计对象进行适当的分类，会计要素就是将会计对象按其经济特征所作的基本分类。

企业会计要素包括资产、负债、所有者权益、收入、费用和利润六大要素。这六大会计要素又可以划分为两大类：

(1) 反映财务状况的会计要素，又称资产负债表要素，是构成资产负债表的基本单位，包括资产、负债和所有者权益。

(2) 反映经营成果的会计要素，又称利润表要素，是构成利润表的基本单位，包括收入、费用和利润。

一、资产

资产是指由过去的交易或事项形成的，并由企业拥有或者控制的，预期会给企业带来经济利益的资源。拥有或控制一定数量的资产，是企业进行生产经营的前提条件。从资产的定义可以看出，其具有以下几个基本特征：

(1) 资产预期会给企业带来经济利益。即资产单独或与企业的其他要素相结合，能够在未来直接或间接地产生净现金流入量，这是资产的本质所在。按照这一特征，判断一个项目是否属于资产，一定要看它是否潜存着未来的经济利益。只有那些潜存着未来经济利益的项目才能确认为资产。

(2) 资产必须为某一特定主体所拥有或者控制。这是因为，会计并不计量所有的资源，而仅计量在某一会计主体控制之下的资源。因此，会计中所计量的资产就应该，或者说必须归属于某一特定的主体，即具有排他性。这里，拥有是指企业对某项资产拥有所有权，而控制则是指企业实质上已经掌握了某项资产的未来收益和风险，但是目前并不对其拥有所有权。前者泛指企业的各种财产、债权和其他权利，而后者则指企业只具有使用权而没有所有权的各项经济资源，如企业融资租入的固定资产等。

(3) 资产是由过去的交易或事项所形成的。也就是说,“过去发生”原则在资产的定义中占有举足轻重的地位。只有过去发生的交易、事项才能增加或减少企业的资产,不能根据谈判中的交易或者计划中的经济业务来确认一笔资产。

企业的资产按其流动性的不同可以划分为流动资产和非流动资产。这里的流动性指的是资产的变现能力或耗用期限。

(一) 流动资产

流动资产是指预计在一个正常营业周期中变现、出售或耗用,或者主要为交易目的而持有,或者预计在资产负债表日起一年内(含一年)变现的资产以及自资产负债表日起一年内交换其他资产或清偿负债的能力不受限制的现金或现金等价物。流动资产主要包括货币资金、交易性金融资产、应收及预付款项、存货等。

(1) 货币资金是指以货币形态存在的资产,包括库存现金、银行存款、其他货币资金。其他货币资金主要包括外埠存款、银行本票存款、银行汇票存款、信用证存款等。

(2) 交易性金融资产是指为了近期内出售而持有的金融资产,包括股票投资、债券投资、基金投资等。

(3) 应收及预付款项是指企业在日常生产经营过程中发生的各项债权,包括应收票据、应收账款、其他应收款和预付账款等。

(4) 存货是指企业在日常生产经营过程中持有以备出售,或者仍然处在生产过程中将要消耗,或者在生产或提供劳务的过程中将要耗用的各种材料或物料,包括商品、产成品、半成品、在产品以及各类材料等。

(二) 非流动资产

非流动资产是指流动资产以外的资产,主要包括长期股权投资、固定资产、在建工程、工程物资、无形资产等。

(1) 固定资产是指同时具有以下特征的有形资产:

① 企业为生产商品、提供劳务、出租或经营管理而持有的;

② 使用寿命超过一个会计年度的有形资产。

固定资产包括房屋及建筑物、机器设备、运输工具及其他与生产经营有关的工具器具等。

(2) 无形资产是指企业拥有或控制的没有实物形态的可辨认非货币性资产。无形资产主要包括专利权、非专利技术、商标权、著作权、土地使用权、特许权等。

二、负债

负债是指企业过去的交易或事项形成的预期会导致经济利益流出企业的现时义务。现时义务是指企业在现行条件下已承担的义务。未来发生的交易或者事项形成的义务,不属于现时义务,不应当确认为负债。

负债具有以下特征:

(1) 负债是企业承担的现时义务。它是负债的基本特征。

(2) 负债预期会导致经济利益流出企业。这是负债的本质特征,只有企业在履行义务时会导致经济利益流出企业,才符合负债的定义,如果不会导致经济利益流出企业,就不符合负债的定义。

(3) 负债是由过去的交易或事项所形成。换句话说,只有过去的交易或者事项才形成负债，企业将在未来发生的承诺、签订的合同等交易或者事项，不形成负债。

企业的负债，按其流动性可以分为流动负债和非流动负债。

(一) 流动负债

流动负债是指预计在一个正常营业周期中清偿，或者主要为交易目的而持有，或者自资产负债表日起一年内（含一年）到期应予以清偿，或者企业无权自主地将清偿期推迟至资产负债表日后一年以上的负债。流动负债主要包括短期借款、应付票据、应付账款、预收账款、应付职工薪酬、应付股利、应交税费、其他应付款项和一年内到期的长期借款等。

(二) 非流动负债

非流动负债是指流动负债以外的负债，主要包括长期借款、应付债券等。

三、所有者权益

所有者权益是指企业资产扣除负债后由所有者享有的剩余权益。公司的所有者权益称为股东权益。所有者权益具有以下特征：

(1) 除非发生减资、清算或者分派现金股利，企业不需清偿所有者权益；

(2) 企业清算时，只有在清偿所有负债后，所有者权益才返还给所有者；

(3) 所有者以其出资额参与企业的经营管理，参与企业的利润分配，同时，也以其出资额承担企业的经营风险。

所有者权益包括实收资本（或者股本）、资本公积、盈余公积和未分配利润。

(一) 实收资本

实收资本是指企业投资者按照企业章程或合同、协议的约定，实际投入企业的资本。

(二) 资本公积

资本公积是指企业收到投资者的超出其在企业注册资本（或股本）中所占份额的投资，以及直接计入所有者权益的利得和损失等。包括资本（股本）溢价和直接计入所有者权益的利得和损失等。资本公积可按照规定的程序，转增资本金。

(三) 盈余公积

盈余公积是指企业按照国家规定从净利润中提取的企业积累资金，包括法定盈余公积金、公益金等。法定盈余公积金主要用于企业弥补亏损或按规定转增资本等，公益金则用于企业集体福利设施支出。

(四) 未分配利润

未分配利润是指企业的税后利润按照规定进行分配以后的剩余部分。这部分没有分配的利润留存在企业，可以在以后年度进行分配。

盈余公积和未分配利润都是企业从逐年获得的净利润中形成的企业内部尚未使用或尚未分配的利润，统称为留存收益。

四、收入

收入是指企业日常活动中所形成的、会导致所有者权益增加的、与所有者投入资本无关的经济利益的总流入。

收入具有以下特征：

(1) 收入是从企业的日常活动中产生的经济利益的流入，而不是从偶发的交易或事项中产生。收入不包括为第三方或者客户代收的款项。

(2) 收入是与所有者投入资本无关的经济利益的总流入。

(3) 收入会导致所有者权益的增加。

收入可按其重要程度划分为以下两项：

(一) 主营业务收入

主营业务收入是指企业所从事的基本的、主营的经济业务所取得的收入，又可以称为基本业务收入。不同企业、企业的不同时期其主营业务收入都可能是不相同的，制造业的主营业务收入一般是产品销售收入。

(二) 其他业务收入

其他业务收入是指除主营业务收入以外的其他销售或其他业务的收入，如制造业的材料销售、出租固定资产、出租无形资产、出租包装物和商品等实现的收入。

五、费用

费用是指企业在日常活动中发生的、会导致所有者权益减少的、与向所有者分配利润无关的经济利益的总流出。

费用具有以下特征：

(1) 费用是企业在日常经营活动中形成的，而不是由偶发的交易或事项导致。

(2) 费用是与向所有者分配利润无关的经济利益的总流出。

(3) 费用会导致所有者权益的减少

以工业为例，一定时期的费用通常由产品生产成本和期间费用两部分构成，产品成本由直接材料、直接人工和制造费用三个项目构成，期间费用包括管理费用、财务费用和销售费用三项。

六、利润

利润是指企业在一定会计期间的经营成果。利润包括收入减费用后的净额、直接计入当期利润的利得和损失等。利润由营业利润、利润总额和净利润构成。

营业利润＝营业收入－营业成本－营业税金及附加－销售费用－管理费用－财务费用－资产减值损失＋公允价值变动收益(－公允价值变动损失)＋投资收益(－投资损失)

利润总额＝营业利润＋营业外收入－营业外支出

净利润＝利润总额－所得税费用

会计要素的划分在会计核算中有着重要的作用，是设置会计科目和账户的基本依据，同时为财务报表的构成提供了框架。

会计要素项目分类，如图 2－5 所示。

第三节　会计等式

一、会计等式内容

会计等式是由会计要素所组成，反映了会计要素之间的平衡关系，会计等式的经济内容和数量上的等量关系是资金平衡的理论依据。

资金运动在静态情况下，资产、负债和所有者权益三个要素存在着平衡关系。资产各项目反映了资金使用情况，负债和所有者权益各项目反映了资金来源情况，其平衡公式如下：

资产＝负债＋所有者权益

资金运动在动态情况下，其循环周转过程中发生的收入、费用和利润也存在着平衡关系，其平衡公式如下：

收入－费用＝利润

上述两个平衡公式相互之间存在着有机的联系。在会计期间的任一时刻，两个公式可以合并为：

资产＝负债＋所有者权益＋(收入－费用)

- 会计要素
  - 资产
    - 流动资产
    - 非流动资产
  - 负债
    - 流动负债
    - 非流动负债
  - 所有者权益
    - 所有者投入
    - 利得
    - 损失
    - 留存收益
  - 收入
    - 主营业务收入
    - 其他业务收入
  - 费用
    - 生产费用（构成产品生产成本）
      - 直接材料
      - 直接人工
      - 制造费用
    - 期间费用（直接计入当期损益）
      - 管理费用
      - 财务费用
      - 销售费用
  - 利润
    - 营业利润
    - 利润总额
    - 净利润(利润总额－所得税费用)

图 2－5　会计要素项目分类

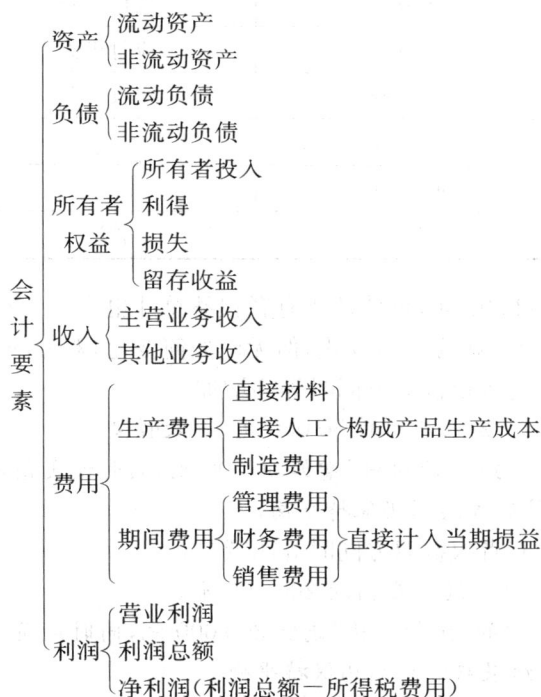

二、经济业务的发生对会计等式各个会计要素的影响

我国各企业、机关、事业单位和其他组织，日常发生的经济业务是千变万化、多种多样的。

每一笔经济业务的发生，都会对会计要素产生一定影响。一项会计要素发生增减变动，其他有关会计要素也必然随之发生等额变动，或者是在同一会计要素中某一项具体项目发生增减变动，其他有关项目也会随之等额变动，但不管如何增减变动，都不会破坏会计等式中各要素的平衡关系，其资产总量总是与负债及所有者权益的总量相等的。

1. 对“资产＝权益”等式的影响

经济业务的发生引起“资产＝权益”等式两边会计要素变动的方式，可以总结归纳为以下4种类型：

(1) 资产与负债及所有者权益双方同时等额增加。

(2) 资产与负债及所有者权益双方同时等额减少。

(3) 资产内部有增有减，增减的金额相等。

(4) 负债及所有者权益内部有增有减，增减的金额相等。

现对上述变化情况举例说明如下：

假设某企业某日的资产、负债及所有者权益的简要情况如表2-1所示。

表2-1 某企业资产负债表(简式) 单位:元

资产	金额	负债及所有者权益	金额
库存现金	2 000	短期借款	872 000
银行存款	400 000	应付票据	30 000
应收账款	100 000	应付账款	50 000
原材料	200 000	实收资本	500 000
库存商品	250 000		
固定资产	500 000		
总计	1 452 000	总计	1 452 000

上表资产总计为1 452 000元，负债及所有者权益总计也为1 452 000元，双方相等。随着经济业务的发生，有关项目会相应发生变化，但无论如何变化，双方的总额总是平衡的。例如：

(1) 资产与负债及所有者权益双方同时等额增加。

【例2-1】 向供货单位购入原材料50 000元，货款暂欠。

这笔经济业务，使资产方的“原材料”增加50 000元，同时使负债及所有者权益方的“应付账款”增加50 000元，结果双方总额仍保持平衡。

(2) 资产和负债及所有者权益双方同时等额减少。

【例2-2】 以银行存款归还短期借款200 000元。

这笔经济业务使资产方的“银行存款”减少200 000元，同时使负债及所有者权益方的“短期借款”减少200 000元，结果双方总额仍保持平衡。

(3) 资产内部有增有减，增减的金额相等。

【例2-3】 按原价出售新固定资产20 000元，价款收回存入银行。

这笔经济业务，使资产方的“固定资产”减少20 000元，同时使资产方的“银行存款”增加20 000元，结果资产方总额不变，双方总额仍保持平衡。

(4) 负债及所有者权益方内部有增有减，增减的金额相等。

【例 2－4】 向银行借入短期借款 30 000 元，偿付应付 A 单位的应付票据 30 000 元。

这笔经济业务，使负债及所有者权益方的"短期借款"增加 30 000 元，同时减少"应付票据"30 000 元。结果负债及所有者权益方总额不变，双方总额仍保持平衡。

上述 4 例经济业务所引起的资产方和负债及所有者权益方的变动情况如表 2－2 所示。

表 2－2　某企业资产负债变动情况表

单位：元

资产	期初余额	增减金额	期末余额	负债及所有者权益	期初金额	增减金额	期末金额
库存现金	2 000		2 000	短期借款	872 000	②－200 000 ④＋30 000	702 000
银行存款	400 000	②－200 000 ③＋20 000	220 000	应付票据	30 000	④－30 000	0
应收账款	100 000		100 000	应付账款	50 000	①＋50 000	100 000
原材料	200 000	①＋50 000	250 000	实收资本	500 000		500 000
库存商品	250 000		250 000				
固定资产	500 000	③－20 000	480 000				
总计	1 452 000	－150 000	1 302 000	总计	1 452 000	－150 000	1 302 000

2. 对"资产＝负债＋所有者权益"等式的影响

会计要素增减变动的 4 种类型还可进一步细分为 9 种情况，如表 2－3 所示。

表 2－3　会计要素增减变动的 9 种情况

1. 一项资产增加，另一项资产减少
2. 一项负债增加，另一项负债减少
3. 一项所有者权益增加，另一项所有者权益减少
4. 一项资产增加，一项负债增加
5. 一项资产增加，一项所有者权益增加
6. 一项资产减少，一项负债减少
7. 一项资产减少，一项所有者权益减少
8. 一项负债减少，一项所有者权益增加
9. 一项负债增加，一项所有者权益减少

现举例说明如下：

【例 2－5】 从银行提取现金 40 000 元，准备发放职工工资。

这笔经济业务的发生，使资产项目"银行存款"减少 40 000 元，"库存现金"增加 40 000 元。这是资产类内部有关项目之间的变动，一项增加，另一项减少，其资产类总额仍然不变。

【例 2－6】 将即将到期的应付票据转为应付账款，票面价值为 10 000 元。

这笔经济业务的发生，使负债项目"应付账款"增加 10 000 元，"应付票据"减少 10 000 元。这是负债类内部有关项目之间的变动，一项增加，另一项减少，其负债类总额仍然不变。

【例 2－7】 用盈余公积 50 000 元转作资本。

这笔经济业务的发生，使所有者权益项目"实收资本"增加 50 000 元，"盈余公积"减少 50 000 元。这是所有者权益类内部有关项目之间的变动，一项增加，一项减少，其所有者权益类总额仍然不变。

【例 2－8】 向金融机构借入长期借款 200 000 元，存入银行。

这笔经济业务的发生，使资产项目"银行存款"增加 200 000 元，负债项目"长期借款"也增加 200 000 元。这是资产类项目和负债类项目同时等额增加，其资产类总额与负债及所有者权益类总额仍然相等。

【例 2－9】 投资者以固定资产作为资本投入，经投资双方商议，确认价值为 300 000 元。

这笔经济业务的发生，使资产项目"固定资产"增加 300 000 元，所有者权益项目"实收资本"也增加 300 000 元。这是资产类项目和所有者权益类项目同时等额增加，其资产类总额与负债及所有者权益类总额仍然相等。

【例 2－10】 以银行存款 50 000 元归还前欠 A 单位货款。

这笔经济业务的发生，使资产项目"银行存款"减少 50 000 元，负债项目"应付账款"也减少 50 000 元。这是资产类项目和负债类项目同时等额减少，其资产类总额与负债及所有者权益类总额仍然相等。

【例 2－11】 经董事会批准，以银行存款退还投资人 A 股资金 100 000 元。

这笔经济业务的发生，使资产项目"银行存款"减少 100 000 元，所有者权益项目"实收资本"也减少 100 000 元。这是资产类项目与所有者权益类项目同时等额减少，其资产类总额与负债及所有者权益类总额仍然相等。

【例 2－12】 向银行借入为期 3 年的长期借款 300 000 元，因到期无力偿还，经双方协商，将此笔借款转作银行在本企业的投资。

这笔经济业务的发生，使所有者权益项目"实收资本"增加 300 000 元，负债项目"长期借款"减少 300 000 元。这是所有者权益类项目和负债类项目之间的变动，一项增加，一项减少。其负债及所有者权益类总额仍然不变。

【例 2－13】 向股东宣告 20 日后发放 30 000 元现金股利。

这笔经济业务的发生，使负债项目"应付股利"增加 30 000 元，所有者权益项目"利润分配"减少 30 000 元。这是负债及所有者权益类项目之间的变动，一项增加，一项减少。其负债及所有者权益类总额仍然不变。

以上 9 例说明，不论会计要素的项目如何增减变化，其会计等式双方的数额始终是相等的。如表 2－4 所示。

表 2－4

资产	期初数	增减数	期末数
库存现金	5 000	⑤＋40 000	45 000
银行存款	210 000	⑤－40 000 ⑧＋200 000 ⑩－50 000 ⑪－100 000	220 000

（续表）

负债	期初数	增减数	期末数
库存商品	350 000		350 000
固定资产	400 000	⑨+300 000	700 000
资产合计	965 000	350 000	1 315 000
负债	**期初数**	**增减数**	**期末数**
应付票据	10 000	⑥−10 000	0
应付账款			
应付票据	10 000	⑥−10 000	0
应付账款	50 000	⑥+10 000 ⑩−50 000	10 000
长期借款	300 000	⑧+200 000 ⑫ −300 000	200 000
应付股利	5 000	⑬ +30 000	35 000
负债合计	365 000	−120 000	245 000
所有者权益	**期初数**	**增减数**	**期末数**
实收资本	500 000	⑦+50 000 ⑨+300 000 ⑪ −100 000 ⑫ +300 000	1 050 000
盈余公积	60 000	⑦−50 000	10 000
利润分配	40 000	⑬ −30 000	10 000
所有者权益合计	600 000	470 000	1 070 000
负债及所有者权益总计	965 000	350 000	1 315 000

【操作训练】

训练一

【目的】 熟悉经济业务对会计等式的影响。

【资料】 光华服务部本月份发生的五笔经济业务已列示在下表中：

业务 要素	资产				负债	所有者权益
	库存现金	银行存款	物料用品	家具用具	应付账款	实收资本
期初	800	7 900	800	6 500	2 000	14 000
业务 1	−4 000	4 000				
业务 2			+1 000		+1 000	

（续表）

要素 \ 业务	资产				负债	所有者权益
	库存现金	银行存款	物料用品	家具用具	应付账款	实收资本
业务 3		+6 000				+6 000
业务 4				+8 500		+8 500
业务 5		−2 000	+3 600		+1 600	

【要求】

1. 根据上述资料，用文字说明该服务部本月份发生的五笔经济业务内容。

2. 计算并说明五笔经济业务对资产、负债及所有者权益增减变动的影响。

训练二

【目的】 练习会计六大要素的区分。

【资料及要求】

1. 有下列会计要素的具体项目：库存现金、实收资本、应付账款、银行存款、短期借款、资本公积、交易性金融资产、应付票据、无形资产，请指出哪些项目属于资产，哪些项目属于负债或所有者权益。

2. 甲服务企业 20××年 3 月 31 日财务状况如下：

(1) 库存现金 980 元。

(2) 向银行借入的短期借款 200 000 元。

(3) 银行存款余额 163 000 元。

(4) 办公室的文件柜等家具价值 6 820 元。

(5) 应付××商场货款 5 000 元。

(6) 应向旅客收取的住宿费 37 000 元。

(7) 库存的各种物料用品价值 2 200 元。

(8) 客房用床、桌椅等家具价值 32 000 元。

(9) 客房床上用品价值 8 000 元。

(10) 投资者投入资金 45 000 元。

请根据上述资料分别确定所属的会计要素类别，并分别加计资产、负债及所有者权益总额，并对结果作简要说明。

3. A 企业 20××年 7 月份发生下列经济业务：

(1) 用银行存款购买材料。

(2) 用银行存款归还短期借款。

(3) 用银行存款偿付前欠某单位货款。

(4) 收到投资人甲投入的设备。

(5) 从某单位购进一批材料，货款未付。

(6) 向银行借入长期借款，存入银行存款户。

(7) 将盈余公积转作实收资本。

(8) 向银行取得短期借款直接偿还欠某单位货款。

(9) 用盈余公积弥补亏损。

(10) 企业以固定资产对外投资。

请分析上列各项经济业务的类型，填入下表：

类　型	经济业务序号
一项资产增加，另一项资产减少	
一项负债增加，另一项负债减少	
一项所有者权益增加，另一项所有者权益减少	
一项负债增加，一项所有者权益减少	
一项负债减少，一项所有者权益增加	
一项资产增加，一项负债增加	
一项资产增加，一项所有者权益增加	
一项资产减少，一项负债减少	
一项资产减少，一项所有者权益减少	

【能力测试】

一、单项选择题

1. 下列项目中属于资产的是(　　)。

A. 库存现金　　B. 预收账款　　C. 资本公积　　D. 应付账款

2. 下列项目中属于负债项目的是(　　)。

A. 长期股权投资　　B. 预付账款　　C. 应收票据　　D. 应付票据

3. 下列项目中属于所有者权益的是(　　)。

A. 应付债券　　B. 交易性金融资产　　C. 原材料　　D. 盈余公积

4. 某企业采购员预借差旅费所引起的变化为(　　)。

A. 一项资产增加，一项负债增加　　B. 一项资产增加，一项资产减少

C. 一项资产减少，一项负债减少　　D. 一项负债增加，一项负债减少

5. 下列属于“一项资产减少，一项负债减少”的经济业务是(　　)。

A. 用银行存款偿还到期的短期借款

B. 从银行取得短期借款偿还前欠甲公司材料款

C. 收到国家投入货币资金并存入银行

D. 用现金购买办公用品

6. 下列项目中不属于流动资产项目的有(　　)。

A. 银行存款　　B. 预收账款　　C. 原材料　　D. 运输工具

7. 下列项目中不属于固定资产项目的有(　　)。

A. 长期股权投资　　B. 房屋　　C. 机器　　D. 运输工具

8. 下列项目中不属于期间费用的有(　　)。

A. 制造费用　　B. 管理费用　　C. 财务费用　　D. 销售费用

9. 从银行取得短期借款并存入企业银行账户所引起的变化为(　　)。

A. 一项资产增加,一项负债增加　　B. 一项资产增加,一项资产减少

C. 一项资产减少,一项负债减少　　D. 一项负债增加,一项负债减少

10. 下列属于"一项负债增加,一项负债减少"的经济业务是(　　)。

A. 用银行存款偿还前欠外单位货款

B. 从银行取得短期借款偿还前欠乙公司材料款

C. 收到国家投入货币资金并存入银行

D. 用现金支付职工工资

二、多项选择题

1. 下列项目中属于企业流动资产的有(　　)。

A. 库存现金　　B. 应收款项　　C. 存货　　D. 预付账款

2. 下列项目中属于企业无形资产的有(　　)。

A. 企业债券　　B. 专利权　　C. 非专利技术　　D. 商标权

3. 下列项目中属于流动负债的有(　　)。

A. 应付账款　　B. 应付职工薪酬　　C. 预付账款　　D. 应交税费

4. 下列项目中属于长期负债的有(　　)。

A. 固定资产　　B. 应付股利　　C. 长期借款　　D. 应付债券

5. 下列项目中不属于企业流动资产的有(　　)。

A. 长期股权投资　　B. 应收款项　　C. 存货　　D. 机器设备

6. 下列项目中不属于企业无形资产的有(　　)。

A. 企业发行的股票　　B. 专利权　　C. 土地　　D. 商标权

7. 下列项目中不属于流动负债的有(　　)。

A. 应付账款　　B. 预付账款　　C. 应付债券　　D. 应交税费

8. 下列项目中不属于长期负债的有(　　)。

A. 应付票据　　B. 应付股利　　C. 长期应付款　　D. 应付债券

9. 下列正确的经济业务类型有(　　)。

A. 一项资产增加,一项负债增加

B. 一项资产增加,一项资产减少

C. 一项资产减少,一项负债减少

D. 一项负债增加,一项所有者权益增加

10. 下列不正确的经济业务类型有(　　)。

A. 一项资产增加,一项负债减少

B. 一项资产增加,一项所有者权益减少

C. 一项资产减少,一项负债减少

D. 一项负债增加,一项所有者权益增加

三、判断题

1. 经济业务发生后会计等式左右两边的金额不会发生变化。　　(　　)

2. 经济业务的发生不会影响会计等式的恒等关系。　　(　　)

3. 经济业务发生必然会引起会计等式左右两边的金额发生变化。（　　）
4. 所有者权益是投资者最初投入企业的资本金。（　　）
5. 所有者权益金额为资产减去负债后的余额。（　　）
6. 预付款项是企业的资产。（　　）
7. 预付款项是企业的负债。（　　）
8. 预收款项是企业的资产。（　　）
9. 制造费用计入产品成本。（　　）
10. 收入减去费用的余额一定为正数。（　　）

四、名词解释

1. 资产
2. 负债
3. 所有者权益
4. 收入
5. 费用
6. 利润

五、简答题

1. 简述所有者权益的构成内容。
2. 简述利润的构成内容。
3. 简述资产和权益之间平衡关系的含义。

第三章　会计科目和账户

【操作任务】

了解：设置会计科目的原则，会计科目的编号。

熟悉：会计科目和账户的含义，会计科目和账户的分类，会计科目和账户的联系和区别。

掌握：账户的结构（尤其是“T”字账户的登记），总分类账户与明细分类账户的平行登记。

【操作知识】

第一节　会计科目

一、会计科目的概念

会计科目是对会计要素的具体内容进行分类核算的项目。会计对象的具体内容各有不同，管理要求也有不同。为了全面、系统、分类地核算与监督各项经济业务的发生情况，以及由此而引起的各项资产、负债、所有者权益和各项损益的增减变动，就有必要按照各会计对象分别设置会计科目。

设置会计科目是编制、整理会计凭证和设置账户的依据，是编制财务报表的基础，能够为财务报表使用者提供全面、统一的会计信息，便于投资人、债权人以及其他会计信息使用者掌握和分析企业的财务状况、经营成果和现金流量情况。

二、设置会计科目的原则

会计科目必须根据企业会计准则和国家统一会计制度的规定设置和使用。

设置会计科目应遵循下列基本准则：

（1）企业在不影响会计核算要求和财务报表指标的汇总，以及对外提供统一的财务会计报告的前提下，可以根据实际情况自行增设、减少或合并某些会计科目和明细科目。

（2）会计科目的设置要保持会计指标体系的完整和统一，要在会计要素的基础上对会计对象的具体内容作进一步分类，达到全面而概括地反映企业生产经营活动情况的目的，便于清晰地提供会计信息，以满足国家宏观经济管理的要求和企业内部经营管理的需要，以及相关信息使用者了解企业财务状况、经营成果和现金流量的需要。

（3）会计科目应按国家规定的会计制度统一编号，以便编制会计凭证，登记账簿，查阅账目，实行会计电算化。

（4）会计科目名称力求简明扼要，内容确切。每一科目，原则上反映一项内容，各科目之间不能互相混淆。企业可以根据本企业具体情况，在不违背会计科目使用原则的基础上，确定适合于本企业的会计科目名称。

三、会计科目的分类

(一) 会计科目按反映的经济内容分类

会计科目按其反映的经济内容不同可以分为六类，即资产类、负债类、所有者权益类、损益类、成本类和共同类。

(1) 资产类科目分为流动资产、非流动资产。其中流动资产类科目包括“库存现金”“银行存款”“交易性金融资产”“应收账款”“应收票据”“预付账款”“原材料”“库存商品”等。非流动资产类科目包括“长期股权投资”“固定资产”“无形资产”等。

(2) 负债类科目分为流动性负债和非流动性负债。其中流动性负债类科目包括“短期借款”“应付账款”“应付票据”“预收账款”“应付职工薪酬”“应交税费”“应付股利”等。非流动性负债类科目包括“长期借款”“长期应付款”及“专项应付款”等。

(3) 所有者权益类科目包括“实收资本”“资本公积”“盈余公积”“本年利润”和“利润分配”等。

(4) 损益类科目包括“主营业务收入”“主营业务成本”“销售费用”“管理费用”“财务费用”“其他业务收入”“其他业务成本”等。

(5) 成本类科目包括“生产成本”“制造费用”“劳务成本”和“研发支出”等。

(6) 共同类科目包括“衍生工具”“套期工具”和“被套期项目”等。

(二) 会计科目按隶属关系分类

会计科目就其隶属关系可分为总分类科目和明细分类科目，明细分类科目又可分为二级明细分类科目和三级明细分类科目。总分类科目又称一级科目，它反映各项经济业务的概括情况；二级明细分类科目是对总分类科目所作的进一步分类；三级明细分类科目是对二级明细分类科目的进一步分类。例如“工程物资”科目属于总分类科目，下设“专用材料”“专用设备”等二级明细分类科目，而在二级明细分类科目下再根据不同的品种、规格、型号分设三级明细分类科目。又如“原材料”科目属于总分类科目，下设“主要材料”“辅助材料”“修理用备件”等二级明细分类科目，并按材料品种、类别设置三级明细分类科目。

2007 年 1 月 1 日，财政部公布的《企业会计准则——应用指南》颁布的会计科目如表 3－1 所示：

表 3－1　《企业会计准则》会计科目名称表

序号	编号	会计科目名称	序号	编号	会计科目名称	序号	编号	会计科目名称
		一、资产类	6	1021	结算备付金	12	1123	预付账款
1	1001	库存现金	7	1031	存出保证金	13	1131	应收股利
2	1002	银行存款	8	1101	交易性金融资产	14	1132	应收利息
3	1003	存放中央银行款项	9	1111	买入返售金融资产	15	1201	应收代位追偿款
4	1011	存放同业	10	1121	应收票据	16	1211	应收分保账款
5	1012	其他货币资金	11	1122	应收账款	17	1212	应收分保合同准备金

(续表)

序号	编号	会计科目名称	序号	编号	会计科目名称	序号	编号	会计科目名称
18	1221	其他应收款	49	1541	存出资本保证金	79	2201	应付票据
19	1231	坏账准备	50	1601	固定资产	80	2202	应付账款
20	1301	贴现资产	51	1602	累计折旧	81	2203	预收账款
21	1302	拆出资金	52	1603	固定资产减值准备	82	2211	应付职工薪酬
22	1303	贷款	53	1604	在建工程	83	2221	应交税费
23	1304	贷款损失准备	54	1605	工程物资	84	2231	应付利息
24	1311	代理兑付证券	55	1606	固定资产清理	85	2232	应付股利
25	1321	代理业务资产	56	1611	未担保余值	86	2241	其他应付款
26	1401	材料采购	57	1621	生产性生物资产	87	2251	应付保单红利
27	1402	在途物资	58	1622	生产性生物资产累计折旧	88	2261	应付分保账款
28	1403	原材料	59	1623	公益性生物资产	89	2311	代理买卖证券款
29	1404	材料成本差异	60	1631	油气资产	90	2312	代理承销证券款
30	1405	库存商品	61	1632	累计折耗	91	2313	代理兑付证券款
31	1406	发出商品	62	1701	无形资产	92	2314	代理业务负债
32	1407	商品进销差价	63	1702	累计摊销	93	2401	递延收益
33	1408	委托加工物资	64	1703	无形资产减值准备	94	2501	长期借款
34	1411	周转材料	65	1711	商誉	95	2502	应付债券
35	1421	消耗性生物资产	66	1801	长期待摊费用	96	2601	未到期责任准备金
36	1431	贵金属	67	1811	递延所得税资产	97	2602	保险责任准备金
37	1441	抵债资产	68	1821	独立账户资产	98	2611	保户储金
38	1451	损余物资	69	1901	待处理财产损溢	99	2621	独立账户负债
39	1461	融资租赁资产			二、负债类	100	2701	长期应付款
40	1471	存货跌价准备	70	2001	短期借款	101	2702	未确认融资费用
41	1501	持有至到期投资	71	2002	存入保证金	102	2711	专项应付款
42	1502	持有至到期投资减值准备	72	2003	拆入资金	103	2801	预计负债
43	1503	可供出售金融资产	73	2004	向中央银行借款	104	2901	递延所得税负债
44	1511	长期股权投资	74	2011	吸收存款			三、共同类
45	1512	长期股权投资减值准备	75	2012	同业存放	105	3001	清算资金往来
46	1521	投资性房地产	76	2021	贴现负债	106	3002	货币兑换
47	1531	长期应收款	77	2101	交易性金融负债	107	3101	衍生工具
48	1532	未实现融资收益	78	2111	卖出回购金融资产款	108	3201	套期工具

（续表）

序号	编号	会计科目名称	序号	编号	会计科目名称	序号	编号	会计科目名称
109	3202	被套期项目			六、损益类	140	6411	利息支出
		四、所有者权益类	124	6001	主营业务收入	141	6421	手续费及佣金支出
110	4001	实收资本	125	6011	利息收入	142	6501	提取未到期责任准备金
111	4002	资本公积	126	6021	手续费及佣金收入	143	6502	提取保险责任准备金
112	4101	盈余公积	127	6031	保费收入	144	6511	赔付支出
113	4102	一般风险准备	128	6041	租赁收入	145	6521	保单红利支出
114	4103	本年利润	129	6051	其他业务收入	146	6531	退保金
115	4104	利润分配	130	6061	汇兑损益	147	6541	分出保费
116	4201	库存股	131	6101	公允价值变动损益	148	6542	分保费用
		五、成本类	132	6111	投资收益	149	6601	销售费用
117	5001	生产成本	133	6201	摊回保险责任准备金	150	6602	管理费用
118	5101	制造费用	134	6202	摊回赔付支出	151	6603	财务费用
119	5201	劳务成本	135	6203	摊回分保费用	152	6604	勘探费用
120	5301	研发支出	136	6301	营业外收入	153	6701	资产减值损失
121	5401	工程施工	137	6401	主营业务成本	154	6711	营业外支出
122	5402	工程结算	138	6402	其他业务成本	155	6801	所得税费用
123	5403	机械作业	139	6403	营业税金及附加	156	6901	以前年度损益调整

第二节 会计账户

设置会计账户是对会计要素的具体内容用货币量度进行日常归类、核算与监督的一种方法。会计科目只是对会计要素具体内容进行分类的类目，但各单位发生的各种经济业务十分频繁、复杂，为了系统、连续地把各种经济业务发生情况和由此而引起的各项资金变化情况分门别类地进行核算与监督必须根据规定的会计科目在账簿中开设账户，以便提供日常管理上的核算资料。

一、会计账户的概念

会计账户是根据会计科目开设的，具有一定的结构，用来系统、连续地记载各项经济业务的一种手段。每一个账户都有一个简明的名称，用以说明该账户的经济内容。会计科目就是账户的名称，会计科目和账户既有联系又有区别。它们的联系在于会计科目是设置会计账户的依据，是会计账户的名称，会计账户是会计科目的具体运用，会计科目所反映的经济内容，就是会计账户所要登记的内容。它们之间的区别在于：会计科目只是对会计要素具体内容的分类，本身没有结构；会计账户则有相应的结构，具体反映资金运动状况。

二、账户的分类

账户按其反映的经济内容可以分为：

（一）资产类账户。资产类账户是反映企业各项资产的增减变化及结存情况的账户。如用以核算和反映流动资产的账户有："库存现金""银行存款""材料采购""应收账款""原材料"等。用以核算和反映非流动资产的账户有："固定资产""无形资产"等。

（二）负债类账户。负债类账户是反映企业各项负债增减变化及结存情况的账户。如核算和反映企业流动负债的账户有："短期借款""应付账款""应交税费""应付职工薪酬"等。核算和反映企业非流动性负债的账户有："长期借款""应付债券"等。

（三）所有者权益类账户。所有者权益类账户是反映企业的所有者权益的增减变动及结存情况的账户。如反映投入资本的账户"实收资本"，反映资本积累的账户"资本公积"等。

（四）损益类账户。损益类账户反映企业一定时期的收益和耗费的账户。如反映企业的基本业务收入的账户"主营业务收入"，反映其他业务收入的账户"其他业务收入"；反映企业基本业务成本的账户"主营业务成本"，反映其他业务成本的账户"其他业务成本"；反映期间费用的账户"销售费用""管理费用"和"财务费用"等。

（五）成本类账户。成本类账户反映企业生产经营活动的成本。如反映产品生产成本的账户"生产成本""制造费用"，反映提供劳务成本的账户"劳务成本"等。

会计账户除了可以按反映经济业务内容分类外，还可以按账户反映经济业务的详略程度分为总分类账户和明细分类账户。

三、账户的结构和内容

会计账户的结构就是指账户的格式。为了全面、清晰地记录各项经济业务，每一个会计账户既要有明确的经济内容，又要有一定的结构。根据资金平衡原理，各项经济业务引起的资金变动尽管错综复杂，但从数量上看，不外乎增加和减少这两种情况。因此，账户的结构也应相应地划分为两个基本部分：一部分反映数额的增加；另一部分反映数额的减少。通常在会计账户上分为左右两方，分别记录增加额和减少额，增减相抵后加期初余额称为期末余额。会计账户结构一般说来应包括以下几个方面：

（1）会计账户的名称（即会计科目）；

（2）日期和凭证号数（用以说明账户记录的日期及来源）；

（3）摘要（概括说明经济业务的内容）；

（4）增加和减少的金额；

（5）余额。

在复式借贷记账法下，会计账户的左方称为"借方"，右方称为"贷方"。借贷是记账符号，分别反映资产、负债、所有者权益的增减变化。凡是属于资产类账户，增加数记入借方，减少数记入贷方，余额在借方；凡是属于负债及所有者权益类账户，增加数记入贷方，减少数记入借方，余额在贷方。每个账户在一定时期内（月、年），借方金额合计称为借方发生额，贷方金额合计称为贷方发生额，两个发生额相抵后加上期初余额为期末余额。其计算公式如下：

资产账户：

期末余额＝期初余额＋本期借方发生额－本期贷方发生额

负债及所有者权益账户：

期末余额＝期初余额＋本期贷方发生额－本期借方发生额

反映生产过程中的支出类账户（即成本、费用账户）在记账方向上与资产类账户相同；收入类账户（即收入、成果账户）在记账方向上与负债及所有者权益类账户相同。

借贷记账法的账户结构，如下所示。

会计科目(账户名称)

年		凭证号数	摘要	借方	贷方	借或贷	余额
月	日						

上列账户结构，在教学上通常使用简化了的“T”字式账户，如下所示。

资产、成本、费用类账户

借方　　　　会计科目(账户名称)　　　　贷方

借方		贷方	
期初余额	×××		
发生额(增加数)	×××	发生额(减少数)	×××
本期发生额(增加合计)	×××	本期发生额(减少合计)	×××
期末余额	×××		

负债、所有者权益、收入类账户

借方　　　　会计科目(账户名称)　　　　贷方

借方		贷方	
		期初余额	×××
发生额(减少数)	×××	发生额(增加数)	×××
本期发生额(减少合计)	×××	本期发生额(增加合计)	×××
		期末余额	×××

如属费用或收入类账户，在通常情况下，期初、期末均无余额。成本类账户，期初、期末是否有余额，视情况而定。

四、总分类账户和明细分类账户

设置会计账户是会计核算的一种专门方法。会计账户的开设应与会计科目的设置相适应，会计科目分为总账科目、二级明细科目和三级明细科目，会计账户也相应地分为总分类账（一级账户）和明细分类账（二级、三级账户）。总分类账户所属的各明细分类账户余额总计，应与总分类账户余额相等。因此，总分类账是明细分类账的统驭账户，它对明细分类账起着控制作用；明细分类账则是总分类账的从属账户，它对总分类账起着辅助和补充作用。两者结合起来就能概括而详细地反映同一经济业务的核算内容，所以在记账时，总分类账和明细分类账总是平行登记的。

总分类账和明细分类账的平行登记可以概括为以下三点：

1. 同依据登记

对发生的每项经济业务，要根据同样的会计凭证，既在有关的总分类账中进行总括登记，又在有关的明细分类账中进行明细登记。

2. 同方向登记

登记总分类账户及其所属的明细分类账户时，借贷记账方向必须一致。

3. 同时期登记

每项经济业务在记入总分类账户和其所属明细分类账户过程中，可以有先有后，但必须在同一会计期间全部登记入账。

4. 同金额登记

登记总分类账户及其所属的明细分类账户时，记入总分类账户的金额，必须与记入其所属的一个或几个明细分类账户的金额合计数相等。

【例 3-1】 原材料是总分类账户，各种原材料是明细分类账户。某工厂月初原材料100万元，其中：甲材料300千克计600 000元，乙材料100立方米计300 000元，丙材料200米计100 000元。本期购入原材料292 000元。其中：甲材料250千克计200 000元。乙材料30立方米计72 000元；丙材料100米计20 000元。本期生产领用原材料为514 000元。其中：甲材料400千克计320 000元；乙材料60立方米计144 000元；丙材料250米计50 000元。

进行平行登记，首先应该设置和登记原材料总分类账户，以金额综合反映；同时还应分别设置和登记甲、乙、丙三种原材料明细分类账户，具体反映各种材料的期初结存、本期购入、生产领用和期末结存等数量和金额。这样三个明细账户的金额总和，应等于原材料总分类账户的金额。本例证实，总分类账户与明细分类账户平行登记时，其登记时间、方向、金额都是相等的。如果通过核对发现总分类账户的金额与其所属三个明细账户合计金额不等，表明总分类账户或明细分类账户的登记有误，应及时查明更正。

借方	原材料		贷方
期初余额	1 000 000		
发生额	292 000	发生额	514 000
期末余额	778 000		

借方	原材料——乙		贷方
期初余额	300 000		
发生额	72 000	发生额	144 000
期末余额	228 000		

借方	原材料——甲		贷方
期初余额	600 000		
发生额	200 000	发生额	320 000
期末余额	480 000		

借方	原材料——丙		贷方
期初余额	100 000		
发生额	20 000	发生额	50 000
期末余额	70 000		

【操作训练】

【目的】 练习总分类账与明细分类账的平行登记方法。

【资料】

1. 某工厂12月初有关总账账户及所属明细分类账户的期初余额如下：

“原材料”账户的期初余额为2 400 000元，其中：甲材料为1 000 000元，乙材料为800 000元，丙材料为600 000元。

2. 12月份该厂发生的经济业务如下：

(1) 1日，生产A产品领用甲材料60 000元，领用乙材料20 000元；

(2) 3日，收到某单位发来的甲材料300 000元交仓库，货款已付；

(3) 8日，生产B产品领用甲材料20 000元；

(4) 13日，生产C产品领用甲材料20 000元，领用丙材料100 000元；

(5) 20日，收到市物资局发来的乙材料100 000元、丙材料150 000元，材料已入库，货款已付；

(6) 23日，收到出资者作为出资款缴来的甲材料一批，价值200 000元，丙材料一批，价值300 000元，上述材料已交仓库保管；

(7) 26日，生产A产品领用甲材料400 000元、乙材料300 000元；

(8) 29日，生产B产品领用乙材料100 000元、丙材料100 000元。

【要求】

开设原材料总分类账户及明细分类账户(采用“T”字式)，根据上述资料采用平行登记的方法登记原材料总分类账及所属明细分类账并计算出期末余额。

【能力测试】

一、单项选择题

1. 会计科目是对(　　)的具体内容进行分类核算的项目。
   A. 经济业务　B. 会计主体　C. 会计对象　D. 会计要素
2. 会计账户是根据(　　)分别设置的。
   A. 会计对象　B. 会计要素　C. 会计科目　D. 经济业务
3. 反映资产情况的账户有(　　)。
   A. 利润分配　B. 实收资本　C. 累计折旧　D. 主营业务成本
4. 负债类账户的余额反映(　　)情况。
   A. 资产的结存　B. 负债的结存情况
   C. 负债的增减变动　D. 负债的形成和偿付
5. 下列会计科目中，属于损益类的是(　　)。
   A. 生产成本　B. 劳务成本　C. 制造费用　D. 财务费用
6. 会计科目与账户的本质区别在于(　　)。
   A. 反映的经济内容不同　B. 记录资产和权益的内容不同
   C. 记录资产和权益的方法不同　D. 会计账户有结构，而会计科目无结构

二、多项选择题

1. 下列属于成本类科目的有(　　　　)。
   A. 主营业务成本　B. 其他业务成本　C. 生产成本　D. 制造费用

2. 总分类账与明细分类账平行登记的要点是(　　　　)。

A. 同时期　　B. 等金额　　C. 同方向　　D. 同依据

3. 下列属于所有者权益类会计科目的是(　　　　)。

A. 主营业务收入　　B. 投资收益　　C. 利润分配　　D. 本年利润

4. 会计账户的各项金额的关系可用(　　　　)表示。

A. 期末余额＝期初余额＋本期增加发生额－本期减少发生额

B. 期末余额－期初余额＝本期增加发生额－本期减少发生额

C. 期末余额－期初余额－本期增加发生额＝本期减少发生额

D. 期末余额＋本期减少发生额＝期初余额＋本期增加发生额

三、判断题

1. 明细会计科目可以根据企业内部管理的需要自行设定。(　　)

2. 为了满足管理的需要,企业会计账户的设置越细越好。(　　)

3. 账户的简单格式分为左右两方,其中,左方表示增加,右方表示减少。(　　)

4. 总分类科目和明细分类科目都是对会计要素所作的具体分类,但总分类科目所提供的经济指标比明细分类科目所提供的经济指标更详细。(　　)

5. "应付账款"账户的期末余额应按下式计算:期末余额＝期初余额＋本期增加发生额－本期减少发生额。(　　)

6. "管理费用"账户和"其他业务收入"账户期末均无余额。(　　)

7. 一般情况下,凡有余额的账户,其余额的方向与其增加数所登记的方向相同。(　　)

8. "库存现金"账户和"预收账款"账户的期末余额一般在借方。(　　)

四、名词解释

1. 会计科目

2. 会计账户

3. 总分类科目

4. 明组分类科目

五、简答题

1. 简述会计科目与会计账户的联系和区别。

2. 会计科目的设置原则。

【电子化应用】

在会计电算化系统中,对于企业会计制度规定的统一会计科目,使用更多的是会计科目名称表中的科目编号,即会计科目代码。会计软件中的科目代码是为提高会计软件的运算速度和精度而设计的。录入会计科目时只需输入科目代码,操作较简单。至于如何操作,将在后续专业课中介绍。

第四章　复式记账法

【操作任务】

了解：复式记账方法的概念和种类。

熟悉：借贷记账法的理论依据。

掌握：借贷记账法的基本内容，账户的对应关系。

【操作知识】

第一节　复式记账法的概念和种类

一、记账方法

记账方法，是依据一定的原理、记账符号、记账规则，采用一定的计量单位，利用文字和数字记录经济活动的一种专门方法。记账方法，按记录方式不同，可分为单式记账法和复式记账法两大类。

单式记账法是最早出现的一种记账方法，它是对发生的会计事项只用一笔数字在某一账户上进行单方面的、不完整的登记。如用现金 500 元购买商品，在现金收付账上记："购买商品 500 元"。单式记账法对会计对象反映不完整，大都是以货币资金、债务、债权为记账对象，采用单方面的记录方式，对发生的收入项目，只作货币资金、债权单方面的记录，对发生的支出项目，只作货币资金、债务单方面记录，账户之间的记录不要求互相联系，不能全面反映经济业务情况，仅有个别账户的平衡公式，而无全面账户体系的核对功能，发生错误难以辨认和查找。因而不能适应现代会计核算的需要，只能在简单经济条件下应用。在现代会计中，单式记账一般只用于备查账簿的登记。

二、复式记账

（一）复式记账法的概念

复式记账法是指对每一项经济业务，都以相等的金额，同时在相互联系的两个或两个以上的账户中进行登记的一种记账方法。因为任何一项经济业务的发生，都会引起资产或权益至少两个项目发生变化。对发生的每一项经济业务，都在其涉及的相关账户中进行登记，既能反映每一项经济业务的来龙去脉，又能将某一会计期间发生的全部经济业务作为一个有机整体在整个账户体系中进行反映，全面、系统地了解资金运动的过程及其结果。同时，每项经济业务发生时，以相等的金额进行记录，对账户记录的内容及结果可以利用账户之间的相互关系进行试算平衡，以检查账簿记录的正确性。例如，以银行存款 5 000 元购进原材料，复式记账法下，在“银行存款”账户登记减少 5 000 元，同时在“原材料”账户登记增加 5 000 元，说明银行存款减少的原因是用于购买了材料；销售商品 20 000 元货款未收，应当在“主营业务收入”账户登记增加 20 000 元，同时在“应收账款”账户登记增加 20 000 元，说明应收账款的增加是因为销售商品的货款尚未收回，形成企业的债权。与单式记账法相比，复式记账法更科学、严密，现代企业普遍采用复式记账法。

(二) 复式记账法的种类

复式记账法按采用的记账符号、记账规则和试算平衡的不同，可分为收付记账法、增减记账法和借贷记账法。

收付记账法是祖传的复式记账法，以“收”“付”为记账符号反映会计主体的资金增减变动及其结果。按记账主体的不同，收付记账法又可分为资金收付记账法、钱物收付记账法和现金收付记账法。资金收付记账法以“资金来源－资金运用＝资金结存”为理论依据，以“同收”“同付”“有收有付”作为记账规则，曾在行政事业单位广泛运用；钱物收付记账法和现金收付记账法则主要用于农村生产队的会计核算。

增减记账法是国产的复式记账法，以“增”“减”作为记账符号，以资金运用总额等于资金来源总额为理论依据，以“异类科目，同增或同减；同类科目，有增又有减”为记账规则，以两类科目增减发生额的差额进行试算平衡。由于增减记账法自身存在缺陷，因而在 1993 年《企业会计准则》颁布执行后，增减记账法在我国退出历史舞台。

借贷记账法是历史上第一个复式记账法，产生至今已有数百年的时间，它是国际上通用的记账方法。20 世纪初我国从西方引进借贷记账法，因其记录方式、记账规则、试算平衡等方面的优势，得到广泛运用。1993 年 7 月，我国改革了过去几种记账方法并行的做法，统一规定企业采用借贷记账法，使用世界通行的“会计语言”，使我国的记账方法符合国际惯例。

第二节　借贷记账法

一、借贷记账法的概念

借贷记账法是以会计恒等式为理论基础，以借和贷为记账符号，以“有借必有贷，借贷必相等”为记账规则记录经济业务的一种复式记账法。

二、借贷记账法的基本内容

(一) 以“借”“贷”作为记账符号

借贷记账法中“借”和“贷”二字的含义，最初是借贷资本家用来表示债权(应收款)和债务(应付款)的增减变动，即在账户中分两方来登记资本家与债权人和债务人的关系。账户的一方登记收进的存款，记在贷主名下，表示债务；另一方登记付出的放款，记在借主的名下，表示债权。随着商品经济的发展，经济活动的范围日益扩大，经济活动的内容日益复杂，记账对象也随之有所扩大，借贷记账法的使用范围越来越广，不仅应用于金融业，而且应用于工业、商业及行政事业单位，不仅记录货币资金业务、债权债务，而且逐渐发展到财产物资、经营损益等业务。“借”“贷”二字逐渐失去了原来的含义，成为专门的记账符号。现在的借贷记账法中，以

"借""贷"作为记账符号,反映经济业务引起资金增减变动的方向。

(二)借贷记账法下的账户结构

借贷记账法下,任何账户都分为借方和贷方两个基本部分,左方为借方,右方为贷方。借方和贷方分别用来反映金额的相反变化,即一方登记增加数,另一方登记减少数。至于哪一方记增加,哪一方记减少则取决于账户的性质。

1. 资产类账户的结构

资产类账户,借方记增加数,贷方记减少数,期末余额一般在借方。在一个会计期间内(月、季、年),借方记录的合计数额称作借方发生额,贷方记录的合计数额称作贷方发生额。用公式表示如下:

期末借方余额=期初借方余额+本期借方发生额-本期贷方发生额

用"T"字型账户表示如下。

借方		**账户名称**	贷方
期初余额	×××		
本期增加额	×××	本期减少额	×××
期末余额	×××		

2. 负债及所有者权益类账户的结构

负债及所有者权益类账户,贷方登记增加数,借方登记减少数,期末余额一般在贷方。用公式表示如下:

期末贷方余额=期初贷方余额+本期贷方发生额-本期借方发生额

用"T"字账户表示如下。

借方		**账户名称**	贷方
		期初余额	×××
本期减少额	×××	本期增加额	×××
		期末余额	×××

3. 成本类账户的结构

成本类账户的登记方法与资产类相同。即借方记增加数,贷方记减少数,期末一般无余额。如有余额必须在借方。用公式表示如下:

期末借方余额=期初借方余额+本期借方发生额-本期贷方发生额

用"T"字账户表示如下。

借方		**账户名称**	贷方
期初余额	×××		
本期增加额	×××	本期减少额	×××
期末余额	×××		

4. 损益类账户的结构

(1) 损益类中的收入类账户,贷方登记增加数,借方登记减少(转出)数,期末结转后无余额。用“T”字账户表示如下。

借方	账户名称		贷方
		期初余额	0
本期减少(转出)额	×××	本期增加额	×××
		期末余额	0

(2) 损益类中的费用类账户，借方登记增加数，贷方登记减少(转出)数，期末结转后无余额。用“T”字账户表示如下。

借方	账户名称		贷方
期初余额	0		
本期增加额	×××	本期减少额	×××
期末余额	0		

借贷记账法下不同类型账户的结构和“借”“贷”的含义可归结为：资产、成本费用类账户，借方记增，贷方记减；权益、收入类账户，贷方记增，借方记减。余额在借方的，一般为资产类账户；余额在贷方的，一般为负债或所有者权益类账户，如表 4-1 所示。

表 4-1　账户基本结构汇总表

借方	贷方	余额
资产增加	资产减少	借方
负债减少	负债增加	贷方
所有者权益减少	所有者权益增加	贷方
成本增加	成本结转	借方
收入结转	收入增加	无
费用增加	费用结转	无

借贷记账法的科学性在于利用“借”和“贷”这一对立的记账符号，恰当、全面地表示了会计对象运动的方向和过程，而且还使不同性质账户的增减变动内容得到了充分反映。正确地理解借、贷的含义，对于充分掌握和准确运用借贷记账法具有重要的意义。

5. 双重性质账户的结构

在借贷记账法下，除了按照账户反映的经济内容设置资产类账户、负债类账户、所有者权益类账户、成本类账户、损益类账户外，还可以设置反映债权、债务结算情况的往来账户。这类账户属于双重性质的账户。例如，将“应收账款”账户与“应付账款”账户合并设置“账款往来”账户；将“其他应收款”账户与“其他应付款”账户合并设置“其他往来”账户。或者，对于企业的客户只设置“应收账款”账户，反映应收销货款的发生及收回情况，若发生应向客户付款的业务，也在“应收账款”账户核算；反之，对于企业的供应商则只设置“应付账款”账户，反映应付购货款的形成及偿还情况，若发生应向供应商收款的业务，也在“应付账款”账户核算。在编制资产负债表时，可根据往来账户的所属明细账户的余额方向确定其性质，如果余额在借方即应归入资产项目，若余额在贷方应归入负债项目。因此，在借贷记账法下设置双重性的往来账户，可减少账户设置数量，简化记账手续。

反映债权债务双重性质的账户结构是：借方登记债权的增加、债务的减少，贷方登记债务的增加、债权的减少。如果期末余额在借方，表示债权性质；反之，期末余额在贷方，表示债务性质。

借方	**账户名称（双重性质账户）**		贷方
本期债权增加额	×××	本期债务增加额	×××
本期债务减少额	×××	本期债权减少额	×××
期末余额（表示债权）	×××	期末余额（表示债务）	×××

（三）以“有借必有贷，借贷必相等”为记账规则

“资产＝负债＋所有者权益”这一会计恒等式表明，会计主体的任何一笔交易或事项的发生都不会破坏会计恒等式的平衡关系。会计主体发生的交易和事项虽然千差万别、错综复杂，但归纳起来不外乎四种类型：

（1）交易或事项导致会计等式双方同时等额增加；

（2）交易或事项导致会计等式双方同时等额减少；

（3）交易或事项导致会计等式左方等额增减；

（4）交易或事项导致会计等式右方等额增减。

现以 4 种经济业务为例，说明借贷记账法的记账规则。

第一种类型：会计等式双方同时等额增加，即资产与负债或所有者权益中有关项目同时增加。这种类型的业务通常是由资金进入会计主体所引起的，如收到投资者投入的资本，向银行取得借款以及购买材料尚未支付货款，销售产品取得收入等，均属于此种类型。例如企业收到投资者投入的设备一批，价值 900 000 元。这笔经济业务的发生，涉及资产和所有者权益两个会计要素中的有关项目同时发生变化，一方面使所有者权益方面的投入资本增加了 900 000 元，应记入“实收资本”账户的贷方；另一方面使资产方面的固定资产也增加 900 000 元，记入“固定资产”账户的借方，使会计等式双方同时增加 900 000 元。

第二种类型：会计等式双方同时等额减少，即资产与负债或所有者权益类中有关项目同时减少。这种类型的业务通常是经济资源退出会计主体引起的。如按照规定减资、向股东或所有者分配股利或利润、向国家缴纳税金、偿还银行借款和应付账款等，均属于此种类型。例如企业以银行存款 60 000 元偿还前欠乙公司购料款。这笔经济业务发生，涉及资产和负债两个会计要素中的有关项目同时发生变化，一方面使资产方面的银行存款减少了 60 000 元，应记入“银行存款”账户的贷方；另一方面使负债方面的应付款减少了 60 000 元，应记入“应付账款”账户的借方，使会计等式左右两边同时减少了 60 000 元。

第三种类型：会计等式左方等额增减，即资产内部有关项目有增有减。这种类型的业务通常是由资产在使用过程中不断转换形态所引起的。如从银行提取现金、用银行存款购买设备和各种原材料，生产过程中耗用原材料，产成品完工入库等，均属于此种类型。例如企业出纳员将现金 5 000 元存入银行。这笔经济业务的发生，涉及资产中的两个项目同时发生变化，一方面使现金减少 5 000 元，应记入“库存现金”账户的贷方；另一方面使银行存款增加了 5 000

元，应记入"银行存款"账户的借方，会计等式左右两边总额保持不变。

第四种类型：会计等式右方等额增减，即负债或所有者权益会计要素中有关项目有增有减且增减数额相等。这种类型的业务存在四种可能：负债内部项目之间一增一减，增减金额相等，即所谓的"借新债，还旧债"；所有者权益内部项目之间一增一减，增减金额相等，如以资本公积或盈余公积转增股本；负债减少，所有者权益增加，如可转换债券到期后转换成公司的股票；所有者权益减少，负债增加，如公司宣告发放现金股利，一方面记入所有者权益中"利润分配"账户的借方，同时记入负债中"应付股利"账户的贷方。这种类型的业务不会导致会计等式两边的总额发生变动。

从会计主体发生的四种交易或事项的类型可以看出，在借贷记账法下，每一笔交易或事项发生，都会同时导致会计等式一边或两边至少两个账户发生变化。交易或事项发生后，一方面记入一个或几个有关账户的借方，另一方面记入一个或几个有关账户的贷方；本期发生的全部交易或事项在进行账务处理后，记入所有账户借方的发生额合计，就应当等于记入所有账户贷方的发生额合计。这样，我们可以从中归纳概括出借贷记账法的记账规则："有借必有贷，借贷必相等"。

（四）试算平衡

试算平衡是指为保证会计账务处理的正确性，依据会计等式或复式记账原理，对本期各账户的全部记录进行汇总和测算，以检查账户记录的正确性和完整性的一种方法。

会计主体的每一笔交易或事项发生后，都要求会计人员遵循"有借必有贷，借贷必相等"的记账规则进行账务处理，以相等的金额记入有关账户的借方或贷方，在任何一个会计期间内，当会计主体发生的全部交易或事项都记入有关账户后，我们就会发现：所有账户的借方发生额合计数与贷方发生额合计数相等；所有账户的期末借方余额合计数与期末贷方余额合计数相等；本期期末即下期期初，因而，所有账户的期初借方余额合计数与期初贷方余额合计数必然相等，这就是借贷记账法下的试算平衡。总分类账户试算平衡可用公式表达如下：

全部账户期初借方余额合计数＝全部账户期初贷方余额合计数

全部账户期末借方余额合计数＝全部账户期末贷方余额合计数

全部账户本期借方发生额合计数＝全部账户本期贷方发生额合计数

对总分类账户本期发生额和期末余额的试算平衡，可通过编制试算平衡表来进行。常用的试算平衡表有三种：

第一种是"总分类账户本期发生额试算平衡表"，根据各个账户的本期发生额进行编制；

第二种是"总分类账户期末余额试算平衡表"，根据各个账户的期末余额进行编制；

第三种是"总分类账户本期发生额及期末余额试算平衡表"（见表 4－2 所示），是前两种的综合。表内账户名称一般按资产负债表的排列顺序填写，在结出全部账户的本期发生额和期末余额后，平衡表的对应行次，分别累加得出合计数，即完成了试算平衡表的编制。如果三个项目的借贷合计数都分别相等，则表明账务处理基本正确；如果试算不平衡则表示账务处理一定有错误，需要检查更正。

应当注意的是，试算平衡并不表示账务处理和记录绝对正确，因为有些错误并不影响借贷双方的平衡，如某项经济业务在有关账户中被重记、漏记，对应账户同时多记或少记，用错了账户或错记了账户，记账方向颠倒等等，诸如此类的错误，并不能通过试算平衡来发现。

表 4-2　总分类账户本期发生额及期末余额试算平衡表

账户名称	期初余额		本期发生额		期末余额	
	借方	贷方	借方	贷方	借方	贷方
合计						

三、账户对应关系和会计分录

在借贷记账法下，要求对每一笔交易或事项都在两个或两个以上账户中进行登记，这样在有关账户之间就形成了应借、应贷的关系。账户之间应借、应贷的关系，称为账户的对应关系。存在对应关系的账户，称为对应账户。

为了保证账户记录的正确性，对每一笔交易或事项，在记入有关账户之前，先根据交易或事项发生时取得或填制的原始凭证编制会计分录。会计分录，是指按照借贷记账法记账规则的要求，对发生的每一笔经济业务指明应记账户的名称、记账方向和记账金额的一种记录形式。会计分录有简单会计分录和复合会计分录之分。凡是只涉及两个账户的一借一贷的会计分录，称为简单会计分录；凡是涉及两个以上账户的一借多贷、一贷多借、多借多贷的会计分录，称为复合会计分录。复合会计分录均可分解成若干组简单会计分录。

运用借贷记账法编制会计分录，一般按以下步骤进行：

第一，根据交易或事项的内容，进行会计确认，判定交易或事项涉及哪些账户发生变化，其变化是增加还是减少，即“定账户”；

第二，确定所涉及的账户是属于什么性质的账户，即“定属性”；

第三，按照账户的结构，确定应该记入到有关账户的借方或贷方，即“定方向”；

第四，根据借贷记账法的记账规则，确定应记入每个账户的金额，即“定金额”。

借贷记账法下的会计分录列示规则为：“上借下贷，左右错开”。即先列示借方账户，再列示贷方账户，贷方记账符号、账户、金额都要比借方退后两格。

四、会计分录实例

为了更全面地掌握借贷记账法下会计处理的方法，下面我们通过利民公司发生的一些经济业务进行说明。

利民公司 2006 年年初有关账户余额如下所示。

资产		负债及所有者权益	
账户名称	借方余额	账户名称	贷方余额
库存现金	1 000	短期借款	350 000
银行存款	400 000	应付票据	40 000
应收账款	276 000	应付账款	337 000

（续表）

资产		负债及所有者权益	
原材料	90 000	长期借款	100 000
固定资产	2 260 000	实收资本	2 200 000
合计	3 027 000	合计	3 027 000

2006 年 1 月发生下列经济业务：

(1) 收到 A 公司投入的资本金 200 000 元，存入银行。

这项业务涉及“银行存款”和“实收资本”两个账户各增加 200 000 元。“银行存款”属于资产类账户，增加记入借方；“实收资本”属于所有者权益类账户，增加记入贷方。应作如下会计分录：

借：银行存款　　200 000

　贷：实收资本——A 公司　　200 000

根据这组会计分录，在两个账户中登记后的情况如下：

银行存款

借方		贷方	
期初余额	400 000		
(1)	200 000		

实收资本

借方		贷方	
		期初余额	2 200 000
		(1)	200 000

(2) 从银行提取现金 3 000 元备用。

这项业务使该公司“银行存款”减少 3 000 元，“库存现金”增加 3 000 元，“银行存款”和“库存现金”都属于资产类账户。应作如下会计分录：

借：库存现金　　3 000

　贷：银行存款　　3 000

根据这组会计分录，在两个账户中登记后的情况如下：

库存现金

借方		贷方	
期初余额	1 000		
(2)	3 000		

银行存款

借方		贷方	
期初余额	400 000	(2)	3 000
(1)	200 000		

(3) 向银行借入半年期借款 100 000 元，存入银行。

这项业务涉及“短期借款”和“银行存款”两个账户，各增加 100 000 元。“银行存款”账户属于资产类，增加记借方；“短期借款”属于负债类，增加记贷方。应作如下会计分录：

借：银行存款　　100 000

　贷：短期借款　　100 000

根据这组会计分录，在两个账户中登记后的情况如下：

银行存款

借方		贷方	
期初余额	400 000	(2)	3 000
(1)	200 000		
(3)	100 000		

短期借款

借方		贷方	
		期初余额	350 000
		(3)	100 000

(4) 开出商业汇票一张，票面金额 60 000 元，偿还前欠丙公司货款。

这项业务涉及“应付账款”和“应付票据”两个账户，这两个账户都属于负债类，负债类账户增加记贷方，减少记借方。应作如下会计分录：

借：应付账款　　　　60 000

　贷：应付票据　　　　60 000

根据这组会计分录，在两个账户中登记后的情况如下：

应付账款

(4)	60 000	期初余额	337 000

应付票据

		期初余额	40 000
		(4)	60 000

(5) 购进设备一台，计价 150 000 元，货款以银行存款支付。

设备属于固定资产，这项业务使该公司的固定资产增加 150 000 元，银行存款减少 150 000 元。“固定资产”和“银行存款”都属于资产类账户。资产类账户增加记借方，减少记贷方。应作如下会计分录：

借：固定资产　　　　150 000

　贷：银行存款　　　　150 000

根据这组会计分录，在两个账户中登记后的情况如下：

固定资产

期初余额	2 260 000		
(5)	150 000		

银行存款

期初余额	400 000	(2)	3 000
(1)	200 000	(5)	150 000
(3)	100 000		

(6) 以银行存款 80 000 元偿还到期短期借款。

这项业务涉及“短期借款”和“银行存款”两个账户各减少 80 000 元。“短期借款”属于负债类，减少记借方；“银行存款”账户属于资产类，减少记贷方。应作如下会计分录：

借：短期借款　　　　80 000

　贷：银行存款　　　　80 000

根据这组会计分录，在两个账户中登记后的情况如下：

短期借款

(6)	80 000	期初余额	350 000
		(3)	100 000

银行存款

期初余额	400 000	(2)	3 000
(1)	200 000	(5)	150 000
(3)	100 000	(6)	80 000

(7) 经丁公司同意，前欠丁公司货款 120 000 元，转为对本公司的投资。

这项债权转股权业务涉及“应付账款”和“实收资本”两个账户，“应付账户”账户属于负债类，减少记借方；“实收资本”账户属于所有者权益类，增加记贷方。应作如下会计分录：

借：应付账款　　　　120 000

　贷：实收资本　　　　120 000

根据这组会计分录，在两个账户中登记后的情况如下：

应付账款

(4)	60 000	期初余额	337 000
(7)	120 000		

实收资本

		期初余额	2 200 000
		(1)	200 000
		(7)	120 000

(8) 购进材料 82 000 元验收入库，以银行存款支付 50 000 元，以现金支付 2 000 元，余款暂欠。

这项业务使该公司“原材料”增加 82 000 元，“银行存款”减少 50 000 元，“库存现金”减少 2 000 元，“应付账款”增加 30 000 元。应作如下会计分录：

借：原材料　　82 000

　贷：银行存款　　50 000

　　库存现金　　2 000

　　应付账款　　30 000

根据这组复合会计分录，在 4 个账户中登记后的情况如下：

原材料

期初余额	90 000		
(8)	82 000		

银行存款

期初余额	400 000	(2)	3 000
(1)	200 000	(5)	150 000
(3)	100 000	(6)	80 000
		(8)	50 000

库存现金

期初余额	1 000	(8)	2 000
(2)	3 000		

应付账款

(4)	60 000	期初余额	337 000
(7)	120 000	(8)	30 000

(9) 收回客户前欠货款 76 000 元，其中 75 000 元存入银行，1 000 元现金收讫。

这项业务使该公司“银行存款”增加 75 000 元，“库存现金”增加 1 000 元，“应收账款”减少 76 000 元。这三个账户都属于资产类账户。资产类账户增加记借方，减少记贷方。应作如下会计分录：

借：银行存款　　75 000

　库存现金　　1 000

　贷：应收账款　　76 000

根据这组复合会计分录，在 3 个账户中登记后的情况如下：

银行存款

期初余额	400 000	(2)	3 000
(1)	200 000	(5)	150 000
(3)	100 000	(6)	80 000
(9)	75 000	(8)	50 000

库存现金

期初余额	1 000	(8)	2 000
(2)	3 000		
(9)	1 000		

应收账款

期初余额	276 000	(9)	76 000

根据以上9项业务，进行汇总后各有关账户的发生额及余额情况如下：

库存现金

期初余额	1 000	(8)	2 000
(2)	3 000		
(9)	1 000		
本期发生额	4 000	本期发生额	2 000
期末余额	3 000		

银行存款

期初余额	400 000	(2)	3 000
(1)	200 000	(5)	150 000
(3)	100 000	(6)	80 000
(9)	75 000	(8)	50 000
本期发生额	375 000	本期发生额	283 000
期末余额	492 000		

应收账款

期初余额	276 000	(9)	76 000
		本期发生额	76 000
期末余额	200 000		

原材料

期初余额	90 000		
(8)	82 000		
本期发生额	82 000		
期末余额	172 000		

固定资产

期初余额	2 260 000		
(5)	150 000		
本期发生额	150 000		
期末余额	2 410 000		

短期借款

(6)	80 000	期初余额	350 000
		(3)	100 000
本期发生额	80 000	本期发生额	100 000
		期末余额	370 000

应付票据

		期初余额	40 000
		(4)	60 000
		本期发生额	60 000
		期末余额	100 000

应付账款

(4)	60 000	期初余额	337 000
(7)	120 000	(8)	30 000
本期发生额	180 000	本期发生额	30 000
		期末余额	187 000

长期借款

		期初余额	100 000
		期末余额	100 000

实收资本

		期初余额	2200 000
		(1)	200 000
		(7)	120 000
		本期发生额	320 000
		期末余额	2 520 000

根据各账户本期发生额及期末余额，编制“总分类账户本期发生额及期末余额试算平衡表”，见图表4-20所示。

总分类账户本期发生额及期末余额试算平衡表

2006 年 1 月 31 日　　　　单位:元

账户名称	期初余额		本期发生额		期末余额	
	借方	贷方	借方	贷方	借方	贷方
库存现金	1 000		4 000	2 000	3 000	
银行存款	400 000		375 000	283 000	492 000	
应收账款	276 000			76 000	200 000	
原材料	90 000		82 000		172 000	
固定资产	2 260 000		150 000		2 410 000	
短期借款		350 000	80 000	100 000		370 000
应付票据		40 000		60 000		100 000
应付账款		337 000	180 000	30 000		187 000
长期借款		100 000				100 000
实收资本		2 200 000		320 000		2 520 000
合计	3 027 000	3 027 000	871 000	871 000	3 277 000	3 277 000

【操作训练】

训练一

【目的】 通过实训使学生掌握会计分录的编制,“T”字型账户的登记和试算平衡表的编制。

【资料】

(一) 光明机械厂 20××年 1 月,各账户期初余额如下:

账户名称	金额	账户名称	金额
库存现金	1 600	短期借款	323 800
银行存款	240 000	应付账款	91 100
应收账款	86 000	实收资本	812 700
原材料	140 000		
生产成本	25 000		
库存商品	82 000		
固定资产	653 000		
合计	1 227 600	合计	1 227 600

（二）光明机械厂 1 月份发生下列各项经济业务：

1. 购入原材料 36 000 元，货以验收入库，货款尚未支付；
2. 购入电脑 2 台，每台 8 000 元，共计 16 000 元，货款以银行存款支付；
3. 向银行借入期限为 3 个月的借款 60 000 元，借入的款项已存入银行；
4. 生产部门领用原材料 120 000 元投入生产；
5. 从银行存款中提取现金 1 000 元；
6. 用银行存款偿付供货单位货款 13 300 元；
7. 接受其他单位投资 50 000 元，款项存入银行；
8. 收到购货单位欠款 8 600 元，其中支票 8 000 元存入银行，另收现金 600 元；
9. 收到甲公司作为资本投入的新设备 250 000 及存款 50 000 元；
10. 本月生产部门完工产品 66 000 元，入产成品库；
11. 乙债务人将一批材料抵偿所欠本公司的货款，价值 18 000 元，材料已验收入库；
12. 以银行存款 50 000 元偿还短期借款；
13. 经与银行协商同意，将短期借款 100 000 元转为长期借款。

【要求】

1. 据上述业务编制会计分录。
2. 据期初余额及上述会计分录登记“T”字型账户并结出各账户本期发生额及期末余额。
3. 编制试算平衡表。

附 1　代记账凭证

序号	摘要	会计科目	金额	
			借方	贷方
1				
2				
3				
4				
5				
6				
7				
8				
9				
10				
11				
12				
13				

附 2 "T"字型账户

库存现金

银行存款

应收账款

原材料

固定资产

短期借款

应付账款

实收资本

长期借款

库存商品

生产成本

附 3　本期发生额及余额试算平衡表

20××年 1 月 31 日

单位:元

会计科目	期初余额		本期发生额		期末余额	
	借方	贷方	借方	贷方	借方	贷方
合计						

训练二

【目的】 通过实训使学生掌握账户结构及发生额和余额的关系。

【资料及要求】

1. 某企业 3 月份账户不完整资料如下表,要求根据不同账户的结构填列下表空格数字。

账户名称	期初余额	本期发生额		借或贷	期末余额
		借方	贷方		
库存现金	1 000	14 500		借	1 200
应收账款	180 000	100 000	150 000		
应收票据		37 000	21 000	借	18 000
库存商品	317 000		150 000	借	210 000
短期借款	230 000	130 000	200 000		
应付账款	320 000	120 000		贷	340 000
应交税费	40 000		10 000	平	0
实收资本		50 000	130 000	贷	820 000

2. 计算下列账户期末余额

固定资产

借方	贷方
期初余额 90 000	
本期发生额 140 000	本期发生额 80 000
期末余额	

实收资本

借方	贷方
	期初余额 500 000
本期发生额 40 000	本期发生额 80 000
	期末余额

3. 计算下列账户期初余额

库存商品

借方	贷方
期初余额	
本期发生额 180 000	本期发生额 160 000
期末余额 130 000	

应付账款

借方	贷方
	期初余额
本期发生额 250 000	本期发生额 240 000
	期末余额 200 000

4. 计算下列账户本期借方发生额

应收账款

借方	贷方
期初余额 53 000	
本期发生额	本期发生额 67 000
期末余额 30 000	

短期借款

借方	贷方
	期初余额 150 000
本期发生额	本期发生额 140 000
	期末余额 110 000

5. 计算下列账户本期贷方发生额

原材料

借方	贷方
期初余额 58 000	
本期发生额 380 000	本期发生额
期末余额 28 000	

其他应付款

借方	贷方
	期初余额 80 000
本期发生额 100 000	本期发生额
	期末余额 4 000

【能力测试】

一、单项选择题

1. 在借贷记账法下，账户的哪一方记增加数，哪一方记减少数是由(　　)决定的。
   A. 记账规则　　B. 账户性质　　C. 业务性质　　D. 账户结构
2. 对于资产类账户，下列说法正确的是(　　)。
   A. 贷方登记增加数，借方登记减少数　　B. 如有余额，一般在贷方
   C. 借方本期发生额一定大于贷方发生额　　D. 如有余额，一般在借方
3. 借贷记账法下，账户发生额试算平衡的理论依据是(　　)。
   A. “资产＝负债＋所有者权益”的平衡关系
   B. 经济业务的双重性
   C. 会计记录的双重性
   D. 记账规则
4. 借贷记账法下，账户余额试算平衡的理论依据是(　　)。

A. “资产＝负债＋所有者权益”的平衡关系
B. 经济业务的双重性
C. 会计记录的双重性
D. 记账规则

5. 借贷记账法试算平衡公式中，不正确的有（　　）。
A. 全部账户本期借方发生额合计＝全部账户本期贷方发生额合计
B. 全部账户期初借方余额合计＝全部账户期初贷方余额合计
C. 全部账户借方期末余额合计＝全部账户贷方期末余额合计
D. 期初借方余额＋本期借方发生额－本期贷方发生额＝期末借方发生额

6. 对会计要素具体内容进行再分类的项目称（　　）。
A. 会计项目　B. 会计科目　C. 会计账户　D. 报表项目

7. 编制会计分录不能出现的形式有（　　）。
A. 一借一贷的会计分录
B. 不同类型的经济业务合并编制的多借多贷的会计分录
C. 同一经济业务多借多贷的会计分录
D. 一借多贷或一贷多借的会计分录

8. 采购员暂借差旅费，在账务处理上，除了贷记“库存现金”账户外，对应的借方账户是（　　）。
A. 预付账款　B. 其他应收款　C. 应收账款　D. 管理费用

9. 存在着对应关系的账户，称为（　　）。
A. 联系账户　B. 平衡账户　C. 对应账户　D. 恒等账户

10. 通过复式记账可以了解每一项经济业务的（　　）。
A. 来龙去脉　B. 合法性　C. 合理性　D. 经济业务类型

二、多项选择题

1. 关于成本类账户，下列说法正确的是（　　）。
A. 贷方登记增加数，借方登记减少数　B. 借方登记增加数，贷方登记减少数
C. 期末如有余额在借方　D. 期末如有余额在贷方

2. 借贷记账法下，账户借方登记（　　）。
A. 资产的增加　B. 负债的减少　C. 收益的转销　D. 费用成本的增加

3. 下列错误中哪些不能通过试算平衡发现（　　）。
A. 某项经济业务未入账　B. 应借应贷的账户中借贷方向颠倒
C. 借贷双方同时多记同样金额　D. 重复登记了一笔业务

4. 下列账户中与负债结构相反的账户有（　　）。
A. 收入　B. 所有者权益　C. 资产　D. 成本

5. 下列各账户中，期末一般有贷方余额的是（　　）。
A. 累计折旧　B. 主营业务收入　C. 预付账款　D. 短期借款

三、判断题

1. 从某个会计分录看，借方账户与贷方账户互为对应账户。（　　）
2. 在借贷记账法的使用中，所有账户的借方表示增加，贷方表示减少。（　　）

3. 资产类账户的期末余额都在借方，负债类账户的期末余额都在贷方。 （　　）

4. 经济业务引起会计要素的增减变动，虽然是错综复杂的，但从数量方面看，不外乎增加和减少，所以账户的结构应分为左右两部分，左方为贷方，右方为借方。 （　　）

5. 经济业务发生引起资产和负债的数量变化，必然是此增彼减。 （　　）

6. 总分类科目提供的经济指标比明细分类科目提供的经济指标更详细。 （　　）

7. “预收账款”账户的期末余额应按下式计算：期末余额＝期初余额＋本期借方发生额－本期贷方发生额。 （　　）

8. 如果账户本期发生额及余额对照表的借方合计与贷方合计相等，就说明会计记录肯定正确无误。 （　　）

9. 从数量上看，资产与所有者权益总是相等的。 （　　）

10. 凡有余额的账户，其余额的方向一般应与登记增加额的方向一致。 （　　）

11. 会计核算一般只涉及简单会计分录，不必编制复合会计分录。 （　　）

四、名词解释

1. 复式记账法
2. 借贷记账法
3. 会计分录
4. 简单会计分录
5. 复合会计分录

【电子化应用】

1. EXCEL 在试算平衡中的应用。

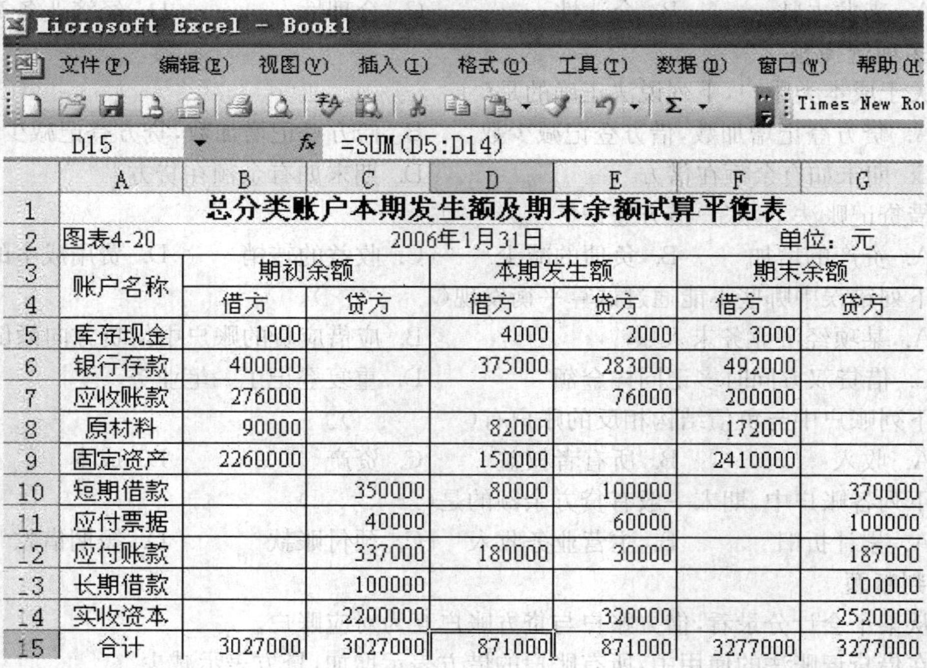

	A	B	C	D	E	F	G
1	总分类账户本期发生额及期末余额试算平衡表						
2	图表4-20			2006年1月31日			单位：元
3	账户名称	期初余额		本期发生额		期末余额	
4		借方	贷方	借方	贷方	借方	贷方
5	库存现金	1000		4000	2000	3000	
6	银行存款	400000		375000	283000	492000	
7	应收账款	276000			76000	200000	
8	原材料	90000		82000		172000	
9	固定资产	2260000		150000		2410000	
10	短期借款		350000	80000	100000		370000
11	应付票据		40000		60000		100000
12	应付账款		337000	180000	30000		187000
13	长期借款		100000				100000
14	实收资本		2200000		320000		2520000
15	合计	3027000	3027000	871000	871000	3277000	3277000

在编制试算平衡表时，需要对期初余额、期末余额，本期借方发生额、本期贷方发生额加计汇总，利用 EXCEL 求和功能，可以快速准确地汇总计算。如下表中“期初余额”借方合计数，利用求和函数“D15＝SUM(D5:D14)”，计算又快又准。其他以次类推。

2. 复式记账法在会计软件中的应用。目前会计软件系统在试算平衡、凭证编制、账簿登记、报表编制等方面，都是按照复式记账的原理设计的，采用借贷记账法进行会计核算。

第五章 借贷记账法的运用

【操作任务】

了解:制造业主要经济业务内容。

熟悉:制造业主要经济业务核算的账户设置。

掌握:工业企业生产经营过程中筹资、采购、生产、销售等环节的会计核算,掌握财务成果的构成,收入、费用和财务成果的核算。

运用:熟练运用借贷记账法,对制造业主要经济业务进行核算。

【操作知识】

第一节 企业主要经济业务概述

制造业是以从事产品生产经营为主的行业,制造业的生产经营活动主要围绕供、产、销来进行。企业为了进行生产经营活动,必然要拥有一定数量的财产物资,再生产过程中财产物资的货币表现就是资金。企业的整个生产经营过程就是资金以不同形态在供、产、销三个阶段的转化过程,从而形成一个不断往复的循环。

首先,企业要千方百计筹集资金。企业的资金按筹集的方式不同分为自有资金和借入资金。然后根据市场的需求组织产品的生产和经营。在供应过程中,企业要用货币资金购买生产所需的原材料,形成生产储备,这时资金从货币资金形态转化为储备资金形态。在生产过程中,企业要消耗所购入的原材料,厂房机器设备等固定资产也会因使用而发生磨损,企业还必须用货币支付职工的劳动报酬等,这些耗费形成了产品的生产成本,以在产品的形式存在,称为生产资金。产品完工入库以后,资金又从生产资金形态转化为成品资金形态。在销售过程中,企业要将产品销售出去,收回货币资金,实现经营收入。这时资金又从成品资金形态转化为货币资金形态。企业的生产经营活动,经过上述三个过程,完成了一个循环。这样的循环周而复始,形成了资金的周转。

企业在生产经营过程中,还会发生期间费用。这些费用按一定会计期间(通常是按月)进行归集,从当期损益中予以扣除。期间费用包括为管理企业的生产经营活动而发生的管理费用,为筹集资金而发生的财务费用以及为销售商品而发生的销售费用。

为了及时总结企业在一定时期内的经营成果,需计算出本会计期间实现的利润或发生的亏损,即财务成果。对于企业实现的利润,一部分要以所得税的形式上交给国家,一部分留存企业作盈余公积金,以满足企业扩大生产经营的需要,另一部分以分红(或股利)的形式分派给投资者。另外企业还要归还到期的借款,偿还所欠供应单位的应付账款,这些又形成资金退出企业的经济业务。

第二节 资金筹集业务的核算

一、资金筹集业务核算的主要内容

企业为了满足生产经营的需要，必须通过一定方式筹集资金用于购建厂房、机器设备，购买原材料，支付职工工资，偿还到期债务等。企业按其筹集资金的方式不同，可分为投资人投入资金和借入资金，前者构成企业所有者权益的重要组成部分(即自有资本或股本)，后者形成企业的负债。因此，筹资业务核算主要包括两个部分：一是投资人投入资本的核算；二是借入资金即负债的核算。

二、投入资本的核算

(一) 投入资本的核算内容

企业要进行生产经营，就必须要有一定的“本钱”。我国法律规定，设立企业必须有法定的资本金，即企业在工商行政管理部门登记的注册资金。为此，企业通过发行股票、吸收直接投资或内部积累等方式来筹集资金，从而构成企业的所有者权益的主要部分。通过这种方式筹集到资金一般不用归还，称之为投入资本。

投入资本按照投资主体不同分为国家投入资本、法人投入资本、个人投入资本、外商投入资本等，投资者可以用现金、存货、固定资产、无形资产等形式向企业投资，企业对筹集的资本金，依法享有经营权。在企业经营期内，投资者除依法转让外，不得以任何方式抽回资本金。

(二) 投入资本核算应设置的主要账户

1. “实收资本”账户

实收资本属所有者权益类账户，用于核算企业实际收到投资人投入资本的增减变动及结果。贷方登记企业实际收到投资人投入资本的数额，借方登记投资人依法抽回投资的数额；期末余额在贷方，表示企业投资人投入资本的结存数额。

该账户按投资人设置明细账户。

投资人的投资应按实际投资数额入账。如以货币资金方式进行投资，企业应按实际收到的款项确认为投入资本的入账依据；如以实物形式或无形资产方式进行投资，企业则应按双方协商作价的数额或资产评估部门评估的公允价值确认为投入资本的入账依据。

2. “固定资产”账户

固定资产是指使用期限较长、单位价值较高，并且在使用过程中保持原有实物形态基本不变的资产。“固定资产”账户用于核算企业固定资产的增加、减少和结余情况。借方登记增加的固定资产原始价值，贷方登记减少的固定资产原始价值；期末余额在借方，表示企业期末拥有的固定资产原始价值。

该账户按固定资产的种类或用途设置明细账户。

投入资本的核算还涉及“库存现金”账户和“银行存款”账户。

(三) 投入资本的账务处理

20××年12月份光明公司发生下列经济业务：

【例 5-1】 1 日，收到国家投资共计 300 000 元，已存入银行。

当企业收到投资人投入货币资金时，一方面企业的资产增加，另一方面企业的所有者权益也增加，该类经济业务涉及“银行存款”和“实收资本”两个账户。编制会计分录如下：

借：银行存款　　　　300 000

　贷：实收资本　　　　300 000

【例 5-2】 1 日，收到 A 公司投入的旧设备一套，账面原值为 200 000 元，已提折旧 40 000 元，双方协商作价 160 000 元作为投资，现已交付使用。

当企业收到投资人投入的实物资产时，企业的资产和所有者权益同时增加，企业对投入的实物按投资各方确认的价值入账。编制会计分录如下：

借：固定资产　　　　160 000

　贷：实收资本　　　　160 000

三、负债的核算

（一）负债核算的内容

企业资金筹集除了投资人投入资金外，还可以向银行和其他金融机构借入资金，主要用于弥补投入资本的不足，这部分借入资金形成了企业负债。企业的借款按偿还期限的不同可分为短期借款和长期借款。短期借款是指借入期限在一年以内（含一年）的各种借款，主要用于生产周转的需要。长期借款指借入期限在一年以上的各种借款，主要用于固定资产的购建、改建和扩建等。

企业借入资金需要支付利息，借款利息是企业使用借入资金所应支付的代价或成本，是一项理财费用，应计入财务费用。财务费用是指企业为筹集生产经营所需资金而发生的各项费用。它一般包括企业生产经营期间发生的利息支出（减利息收入）、汇兑损失（减汇兑收益）和金融机构手续费等支出。短期贷款利息可直接计入当期财务费用。为购建固定资产而筹集长期资金所发生的借款利息等费用，在固定资产尚未完工交付使用之前发生的，计入有关固定资产的购建成本；固定资产建造工程完工投入使用之后发生的利息支出，则计入财务费用。

（二）负债核算应设置的账户

1.“短期借款”账户

短期借款属负债类账户，用于核算企业短期借款的借入、归还和结余情况。贷方登记借入各种短期借款本金数，借方登记归还的短期借款的本金数；期末余额在贷方，反映企业尚未归还的短期借款本金数。

该账户可按借款人或借款种类设置明细账户。

2.“长期借款”账户

该账户用于核算借入期限在一年以上的各种借款。账户结构、明细账户设置方法同短期借款类似。

3.“财务费用”账户

该账户属损益类（费用）账户，用于核算企业为筹集资金而发生的各项费用，包括利息支出、汇兑损失和银行手续费等。借方登记实际发生的财务费用数额，贷方登记结转到“本年利润”账户的数额，期末结转后该账户无余额。

该账户可按财务费用的具体项目设置明细账户。

（三）负债核算的账务处理

【例 5－3】 1 日，从银行取得临时借款 100 000 元，期限为 3 个月，款项已转入银行存款户。

当企业收到借入资金时，企业的银行存款增加，同时企业的短期借款也增加。编制会计分录如下：

借：银行存款　　　　100 000

　　贷：短期借款　　　　100 000

【例 5－4】 31 日，从银行借入期限为 2 年的借款 180 000 元，存入银行。

企业收到借入资金时，企业的资产银行存款增加，同时企业的负债长期借款也增加。编制会计分录如下：

借：银行存款　　　　180 000

　　贷：长期借款　　　　180 000

【例 5－5】 31 日，以银行存款支付本月的短期借款利息 8 000 元。

这项经济业务的发生，一方面使企业的财务费用增加了 8 000 元，另一方面使企业的银行存款减少了 8 000 元。编制会计分录如下：

借：财务费用　　　　8 000

　　贷：银行存款　　　　8 000

光明公司 20××年 12 月初各账户余额如下表：

期初余额表

账户名称	借方余额	账户名称	贷方余额
库存现金	2 200	短期借款	981 400
银行存款	245 000	应付账款	183 000
应收账款	18 000	应付职工薪酬	38 000
原材料	998 000	应交税费	41 600
库存商品	385 000	实收资本	2 745 200
周转材料	30 000	盈余公积	100 000
固定资产	4 230 000	本年利润	469 000
		累计折旧	1 350 000
合计	5 908 200	合计	5 908 200

根据月初余额和【例 5－1】到【例 5－5】发生的经济业务登记有关总分类账户。

银行存款

期初余额	245 000	(5)	8 000
(1)	300 000		
(3)	100 000		
(4)	180 000		

实收资本

		期初余额	2 745 200
		(1)	300 000
		(2)	160 000

固定资产

期初余额　4 230 000	
(2)　160 000	

短期借款

	期初余额　981 400
	(3)　100 000

长期借款

	(4)　180 000

财务费用

(5)　8 000	

第三节　材料购进业务的核算

一、材料购进业务核算的主要内容

材料采购业务是在供应过程发生和完成的,供应过程是生产经营过程的准备阶段,供应过程基本业务是组织各种材料的采购,材料购进业务核算的主要内容是核算和监督材料的买价和采购费用,确定采购成本。

材料采购成本项目一般包括下列几项:

(1) 材料的买价,即供货单位的发票价格;

(2) 外地运杂费,指企业从外地购进材料在运抵企业仓库过程中用货币资金支付的有关费用,包括运输费、装卸费、保险费、包装费、仓储费等;

(3) 运输途中的合理损耗,指所购材料在运输途中正常范围内的损耗;

(4) 入库前的加工整理挑选费用(包括整理挑选过程中发生的损耗);

(5) 购入材料负担的其他费用。

二、材料购进业务核算应设置的账户

1. “原材料”账户

该账户是资产类账户,用于核算企业库存各种材料增减变化和结存情况。借方登记验收入库材料实际成本,贷方登记发出、领用材料的实际成本;期末余额在借方,表示企业期末库存各种材料的实际成本。

该账户按材料的品种、规格设置明细账户。

2. “应交税费”账户

该账户是负债类账户,用来核算企业按照税法等规定计算应交纳的各种税费,包括增值税、消费税、营业税、所得税、资源税、土地增值税、城市维护建设税、房产税、土地使用税、车船使用税、教育费附加、矿产资源补偿费等。

该账户可按应交的税费项目设置明细账户。

企业应缴纳的增值税,在“应交税费”下设置“应交增值税”明细账户进行核算。该账户的贷方登记企业销售货物或提供劳务应收回的销项税额,借方登记企业购进货物或接受应税劳务支付的进项税额和实际已缴纳的增值税;期末贷方余额表示企业尚未缴纳的增值税。应交增值税还应设置“进项税额”“销项税额”“已交税金”等专栏。

3. "应付账款"账户

该账户是负债类账户，用于核算企业因购买材料物资和接受劳务供应等而应付给供应单位的款项。贷方登记企业因购买材料等原因发生的应付未付的货款数额，借方登记企业实际支付的货款数额；期末余额在贷方，表示企业应付而尚未支付的货款数额。

该账户应按供应单位开设明细账户。

三、材料购进业务核算的账务处理

【例 5－6】 15 日，从泰丰公司购入甲材料 4 000 千克，每千克 19 元，计 76 000 元，增值税税率 17％，进项税额 12 920 元，材料已验收入库，货款 88 920 元，已由银行转账支付。

企业采购材料时，原材料增加，银行存款减少，同时还要反映支付的增值税。编制会计分录如下：

借：原材料——甲材料　　76 000
　　应交税费——应交增值税(进项税额)　　12 920
　　贷：银行存款　　88 920

根据《中华人民共和国增值税暂行条例》规定，凡在中华人民共和国境内销售货物或提供加工、修理、修配劳务以及进口货物的单位和个人，应缴纳增值税。增值税是就货物或应税劳务的增值部分征收的一种税。按照增值税暂行条例规定，企业购入货物或接受应税劳务支付的增值税(即进项税额)，可以从销售货物或提供劳务按规定收取的增值税(即销项税额)中抵扣。一般纳税人按 17％或 13％的税率计算增值税，但小规模纳税人按销售额的 3％计算增值税，不抵扣进项税额。

一般纳税人应纳增值税计算公式如下：

应纳税额＝当期销项税额－当期进项税额

销项税额＝销售额×增值税税率

进项税额＝购进货物或劳务价款×增值税税率

【例 5－7】 15 日，从三明公司购进乙材料 2 000 千克，每千克 14 元，计 28 000 元，增值税率 17％，进项税额 4 760 元，材料已收入库，货款 32 760 元暂欠。

这笔业务引起企业的"原材料"增加，但货款未付，应记企业负债"应付账款"增加。编制会计分录如下：

借：原材料——乙材料　　28 000
　　应交税费——应交增值税(进项税额)　　4 760
　　贷：应付账款——三明公司　　32 760

【例 5－8】 15 日，以银行存款支付购入甲、乙两种材料的运输及搬运费共计 6 000 元，按重量比例分配，其中甲材料 4 000 元，乙材料 2 000 元。编制会计分录如下：

借：原材料——甲材料　　4 000
　　　　　——乙材料　　2 000
　　贷：银行存款　　6 000

【例 5－9】 15 日，以银行存款 32 760 元支付前欠三明公司货款。

这笔业务的发生引起企业"银行存款"减少，同时负债中的"应付账款"也减少。编制会计分录如下：

借:应付账款——三明公司　　　　　　　　32 760

　贷:银行存款　　　　　　　　　　　　　　32 760

第四节　产品生产业务的核算

一、产品生产业务核算的主要内容

生产过程是制造业生产经营过程的第二阶段,在这一环节中,企业组织劳动者借助于机器设备等劳动工具对各种材料进行加工,生产出符合社会需要的产品。产品的生产过程即是生产的耗费过程,包括劳动力、劳动资料和劳动对象的耗费。原材料的消耗,形成材料费用;生产工人及管理人员的劳动消耗,形成职工薪酬;机器设备等固定资产的消耗,形成折旧费;还会发生其他费用开支,如办公费、水电费、差旅费等。

国际上现行产品成本计算采用的是制造成本法。在制造成本法下,构成产品生产成本的费用(又叫成本项目)包括:

(1) 直接材料,指直接用于产品生产,构成产品实体的材料费,主要包括主要材料、外购半成品及有助于产品形成的辅助材料费等。

(2) 直接人工,指直接参加产品生产的工人薪酬。

(3) 制造费用,指企业生产部门为组织和管理生产而发生的各项间接费用,包括企业生产部门管理人员的薪酬、折旧费、修理费、办公费、水电费、机物料消耗、劳动保护费、季节性和修理期间的停工损失等。

上述直接材料、直接人工是直接为生产产品而发生的各项费用,这些费用发生时直接计入产品成本,称为直接费用;制造费用(又称间接费用),是指为生产产品而共同发生的费用,即生产部门为组织生产而发生的各项管理费用,在发生时按车间、分厂等进行归集,期末时按一定标准分配计入各产品生产成本中。

生产过程的核算还将涉及管理费用,管理费用是企业行政管理部门为管理、组织生产经营活动而发生的各项费用。一般包括管理人员薪酬、折旧费、业务招待费、房产税、车船使用税、土地使用税、印花税、技术转让费、研究费、咨询费、诉讼费、修理费等项目。管理费用是一些与产品生产没有直接关系的费用,这些费用不计入产品成本,应计入当期损益,称为期间费用。

综上所述,企业生产过程核算的主要任务是,核算和监督生产费用的发生和分摊,计算产品成本,考核生产资金定额和成本计划的执行情况,促使企业不断降低生产成本,提高经济效益。

二、产品生产业务核算应设置的账户

1. "生产成本"账户

该账户属成本类账户,用于核算应计入产品成本的各项费用。借方登记应计入产品生产成本的直接材料、直接人工以及分配计入产品生产成本的制造费用,贷方登记完工入库产品的生产成本;期末余额在借方,表示尚未完工的在产品成本。

该账户应按成本核算对象开设明细账户。

2. “制造费用”账户

该账户属成本类账户，用来归集和分配企业生产车间为生产产品而发生的各项间接费用。借方登记实际发生的各项制造费用，贷方登记月末将制造费用分配计入“生产成本”账户的金额；月末一般无余额。

该账户应按不同生产车间（分厂）及制造费用的项目设置明细账户。

3. “应付职工薪酬”账户

职工薪酬是指企业为获得职工提供的服务而给予各种形式的报酬以及其他相关支出，包括职工工资、奖金、津贴和补贴、职工福利费等。

职工薪酬在支付之前是企业的负债，在“应付职工薪酬”账户核算。该账户属负债类账户，贷方登记计入本期成本费用的职工薪酬，借方登记企业工资实际发放数和福利费等的实际支付数；期末余额在贷方，表示应付未付职工薪酬的结余数。

该账户应按职工薪酬的具体项目设置明细账户。

4. “累计折旧”账户

固定资产在使用过程中是逐渐磨损和耗费的，其价值逐渐转移，形成企业的产品成本和管理费用，并在产品的销售收入中得到补偿，固定资产在使用中逐渐磨损，其损耗价值称为折旧。在管理上要求固定资产账户始终保持固定资产原始价值不变，为此需要设置“累计折旧”账户来反映提取的固定资产折旧。

该账户是固定资产账户的调整账户（也叫抵减账户），其结构与固定资产账户相反。贷方登记按期计提的固定资产折旧额，借方登记出售、报废和毁损固定资产的已提折旧；期末余额在贷方，反映企业累计已提取的固定资产折旧额。

5. “库存商品”账户

该账户是资产类账户，用于核算和监督已生产完工并验收入库产品的增减变动及结存情况。借方登记已经完工入库产品的实际成本，贷方登记出库产品的实际成本；期末余额在借方，表示库存产品的实际成本。

该账户按产成品的品种、规格和种类设置明细账户。

6. “管理费用”账户

该账户是损益类（费用）账户，用来核算和监督企业行政管理部门为组织和管理生产经营活动发生的各种费用，借方登记发生的各项管理费用，贷方登记期末转入“本年利润”账户的数额；期末结转后一般无余额。

三、产品生产业务的核算的账务处理

【例 5-10】 15 日，生产 A 产品领用甲材料 2 000 千克，单位成本 20 元，领用乙材料 1 600 千克，单位成本 15 元。

制造业的材料大部分用于产品生产，构成产品实体或有助于产品形成。这些材料的价值作为直接材料计入“生产成本”账户；领料时，一方面生产成本增加，另一方面库存材料减少。编制会计分录如下：

借：生产成本——A 产品	64 000	
贷：原材料——甲材料		40 000
——乙材料		24 000

【例 5-11】 15 日,生产 B 产品领用甲材料 1 100 千克,单位成本 20 元,生产车间一般耗用丙材料 10 千克,单位成本 100 元,管理部门领用乙材料 20 千克,单位成本 15 元。

借:生产成本——B 产品　　22 000
　　制造费用　　1 000
　　管理费用　　300
　　贷:原材料——甲材料　　22 000
　　　　　　——乙材料　　300
　　　　　　——丙材料　　1 000

【例 5-12】 30 日,以银行存款 72 800 元,支付本月份职工工资,将工资款分别打入职工工资卡。

实际支付工资时,一方面企业的银行存款减少,另一方面企业的应付职工薪酬也减少。编制会计分录如下:

借:应付职工薪酬——工资　　72 800
　　贷:银行存款　　72 800

【例 5-13】 31 日,分配结转工资费用。其中,生产 A 产品工人工资 40 000 元,生产 B 产品工人工资 20 000 元,生产车间技术、管理人员工资 7 000 元,厂部行政管理人员工资 5 800元。

生产部门的工资是一项生产费用,应当计入产品的生产成本。其中,生产工人的工资费用作为直接人工项目记入"生产成本"账户;车间技术、管理人员的工资费用作为间接费用记入"制造费用"账户,月末分配计入产品成本;厂部行政管理人员工资费用记入"管理费用"账户,月末转入"本年利润"账户的借方。

一般情况下,企业计算工资费用与实际发放工资的时间是不一致的,往往根据考勤、产量等先计算本期应负担的工资费用,而实际发放时间在后。

当企业计算工资费用时,一方面企业的各项成本费用增加,另一方面企业的负债应付职工薪酬增加。编制会计分录如下:

借:生产成本——A 产品　　40 000
　　　　　　——B 产品　　20 000
　　制造费用　　7 000
　　管理费用　　5 800
　　贷:应付职工薪酬——工资　　72 800

【例 5-14】 31 日,按规定提取本月固定资产折旧费 15 000 元。其中,生产车间使用厂房、机器设备应提折旧 9 000 元,行政管理部门使用固定资产应提折旧 6 000 元。

提取固定资产折旧的业务,要从两个方面进行反映:一方面反映费用增加(由固定资产价值转化而来),另一方面反映固定资产价值因折旧而减少。生产车间提取的固定资产折旧,记入"制造费用"账户借方;厂部行政管理部门提取的固定资产折旧,记入"管理费用"账户,同时记入"累计折旧"账户贷方。编制会计分录如下:

借:制造费用　　9 000
　　管理费用　　6 000
　　贷:累计折旧　　15 000

【例 5－15】 20 日，以银行存款 9 600 元支付本月水电费，其中生产车间耗用 6 380 元，行政管理部门耗用 3 220 元。编制会计分录如下：

借：制造费用　　6 380
　　管理费用　　3 220
　　贷：银行存款　　9 600

【例 5－16】 16 日，以现金 900 元购买办公用品，其中生产车间办公用品 620 元，行政管理部门办公用品 280 元。编制会计分录如下：

借：制造费用　　620
　　管理费用　　280
　　贷：库存现金　　900

【例 5－17】 16 日，采购部张明出差预借差旅费 1 000 元，以现金支付。

企业员工出差通常要预借差旅费，企业一般以现金支付，员工出差回来报销差旅费时多退少补。该笔预借差旅费的经济业务一方面导致其他应收款增加，另一方面导致企业的库存现金减少。编制会计分录如下：

借：其他应收款——张明　　1 000
　　贷：库存现金　　1 000

【例 5－18】 20 日，张明出差归来报销差旅费 800 元，交回剩余现金 200 元。

职工报销差旅费时，一方面企业的管理费用增加，另一方面其他应收款减少。编制会计分录如下：

借：管理费用　　800
　　库存现金　　200
　　贷：其他应收款——张明　　1 000

【例 5－19】 31 日，根据“制造费用”账户记录，本月制造费用发生额 24 000 元。按 A、B 产品生产工人工资比例分配，其中 A 产品分配 16 000 元，B 产品分配 8 000 元，转入“生产成本”账户。编制会计分录如下：

借：生产成本——A 产品　　16 000
　　　　　　——B 产品　　8 000
　　贷：制造费用　　24 000

【例 5－20】 31 日，本月投产的 A 产品 1 000 件，B 产品 500 件均全部完工，结转本月已完工产品生产成本（其中 A 产品生产成本 120 000 元，B 产品生产成本 50 000 元）。编制会计分录如下：

借：库存商品——A 产品　　120 000
　　　　　　——B 产品　　50 000
　　贷：生产成本——A 产品　　120 000
　　　　　　　　——B 产品　　50 000

本期所发生的直接材料、直接人工、制造费用等生产费用应全部归集到“生产成本”账户的借方。企业在期初、期末无在产品的情况下，“生产成本”账户的借方发生额合计数，即是完工产品的生产成本；若期末有在产品，“生产成本”账户的借方发生额合计数首先在期末在产品和本期完工产品之间进行分配，然后才能计算本期完工产品成本。

第五节　产品销售业务的核算

一、产品销售业务核算的主要内容

从产品完工验收入库起到销售给购货方为止，是企业的销售过程。企业将产品销售出去，应按销售价格向购买方办理结算，取得货款，并确认主营业务收入。

产品销售收入＝不含税单价×销售数量

企业通过销售产品实现了销售收入，同时也减少了库存商品，按照配比的原则，应计算和结转已售出产品的成本。

企业销售实现后，应按税法规定的税率计算并缴纳各种营业税金及附加，如消费税、城市维护建设税、教育费附加等。

企业在销售产品的过程中，还会发生产品的包装费、广告费、运输费等费用，称之为销售费用，销售费用属于期间费用，要由本期收入补偿。

综上所述，制造业销售过程核算的主要内容有：办理销售产品或提供劳务价款的结算，并确认取得的主营业务收入；按照配比的原则确认主营业务成本、营业税金及附加和销售费用等。

二、销售业务核算应设置的账户

1."主营业务收入"账户

该账户的性质是损益类(收入)账户，用于核算企业在销售产品、提供劳务过程中取得的收入。贷方登记已实现的主营业务收入，借方登记销售退回以及期末转入"本年利润"账户贷方的数额，期末结转后无余额。

该账户应按销售产品的类别设置明细账户。

2."主营业务成本"账户

该账户的性质是损益类(成本费用)账户，用来核算企业已销售产品的实际成本。借方登记从"库存商品"账户结转的已销售产品的实际生产成本，贷方登记月末结转到"本年利润"账户借方的数额，期末结转后无余额。

该账户应按产品类别设置明细账户。

3."营业税金及附加"账户

该账户的性质是损益类(费用)账户，用来核算企业营业税金及附加，包括消费税、城市维护建设税和教育费附加等。借方登记按规定税率计算出的应缴纳的营业税金及附加，贷方登记月末结转到"本年利润"账户借方的数额，期末结转后无余额。

该账户应按经营业务类别、品种设置明细账户。

4."销售费用"账户

该账户的性质是损益(费用)账户，用来核算企业在销售产品过程中发生的各项费用。借方登记企业销售产品过程中实际发生的销售费用，贷方登记期末结转到"本年利润"账户借方的数额，期末结转后无余额。

销售业务核算还将涉及"应收账款""应交税费"账户。

三、销售业务核算的账务处理

【例 5－21】 25 日，销售给东方公司 A 产品 400 件，单价 200 元，计 80 000 元，增值税税率 17%，计 13 600 元，货款收到并存入银行。

该笔经济业务发生，一方面导致企业的银行存款增加，另一方面企业的销售收入也增加，企业在销售产品的同时还要向购货方收取增值税，编制会计分录如下：

借：银行存款　　93 600
　　贷：主营业务收入——A 产品　　80 000
　　　　应交税费——应交增值税(销项税额)　　13 600

【例 5－22】 26 日，按照销售合同，向外地某市荣鑫贸易公司发出 A 产品 500 件，每件售价 200 元，B 产品 400 件，每件售价 150 元，货款共计 160 000 元，并以银行存款垫付产品运杂费 1 000 元。增值税税率 17%。计 27 200 元，款尚未收到。编制会计分录如下：

借：应收账款——荣鑫贸易公司　　188 200
　　贷：主营业务收入——A 产品　　100 000
　　　　　　　　　　——B 产品　　60 000
　　　　应交税费——应交增值税(销项税额)　　27 200
　　　　银行存款　　1 000

【例 5－23】 30 日，银行通知，已收到荣鑫贸易公司承付的购货款及运杂费 188 200 元。

借：银行存款　　188 200
　　贷：应收账款——荣鑫贸易公司　　188 200

【例 5－24】 31 日，结转本月已售产品的成本(A 产品单位生产成本为 120 元，B 产品单位生产成本为 100 元)。

企业在销售产品以后，应结转已销产品的生产成本。因此应编制会计分录如下：

借：主营业务成本——A 产品　　108 000
　　　　　　　　——B 产品　　40 000
　　贷：库存商品——A 产品　　108 000
　　　　　　　　——B 产品　　40 000

【例 5－25】 31 日，根据规定的税率计算应交城市维护建设税 875 元，应交产品消费税 12 500元，应交教育费附加 325 元。

在计算企业应缴纳的税金时一方面要反映企业的“营业税金及附加”的增加，另一方面还要反映企业的负债“应交税费”的增加，编制会计分录如下：

借：营业税金及附加　　13 700
　　贷：应交税费——应交城市维护建设税　　875
　　　　　　　　——应交消费税　　12 500
　　　　　　　　——应交教育费附加　　325

【例 5－26】 31 日，以银行存款向海天广告公司支付产品广告费用 5 000 元。

借：销售费用　　5 000
　　贷：银行存款　　5 000

第六节　其他经济业务的核算

一、其他业务经营的核算

（一）其他业务经营的核算内容

企业在经营过程中，除了从事主营业务经营外，还会发生如销售材料、出租包装物、出租固定资产以及提供非工业性劳务等业务，这些业务属于其他业务。从事其他业务而实现的收入就是其他业务收入，与其他业务收入相关联的成本费用构成了其他业务成本。

（二）其他业务经营核算应设置的账户及账务处理

1. "其他业务收入"账户

该账户的性质是损益类（收入）账户，用于核算企业其他业务收入的实现及其结转情况，其贷方登记其他业务收入的实现即增加，借方登记期末转入"本年利润"账户的金额，结转之后，期末无余额。

该账户应按照其他业务的种类设置明细分类账户。

2. "其他业务成本"账户

该账户的性质是损益类（成本费用）账户，用于核算企业其他业务成本的发生及其结转情况。借方登记其他业务的成本费用支出，贷方登记期末转入"本年利润"账户的金额。结转之后，期末无余额。

该账户应与其他业务收入相对应而设置明细分类账户。

【例 5-27】　28 日，对外出售不需用的甲材料 1 000 千克，单价 25 元，货款 25 000 元，增值税销项税额 4 250 元，款已收到并存入银行。

对外销售材料物资并不是制造业的主营业务，因此，该笔收入应记入"其他业务收入"账户。故编制会计分录如下：

借：银行存款　　　　29 250

　　贷：其他业务收入　　　　25 000

　　　　应交税费——应交增值税（销项税额）　　　　4 250

【例 5-28】　28 日，结转已售甲材料的成本，其单位成本 20 元，计 20 000 元。

借：其他业务成本　　　　20 000

　　贷：原材料——甲材料　　　　20 000

【例 5-29】　25 日，对外出售一批包装物，收到价款 28 080 元（其中增值税 4 080 元）存入银行。编制会计分录如下：

借：银行存款　　　　28 080

　　贷：其他业务收入　　　　24 000

　　　　应交税费——应交增值税（销项税额）　　　　4 080

【例 5-30】　28 日，结转本月出售包装物的成本 14 500 元。

借：其他业务成本　　　　14 500

　　贷：周转材料　　　　14 500

二、营业外收支的核算

营业外收支是指企业发生的与生产经营无直接关系的各项利得和损失。核算营业外收支的账户主要有：

1. “营业外收入”账户

该账户的性质是损益(收入)类账户，用于核算企业与日常活动无直接关系的各项利得。包括非流动资产处置利得、盘盈利得、罚没利得、捐赠利得等。该账户贷方登记本期发生的营业外收入，借方登记期末转入“本年利润”账户的金额，期末结转后无余额。

2. “营业外支出”账户

该账户的性质是损益(支出)类账户，用于核算企业发生的与日常活动无直接关系的各项损失。如非流动资产处置损失、盘亏损失、罚款损失、捐赠支出、非常损失等。借方登记发生的营业外支出，贷方登记期末转入“本年利润”账户的金额，期末结转后无余额。

【例 5-31】 28 日，收到某单位的违约罚款 38 000 元，存入银行。

借：银行存款　　38 000

　　贷：营业外收入　　38 000

【例 5-32】 28 日，以银行存款 3 000 元支付违约罚款滞纳金。

借：营业外支出　　3 000

　　贷：银行存款　　3 000

第七节　财务成果的核算

财务成果是指企业在一定会计期间所实现的最终经营成果，即利润或亏损。它包括营业利润、利润总额和净利润。

一、利润形成的核算

(一) 利润的构成

营业利润是企业利润的主要来源，其计算公式如下：

营业利润＝营业收入－营业成本－营业税金及附加－销售费用－财务费用－管理费用－资产减值损失＋公允价值变动收益(－公允价值变动损失)＋投资收益(－投资损失)

式中营业收入由主营业务收入和其他业务收入构成。营业成本由主营业务成本和其他业务成本构成。

利润总额＝营业利润＋营业外收入－营业外支出

净利润＝利润总额－所得税费用

(二) 利润核算应设置的账户

利润形成的核算主要通过“本年利润”账户来进行，同时涉及损益类账户。

“本年利润”账户的性质是所有者权益类账户，用来核算企业在本年度实现的净利润(或净亏损)，贷方登记转入的“主营业务收入”“其他业务收入”“营业外收入”“投资收益”等账户的贷方金额，借方登记转入的“主营业务成本”“其他业务成本”“营业税金及附加”“管理费用”“销售费用”“财务费用”“资产减值损失”“营业外支出”“所得税费用”等账户借方金额，年末贷方余额为本年实现的净利润，借方余额为本年发生的净亏损。

“投资收益”账户属于损益类账户，用来核算企业对外投资取得的收益或发生的损失。该账户贷方登记取得的投资收益或期末投资净损失的转出数，借方登记发生的投资损失或期末投资净收益的转出数，期末结转后无余额。该账户应按投资收益的种类设置明细账户，进行明细分类核算。

（三）利润形成核算的账务处理

1. 期末，把损益类中的各收入账户的贷方发生额结转到“本年利润”账户

由于企业的收入类账户余额一般在贷方，期末结转利润时，应从收入类借方全部转入“本年利润”账户的贷方。编制会计录如下：

借：主营业务收入
　　其他业务收入
　　营业外收入
　　投资收益
　　贷：本年利润

2. 期末，把损益类中各费用类账户的借方发生额结转到“本年利润”账户

由于企业的费用类账户的余额一般在借方，期末结转利润时，应从该类账户的贷方转入到“本年利润”账户的借方。编制会计如下：

借：本年利润
　　贷：主营业务成本
　　　　其他业务成本
　　　　营业税金及附加
　　　　销售费用
　　　　管理费用
　　　　财务费用
　　　　营业外支出

期末上述结转工作完成后，本年利润账户如为贷方差额，则为利润；反之，则为亏损。

下面举例说明利润形成的账务处理：

【例 5-33】 31 日，将本月全部损益账户的余额结转到“本年利润”账户。各损益账户的余额如下：

主营业务收入	240 000
其他业务收入	49 000
营业外收入	38 000
主营业务成本	148 000
其他业务成本	34 500
营业税金及附加	13 700
管理费用	16 400
财务费用	8 000
销售费用	5 000
营业外支出	3 000

（1）将有关收入账户余额转入“本年利润”账户。会计分录为：

借：主营业务收入　240 000

　其他业务收入　49 000

　营业外收入　38 000

　贷：本年利润　327 000

（2）将有关费用账户余额转入“本年利润”账户。会计分录为：

借：本年利润　228 600

　贷：主营业务成本　148 000

　　其他业务成本　34 500

　　营业税金及附加　13 700

　　管理费用　16 400

　　财务费用　8 000

　　销售费用　5 000

　　营业外支出　3 000

二、所得税的核算

（一）所得税的计算

所得税是企业按照国家税法的有关规定，对企业实现的经营所得和其他所得，按照规定的所得税税率计算缴纳的一种税款。目前我国所得税税率一般为25%。应税所得与会计所得是两个不同的概念。会计所得是企业会计核算得出的会计利润，应税所得是根据税法规定的收入和准予扣除的费用计算得出的企业应纳税所得，即应税利润。在此，为简化起见，我们假定二者是一致的，即不考虑纳税调整。计算所得税的公式为：

应交所得税＝应纳税所得额×所得税税率

（二）“所得税费用”账户及账务处理

该账户的性质是损益类（费用）账户，用来核算和监督企业所得税费用情况。借方登记本期所得税发生数额，贷方登记期末转入“本年利润”账户借方的数额，期末结转后无余额。下面举例说明所得税的账务处理：

【例5-34】 31日计算并结转本月所得税，所得税税率为25%。

本月实现利润总额＝327 000－228 600＝98 400（元）

本月应交所得税额＝98 400×25%＝24 600（元）

计算所得税时，一方面企业的“所得税费用”增加，另一方面企业的“应交税费”增加；企业计算当期应缴纳的所得税后，期末应将“所得税费用”账户的余额结转到“本年利润”账户，用以计算当期净利润，编制会计分录如下：

（1）借：所得税费用　24 600

　　贷：应交税费——应交所得税　24 600

（2）借：本年利润　24 600

　　贷：所得税费用　24 600

下个月初，企业上缴所得税时，一方面企业的负债“应交税费”减少，另一方面企业的资产“银行存款”减少。

三、利润分配的核算

(一) 利润分配的顺序

企业的税后利润,按照国家有关规定,应按照下列顺序分配:

(1) 弥补以前年度尚未弥补的亏损。

(2) 提取法定盈余公积。公司法规定,企业应按净利润的10%提取法定盈余公积,作为企业的发展和后备基金。公司制企业还可以按照股东大会的决议提取任意盈余公积。任意盈余公积的用途与法定盈余公积相同。

(3) 向投资者分配利润(或股利)。企业本年实现的净利润在扣除上述项目后,再加上年初未分配利润,形成可供投资者分配的利润。可供投资者分配的利润再经过分配后的剩余部分即为未分配利润。未分配利润可留待以后年度进行分配。企业未分配利润应当在资产负债表的所有者权益项目内单独反映。

(二) 利润分配核算应设置的账户

1. "利润分配"账户

为了核算和反映企业利润分配的过程和结果,应设置"利润分配"账户,该账户是"本年利润"账户的调整账户(也称抵减账户),分配利润时记入该账户借方,通过"本年利润"账户贷方余额与"利润分配"账户借方余额对比,可以了解未分配利润的情况。

2. "盈余公积"账户

该账户的性质是所有者权益类账户,用来核算和监督企业提取的盈余公积。贷方登记提取的盈余公积的数额,借方登记盈余公积减少(转增资本或亏损)数额;期末余额在贷方,表示提取的盈余公积结余数。

3. "应付股利"账户

该账户的性质是负债类账户,用来核算企业向投资者分配的利润。贷方登记按规定应分配给投资者的利润,借方登记已支付给投资者的利润;期末余额在贷方,表示企业尚未支付给投资者的利润。

(三) 利润分配核算的账务处理

【例 5-35】 31 日,按全年净利润的 10%提取法定盈余公积。

本月净利润=98 400-24 600=73 800(元)

本年累计净利润=469 000+73 800=542 800(元)

本年应提取法定盈余公积=542 800×10%=54 280(元)

借:利润分配　　　　　　　　　　　　　　　　54 280

　贷:盈余公积——法定盈余公积　　　　　　　　　　54 280

【例 5-36】 31 日,根据公司章程规定,计算出年终应向投资者分配的利润 340 000 元。

借:利润分配　　　　　　　　　　　　　　　　340 000

　贷:应付股利　　　　　　　　　　　　　　　　　340 000

【例 5-37】 31 日,把本年净利润 542 800 元(已知 12 月初本年利润贷方余额为 469 000 元)结转到"利润分配"账户。

"本年利润"账户最终的余额表示企业本年实现的累计净利润,"利润分配"账户借方反映的是已分配利润情况。年终将"本年利润"账户余额转入"利润分配"账户,这样做一方面可借以反映企业未分配利润的数额，另一方面可结清“本年利润”账户。

借：本年利润　　542 800

　贷：利润分配　　542 800

“利润分配”账户年终贷方余额 148 520 元为企业未分配利润。

根据以上经济业务登记总分类账户，编制试算平衡表。

库存现金

期初余额	2 200	(16)	900
(18)	200	(17)	1 000
期末余额	500		

银行存款

期初余额	245 000	(5)	8 000
(1)	300 000	(6)	88 920
(3)	100 000	(8)	6 000
(4)	180 000	(9)	32 760
(21)	93 600	(12)	72 800
(23)	188 200	(15)	9 600
(27)	29 250	(22)	1 000
(29)	28 080	(26)	5 000
(31)	38 000	(32)	3 000
期末余额	975 050		

原材料

期初余额	998 000	(10)	64 000
(6)	76 000	(11)	23 300
(7)	28 000	(28)	20 000
(8)	6 000		
期末余额	1 000 700		

应收账款

期初余额	18 000	(23)	188 200
(22)	188 200		
期末余额	18 000		

周转材料

期初余额	30 000	(30)	14 500
期末余额	15 500		

库存商品

期初余额	385 000	(24)	148 000
(20)	170 000		
期末余额	407 000		

固定资产

期初余额	4 230 000		
(2)	160 000		
期末余额	4 390 000		

应付职工薪酬

(12)	72 800	期初余额	38 000
		(13)	72 800
		期末余额	38 000

实收资本

		期初余额	2 745 200
		(1)	300 000
		(2)	160 000
		期末余额	3 205 200

短期借款

		期初余额	981 400
		(3)	100 000
		期末余额	1 081 400

应付账款

(9)	32 760	期初余额	183 000
		(7)	32 760
		期末余额	183 000

累计折旧

		期初余额	1 350 000
		(14)	15 000
		期末余额	1 365 000

其他应收款

(17)	1 000	(18)	1 000
期末余额	0		

应交税费

(6)	12 920	期初余额	41 600
(7)	4 760	(21)	13 600
		(22)	27 200
		(25)	13 700
		(27)	4 250
		(29)	4 080
		(34)	24 600
		期末余额	111 350

生产成本

(10)	64 000	(20)	170 000
(11)	22 000		
(13)	60 000		
(19)	24 000		
期末余额	0		

应付股利

		(36)	340 000
		期末余额	340 000

长期借款

		(4)	180 000
		期末余额	180 000

盈余公积

		期初余额	100 000
		(35)	54 280
		期末余额	154 280

利润分配

(35)	54 280	(37)	542 800
(36)	340 000		
		期末余额	148 520

本年利润

(33)	228 600	期初余额	469 000
(34)	24 600	(33)	327 000
(37)	542 800		
		期末余额	0

销售费用

(26)	5 000	(33)	5 000
期末余额	0		

主营业务收入

(33)	240 000	(21)	80 000
		(22)	160 000
		期末余额	0

主营业务成本

(24)	14 8000	(33)	148 000
期末余额	0		

营业税金及附加

(25)	13 700	(33)	13 700
期末余额	0		

其他业务收入

(33)	49 000	(27)	25 000
		(29)	24 000
		期末余额	0

其他业务成本

(28)	20 000	(33)	34 500
(30)	14 500		
期末余额	0		

营业外收入

(33)	38 000	(31)	38 000
		期末余额	0

营业外支出

(32)	3 000	(33)	3 000
期末余额	0		

所得税费用

(34)	24 600	(34)	24 600
期末余额	0		

财务费用

(5)	8 000	(33)	8 000
期末余额	0		

管理费用

(11)	300	(33)	16 400
(13)	5 800		
(14)	6 000		
(15)	3 220		
(16)	280		
(18)	800		
期末余额	0		

制造费用

(11)	1 000	(19)	24 000
(13)	7 000		
(14)	9 000		
(15)	6 380		
(16)	620		
期末余额	0		

光明公司总分类账户试算平衡表

××年 12 月 31 日　　　　单位:元

账户名称	期初余额		本期发生额		期末余额	
	借方	贷方	借方	贷方	借方	贷方
库存现金	2 200		200	1 900	500	
银行存款	245 000		957 130	227 080	975 050	
应收账款	18 000		188 200	188 200	18 000	
原材料	998 000		110 000	107 300	1 000 700	
周转材料	30 000			14 500	15 500	
库存商品	385 000		170 000	148 000	407 000	
固定资产	4 230 000		160 000		4 390 000	
累计折旧		1 350 000		15 000		1 365 000
其他应收款			1 000	1 000		0
短期借款		981 400		100 000		1 081 400
应付账款		183 000	32 760	32 760		183 000
应付职工薪酬		38 000	72 800	72 800		38 000

（续表）

账户名称	期初余额		本期发生额		期末余额	
	借方	贷方	借方	贷方	借方	贷方
应交税费		41 600	17 680	87 430		111 350
应付股利				340 000		340 000
长期借款				180 000		180 000
实收资本		2 745 200		460 000		3 205 200
盈余公积		100 000		54 280		154 280
本年利润		469 000	796 000	327 000		0
利润分配			394 280	542 800		148 520
生产成本			170 000	170 000		0
制造费用			24 000	24 000		0
主营业务收入			240 000	240 000		0
主营业务成本			148 000	148 000		0
营业税金及附加			13 700	13 700		0
其他业务收入			49 000	49 000		0
其他业务成本			34 500	34 500		0
营业外收入			38 000	38 000		0
营业外支出			3 000	3 000		0
销售费用			5 000	5 000		0
管理费用			16 400	16 400		0
财务费用			8 000	8 000		0
所得税费用			24 600	24 600		0
合计	5 908 200	5 908 200	3 674 250	3 674 250	6 806 750	6 806 750

【操作训练】

训练一

【目的】 练习资金筹集和供应过程的核算。

【资料】 顺达公司 20××年 12 月发生下列经济业务：

1. 收到联营公司投资 180 000 元，其中包括全新设备 1 台，价值 80 000 元；货币资金 100 000元已存入银行。

2. 月初向银行借入期限为 3 个月的借款 120 000 元，年利率为 10.8%，按月支付利息。款项存入银行。

3. 向银行借入期限为 3 年的借款 250 000 元，款项存入银行。

4. 月末以银行存款 1 080 元支付本月应承担的借款利息。

5. 企业向 A 公司购入甲材料 20 000 千克，单价 5 元，货款计 100 000 元，购入乙材料 30 000千克，单价 4 元，货款计 120 000 元，增值税税率 17%，计 37 400 元。全部款项均以银行存款支付，两种材料已验收入库。

6. 企业以银行存款 5 000 元支付从 A 公司购入的甲、乙两种材料的运杂费(运杂费按甲、乙材料的重量分配，列出计算过程)。

7. 企业向 B 公司购入丙材料 5 000 千克，单价 6 元，计 30 000 元，增值税 5 100 元，材料已入库，款暂欠。

8. 以现金 800 元支付丙材料运杂费。

9. 企业以银行存款 35 100 元偿还前欠 B 公司的丙材料的货款

【要求】 根据上述经济业务编制会计分录。

训练二

【目的】 练习生产过程的核算。

【资料】 顺达公司 20××年 12 月发生下列经济业务：

1. 本月仓库共发出材料 170 280 元，其中：生产 A 产品耗用 105 600 元，生产 B 产品耗用 56 680 元，车间一般耗用 5 000 元，行政管理部门耗用 3 000 元。

2. 本月应付职工工资共计 72 520 元，其中：A 产品的生产工人工资 40 000 元，B 产品的生产工人工资 12 000 元，车间管理人员工资 9 120 元，行政管理部门人员工资 11 400 元。

3. 从银行存款中提取现金 72 520 元，备发工资。

4. 以现金 72 520 元发放本月职工工资。

5. 月末，计算车间固定资产折旧 18 000 元，行政管理部门使用的固定资产折旧 6 000 元。

6. 以现金 800 元为生产车间购买办公用品。

7. 月末，以银行存款 2 440 元支付生产车间水电费。

8. 月末，将本月发生的制造费用分配计入 A、B 两种产品成本(制造费用按生产工人工资的比例分配)。

9. 月末，本月投产的 A 产品 2 000 件，B 产品 1 000 件全部完工并验收入库，计算 A、B 产品的总成本和单位成本，并结转已验收入库的 A、B 产品生产成本。

【要求】

1. 根据上述经济业务编制会计分录。

2. 登记“制造费用”账户。

训练三

【目的】 练习销售过程和经营成果的核算

【资料】 顺达公司 20××年 12 月发生下列经济业务：

1. 企业销售 A 产品 1 600 件，单位售价 150 元，计 240 000 元，增值税 40 800 元。货款已收到存入银行。

2. 售给亚都公司 B 产品 1 000 件，单价 120 元，计 120 000 元，增值税 20 400 元。货已发出，款未到。

3. 企业以银行存款 8 000 元支付本月广告费。

4. 月末，结转本月已售 A、B 产品的生产成本。本月共销售 A 产品 1 600 件，单位成本为 86.4 元，销售 B 产品 1 000 件，单位成本 76.84 元。

5. 以银行存款 3 600 支付上月应交产品消费税。

6. 出售甲材料 2 000 千克，单价 8 元，计 16 000 元，增值税 2 720 元，款已收到，存入银行。

7. 结转已售甲材料成本，其单位成本为 5.1 元，计 10 200 元。

8. 收到其他单位交来的投资收入 9 000 元，存入银行。

9. 收到亚都公司前欠货款 140 400 元，存入银行。

10. 以银行存款 2 020 元支付给金融机构手续费。

11. 收到某单位的违约罚款 30 000 元，存入银行。

12. 以银行存款 5 000 元向某小学捐款。

13. 月末，按规定税率计算出本月应交消费税 4 000 元，教育费附加 1 220 元。

14. 月末，将本月实现的主营业务收入 360 000 元，其他业务收入 16 000 元，营业外收入 30 000 元，投资收益 9 000 元转入本年利润。

15. 月末，将本月发生的主营业务成本 215 080 元，其他业务成本 10 200 元，营业税金及附加 5 220 元，营业外支出 5 000 元，销售费用 8 000 元，管理费用 20 400 元，财务费用 3 100 元，转入本年利润。

16. 月末，按利润总额的 25%计算本月应交所得税。

17. 月末，将本月的所得税转入本年利润。

18. “本年利润”账户本月初余额为贷方 111 000 元，将年末余额转入“利润分配”账户。

19. 按净利润的 10%提取盈余公积。

20. 按公司章程规定计算出应向投资者分配利润 30 000 元。

【要求】

1. 根据上述经济业务编制会计分录。

2. 计算本月营业利润、利润总额及净利润。

3. 登记“本年利润”账户，结出余额。

【能力测试】

一、单项选择题

1. 能够直接确定并计入某种产品成本的费用为(　　)。

A. 制造费用　　B. 间接费用　　C. 直接费用　　D. 期间费用

2. 国家对企业的投资属于(　　)。

A. 资产　　B. 收入　　C. 所有者权益　　D. 负债

3. 生产过程中，为生产某种产品而发生的各种耗费称为(　　)。

A. 产品成本　　B. 制造费用　　C. 直接费用　　D. 期间费用

4. 出售材料物资取得的收入应计入(　　)。

A. 主营业务收入　　B. 其他业务收入　　C. 营业外收入　　D. 投资收益

5. "本年利润"账户属于(　　)账户。

A. 资产类　B. 损益类　C. 所有者权益类　D. 负债类

6. 下列项目中不构成材料采购实际成本的是(　　)。

A. 买价　B. 采购费用　C. 应负担的税金　D. 增值税

7. 为了反映企业库存材料的增减变化及其结存情况,应设置(　　)账户。

A. 原材料　B. 库存材料　C. 材料采购　D. 存货

8. 企业在筹集资金时发生的费用为(　　)。

A. 管理费用　B. 直接费用　C. 销售费用　D. 财务费用

9. 企业行政管理部门为组织和管理生产经营活动而发生的各项费用为(　　)。

A. 制造费用　B. 直接费用　C. 管理费用　D. 销售费用

10. 通过"累计折旧"账户对固定资产进行调整,反映固定资产的(　　)。

A. 增加价值　B. 原始价值　C. 折旧额　D. 净值

11. 主营业务收入减去主营业务成本、期间费用、营业税金及附加的余额为(　　)。

A. 利润总额　B. 营业利润　C. 主营业务利润　D. 净利润

12. "本年利润"账户,用来核算企业在本年度实现的(　　)。

A. 利润总额　B. 营业利润　C. 亏损总额　D. 净利润(或净亏损)

13. (　　)不属于期间费用。

A. 制造费用　B. 财务费用　C. 管理费用　D. 销售费用

14. (　　)账户是用来核算企业在销售商品过程中发生的费用。

A. 制造费用　B. 直接费用　C. 管理费用　D. 销售费用

15. 企业产品销售收入应负担的各种税金,除了(　　)外,都应在"营业税金及附加"账户中核算。

A. 城建税　B. 营业税　C. 增值税　D. 教育费附加

16. 只有交纳(　　)后的利润才是企业的净利润。

A. 城建税　B. 所得税　C. 增值税　D. 教育费附加

17. "本年利润"账户的借方余额表示(　　)。

A. 费用额　B. 收益额　C. 净亏损　D. 净利润

18. 下列不属于负债类账户的是(　　)。

A. 应交税费　B. 应付利息　C. 预付账款　D. 预收账款

19. 企业收到投资人的资本时,应贷记(　　)

A. 资本公积　B. 盈余公积　C. 实收资本　D. 交易性金融资产

20. 采购员出差预借差旅费时,应借记(　　)。

A. 材料采购　B. 其他应收款　C. 其他应付款　D. 管理费用

21. 借记"主营业务成本"科目,贷记"库存商品"科目,这笔会计分录反映的经济业务是(　　)。

A. 结转完工入库产品的生产成本　B. 结转已销产品的生产成本

C. 冲销已销产品的生产成本　D. 结转尚未完工产品的生产成本

二、多项选择题

1. 财务费用是指企业为筹集生产经营资金而发生的各项费用,包括(　　　　)。

A. 利息支出　B. 广告费　C. 差旅费　D. 金融机构手续费

2. 产品制造企业的主要经营过程的成本计算有(　　)。

A. 供应过程的采购成本计算　B. 生产过程的产品生产成本计算

C. 基建工程成本的计算　D. 销售过程的销售成本计算

3. 下列项目中,属于利润分配的内容有(　　)。

A. 计算应交所得税　B. 提取盈余公积金

C. 向投资者分配利润　D. 弥补上年度亏损

4. 下列各业务中,通过"应付账款"科目核算的经济业务有(　　)。

A. 应付租入固定资产的租金　B. 应付供货方代垫的运费

C. 应付材料采购款　D. 收取的包装物押金

5. 企业的利润总额是由(　　)构成。

A. 营业利润　B. 营业外收入　C. 营业外支出　D. 主营业务利润

6. 产品制造企业的主要经营过程包括(　　)。

A. 预测过程　B. 供应过程　C. 生产过程　D. 销售过程

7. 下列项目中构成材料采购实际成本的是(　　)。

A. 买价　B. 采购费用　C. 采购人员差旅费　D. 增值税

8. 下列各项属于销售费用的是(　　)。

A. 产品广告费　B. 销售人员的工资

C. 产品运杂费　D. 产品的展销费

9. 分配工资费用,借方可以通过(　　)科目核算。

A. 生产成本　B. 制造费用　C. 管理费用　D. 应付职工薪酬

10. 企业产品销售收入应负担的各种税金,应在"营业税金及附加"账户中核算的有(　　)。

A. 城建税　B. 所得税　C. 增值税　D. 营业税

11. 企业结转已销产品的生产成本时,应通过(　　)科目核算。

A. 主营业务成本　B. 主营业务收入　C. 库存商品　D. 增值税

12. 产品成本的构成项目主要有(　　)。

A. 直接材料费　B. 直接人工费　C. 制造费用　D. 期间费用

13. 对于应交教育费附加,应通过(　　)科目核算。

A. 生产成本　B. 主营业务成本　C. 营业税金及附加　D. 应交税费

14. 材料采购费用包括(　　)。

A. 买价　B. 运输途中的合理损耗

C. 采购时发生的运杂费　D. 入库前的整理挑选费

15. 下列项目中,属于"营业外收入"账户核算内容的有(　　)。

A. 罚款收入　B. 确实无法支付的应付账款

C. 固定资产盘盈　D. 产品出售取得的收入

16. 下列项目中,属于"营业外支出"账户核算内容的有(　　)。

A. 公益救济性捐赠　B. 罚款支出

C. 固定资产盘亏　D. 支付的广告费

17. 下列账户中，应于期末转入“本年利润”账户的有(　　　　)。

A. 制造费用　　B. 财务费用　　C. 管理费用　　D. 销售费用

18. 下列项目中可计入“制造费用”账户的有(　　　　)。

A. 车间一般耗用的材料　　B. 车间管理人员的工资

C. 行政管理人员的工资　　D. 车间计提的固定资产折旧

三、判断题

1. 购入用于产品生产的原材料，其实际成本包括应交增值税的进项税额。(　　)
2. 企业购进货物所欠的账款，只有用商业汇票结算的，才能通过“应付票据”账户核算。(　　)
3. 工业企业在生产过程中发生的生产费用，应全部计入当期完工的产品成本。(　　)
4. “制造费用”账户用来核算为管理和组织生产车间的生产经营活动中发生的费用，因此月末应冲减当期损益。(　　)
5. 成本类账户月末结转后均无余额。(　　)
6. 在“主营业务收入”或“其他业务收入”账户中记录的收入均不含应交增值税。(　　)
7. 企业采用商业汇票结算方式销售产品，当收到购买单位的商业汇票，应借记“应收票据”账户。(　　)
8. “本年利润”账户平时各月末有余额，但年终结转后无余额。(　　)
9. 企业的资本公积金和盈余公积金经批准后可以转作资本。(　　)

四、名词解释

1. 销售费用
2. 制造费用
3. 管理费用
4. 所得税

【电子化应用】

实行会计电算化的单位，利用财务软件进行会计核算，可以实现现金收付、材料购进领用、材料成本差异计算和分摊、制造费用归集和分配、产品成本归集和计算、产品销售与收款、管理费用、销售费用、财务费用、利润的形成及分配等会计核算。对会计软件系统来说，只要录入的凭证信息正确，其他的工作均由计算机自动进行。具体操作将在后续专业课中介绍。

第六章 账户分类

【操作任务】

熟悉：会计账户按经济内容分类，按用途和结构分类。

掌握：各类账户的特点，以便更好地理解和运用账户。

【操作知识】

第一节 账户按经济内容分类

对会计要素进行核算，离不开账户，每个账户都有自己的经济性质、用途和结构，它们彼此之间不是孤立存在的，而是相互联系地组成了一个完整的账户体系。了解它们之间的联系与区别，明确不同账户之间的界限，掌握账户的设置和运用规律，对于我们正确地使用每一个账户都是十分重要的。例如，对于一个企业来说，要完整地反映它的经济活动，为经济管理提供会计信息，那么就应当设置一些不同类型的账户，这些不同类型的账户各起什么作用，提供哪些指标；账户的借贷两方分别都登记什么，是否有余额，余额表示什么，等等。对于账户的研究，必须通过账户的分类来进行。因此，学习了设置会计科目与账户后，还要进一步来研究账户的分类。

账户可以按不同标准，即从不同角度进行分类。账户的分类标准很多，一般有按经济内容分类，按用途和结构分类，按提供指标的详细程度分类，按与财务报表关系分类等等。其中最主要的分类标准是账户按经济内容分类和账户按用途、结构分类。账户之间的最本质差别在于其反映的经济内容不同，因而账户按经济内容的分类是对账户最基本的分类。

账户的经济内容，指的是账户所反映的会计对象的具体内容，也就是会计要素，所以账户按经济内容分类就是按会计要素分类。会计要素可以归结为资产、负债、所有者权益、收入、费用、利润六项。但在实践中，为了提供某些指标的需要，在分类上可以作适当的调整，以便能充分地体现各账户的特征。例如，企业在一定期间内取得的收入和发生的费用，最终都体现在当期损益中，因此可以将收入类账户和费用类账户归为一类，称为损益类账户。产品制造企业为计算所生产产品的成本需要专门设置核算产品成本的账户，即成本类账户。企业在一定期间实现的利润，最终都要归属于所有者权益，称为所有者权益类账户。随着市场经济的发展，出现了衍生工具和套期保值等业务，我们将这一类经济业务归为一类，即共同类账户。基于这种认识，账户按经济内容分类，就可以分为：资产类、负债类、共同类、所有者权益类、成本类、损益类六大类。

一、资产类账户

资产类账户是用来反映企业资产的增减变化及结存情况的账户。按照资产的流动性分为反映流动资产的账户和反应非流动资产的账户。

（一）反映流动资产的账户

流动资产账户是反映可以在一年或者超过一年的一个营业周期内变现或耗用的资产的增减变化及结存情况的账户。反映流动资产的账户可以分为：

（1）反映货币资产的账户有："库存现金""银行存款""其他货币资金"等账户。

（2）反映对外投资的账户有："交易性金融资产"账户。

（3）反映短期债权的账户有："应收票据""应收账款""应收股利""应收利息""其他应收款""预付账款"等账户。

（4）反映存货的账户有："材料采购""原材料""库存商品"等账户。

（二）反映非流动资产的账户

非流动资产的账户是反映除流动资产以外的资产的增减变化及结存情况的账户。反映非流动资产的账户可以分为：

（1）反映长期资产的账户有："持有至到期投资""可供出售金融资产""长期股权投资"。

（2）反映固定资产的账户有："固定资产""累计折旧""工程物资""在建工程"等账户。

（3）反映投资性房地产的账户有："投资性房地产"账户。

（4）反映生物资产的账户有："生物资产"账户。

（5）反映无形资产的账户有："无形资产"账户。

（6）反映其他资产的账户有："长期待摊费用"账户。

二、负债类账户

负债类账户是反映负债增减变化及其结存情况的账户。按负债偿还期限的长短，可以分为：

（一）反映流动负债的账户

流动负债账户是反映将在一年（含一年）或者超过一年的一个营业周期内偿还的债务增减变化及余额的账户。反映流动负债的账户有："短期借款""应付票据""应付账款""预收账款""应付职工薪酬""应交税费""应付股利""其他应付款"等账户。

（二）反映长期负债的账户

长期负债账户是反映偿还期在一年或者超过一年的一个营业周期以上的债务增减变化及其结存情况的账户。反映长期负债的账户有："长期借款""应付债券""长期应付款"等账户。

三、共同类账户

共同类账户反映衍生工具、套期保值业务增减变化及其结存情况的账户。可以分为：

（一）反映金融工具的账户

反映金融工具的账户有："衍生工具"账户。

（二）反映套期保值的账户

反映套期保值的账户有："套期工具""套期工具价值变动""被套期项目""被套期项目价值变动"等账户。

四、所有者权益类账户

所有者权益类账户是反映所有者在企业资产中享有的经济利益的增减变化及其结存情况的账户。按照所有者权益形成的原因不同，可以分为：

（一）反映所有者原始投资的账户

反映所有者原始投资的账户有："实收资本"（股本）账户。

（二）反映所有者资本积累的账户

反映所有者资本积累的账户有："资本公积"账户。

（三）反映所有者经营积累的账户

反映所有者经营积累的账户有："盈余公积"账户。

（四）反映利润的账户

反映利润的账户有："本年利润""利润分配"账户。

五、成本类账户

成本类账户是反映企业生产经营过程中各成本计算对象的费用汇集、成本计算和结转情况的账户。可以分为：

（一）反映生产成本的账户

反映生产成本的账户有："生产成本"账户。

（二）反映间接费用的账户

反映间接费用的账户有："制造费用"账户。

（三）反映劳务成本的账户

反映劳务成本的账户有："劳务成本"账户。

六、损益类账户

损益类账户是反映企业实现的收入和发生的相关费用、税金及支出，以便按照配比原则计算确认当期损益情况的账户。可以分为：

（一）反映收益的账户

收益的账户是反映企业在某一会计期间实现的各项收入、收益的账户。

（1）反映收入的账户有："主营业务收入""其他业务收入"账户。

（2）反映投资收益的账户有："投资收益"账户。

（3）反映补贴收入的账户有："补贴收入"账户。

（4）反映营业外收入的账户有："营业外收入"账户。

（二）反映费用类的账户

费用类账户是反映企业在某一会计期间发生的各项费用、税金、支出的账户。

（1）反映营业成本的账户有："主营业务成本""其他业务成本"账户。

（2）反映营业税金的账户有："营业税金及附加"账户。

（3）反映期间费用的账户有："销售费用""管理费用""财务费用"账户。

（4）反映营业外支出的账户有："营业外支出"账户

（5）反映所得税的账户有："所得税费用"账户。

账户按经济内容分类，如图 6－1 所示。

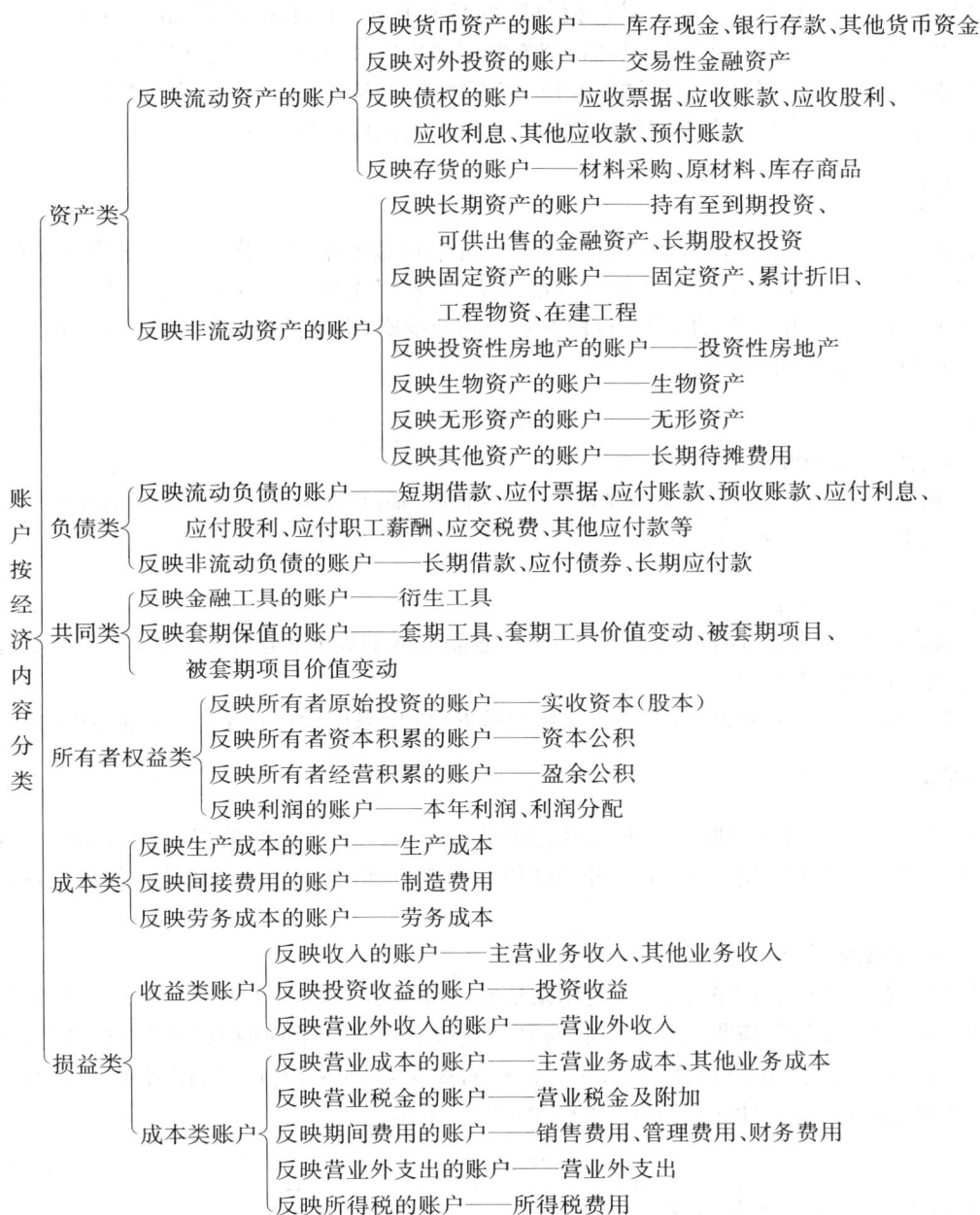

- 账户按经济内容分类
  - 资产类
    - 反映流动资产的账户
      - 反映货币资产的账户——库存现金、银行存款、其他货币资金
      - 反映对外投资的账户——交易性金融资产
      - 反映债权的账户——应收票据、应收账款、应收股利、应收利息、其他应收款、预付账款
      - 反映存货的账户——材料采购、原材料、库存商品
    - 反映非流动资产的账户
      - 反映长期资产的账户——持有至到期投资、可供出售的金融资产、长期股权投资
      - 反映固定资产的账户——固定资产、累计折旧、工程物资、在建工程
      - 反映投资性房地产的账户——投资性房地产
      - 反映生物资产的账户——生物资产
      - 反映无形资产的账户——无形资产
      - 反映其他资产的账户——长期待摊费用
  - 负债类
    - 反映流动负债的账户——短期借款、应付票据、应付账款、预收账款、应付利息、应付股利、应付职工薪酬、应交税费、其他应付款等
    - 反映非流动负债的账户——长期借款、应付债券、长期应付款
  - 共同类
    - 反映金融工具的账户——衍生工具
    - 反映套期保值的账户——套期工具、套期工具价值变动、被套期项目、被套期项目价值变动
  - 所有者权益类
    - 反映所有者原始投资的账户——实收资本(股本)
    - 反映所有者资本积累的账户——资本公积
    - 反映所有者经营积累的账户——盈余公积
    - 反映利润的账户——本年利润、利润分配
  - 成本类
    - 反映生产成本的账户——生产成本
    - 反映间接费用的账户——制造费用
    - 反映劳务成本的账户——劳务成本
  - 损益类
    - 收益类账户
      - 反映收入的账户——主营业务收入、其他业务收入
      - 反映投资收益的账户——投资收益
      - 反映营业外收入的账户——营业外收入
    - 成本类账户
      - 反映营业成本的账户——主营业务成本、其他业务成本
      - 反映营业税金的账户——营业税金及附加
      - 反映期间费用的账户——销售费用、管理费用、财务费用
      - 反映营业外支出的账户——营业外支出
      - 反映所得税的账户——所得税费用

图 6－1　账户按经济内容分类

第二节　账户按用途和结构分类

为了深入地理解和掌握账户在提供核算指标方面的规律性，正确地设置和运用账户来记录各项交易或事项，为决策者提供有用的会计信息，有必要在账户按经济内容分类的基础上，

进一步研究账户按用途和结构分类。

账户的用途是指通过账户的记录能提供哪些核算指标,也就是设置和运用账户的目的。账户的结构是指账户由哪几部分构成,借、贷方登记的内容和余额的方向以及表示的内容。账户按用途和结构可分为:盘存账户、结算账户、资本账户、跨期摊配账户、集合分配账户、成本计算账户、集合汇转账户、调整账户、财务成果账户、计价对比账户等十种。

一、盘存账户

盘存账户是用来反映和监督各项财产物资和货币资金的增减变化及其结存情况的账户,如“库存现金”“银行存款”“原材料”“库存商品”“固定资产”等账户。这类账户的结构是:借方登记各项财产物资、货币资金的增加额;贷方登记其减少额;期末余额一般在借方,表示结存数额。盘存账户的结构,如下所示。

借方　　　　　　盘存账户	贷方
期初余额:期初财产物资和货币资金的结存额 本期发生额:本期财产物资、货币资金的增加额	本期发生额:本期财产物资、货币资金的减少额
期末余额:期末财产物资、货币资金的结存额	

盘存账户的特点是:

(1) 盘存账户可以通过财产清查的方法(实地盘点或对账)确定其实有数,核对其实际结存额与账面结存额是否相等。

(2) 盘存账户除货币资金外,在进行明细核算时,既要采用货币计量,还要兼用实物计量。

二、结算账户

结算账户是用来反映和监督企业与其他单位或个人之间发生的债权债务结算情况的账户。结算账户按用途和结构分类,又可分为债权结算账户、债务结算账户和债权债务结算账户三类。

(一) 债权结算账户

债权结算账户又称资产结算账户,是用来反映和监督企业各项债权增减变动及其实有数额的账户,如“应收账款”“应收票据”“应收股利”“应收利息”“其他应收款”等账户。这类账户的结构是:借方登记债权的增加额;贷方登记债权的减少额;期末余额一般在借方,表示期末尚未收回的债权实有数额。债权结算账户的结构,如下所示。

借方　　　　　　债权结算账户	贷方
期初余额:期初应收各项债权的实有额 本期发生额:本期各项债权的增加额	本期发生额:本期各项债权的减少额
期末余额:期末尚未收回的各项债权的实有额	

(二) 债务结算账户

债务结算账户又称负债结算账户,是用来反映和监督企业各项债务的增减变动及其实有数额的账户,如“短期借款”“应付账款”“预收账款”“应付职工薪酬”“应付股利”“应付利息”“应交税费”“其他应付款”“应付债券”“长期应付款”等账户。这类账户的结构是:贷方登记债务的增加额；借方登记债务的减少额；期末余额一般在贷方，表示期末尚未偿还的债务实有额。债务结算账户的结构，如下所示。

借方　　　　　　　　债务结算账户	贷方
	期初余额：期初应付各项债务的实有额
本期发生额：本期债务的减少额	本期发生额：本期债务的增加额
	期末余额：期末尚未偿还的各项债务实有额

（三）债权债务结算账户

债权债务结算账户又称资产债务结算账户或往来结算账户，这类账户既反映和监督企业各项债权结算业务，又核算债务结算业务，是双重性质的结算账户。例如，当企业的预收、预付业务不多时，可以不单独设置"预收账款"和"预付账款"账户，用"应收账款"账户核算企业销售产品或提供劳务的应收预付款项；用"应付账款"账户核算购进材料的应付预付款项。此时，"应收账款"和"应付账款"账户便成为债权债务结算账户。这类账户的结构是：借方登记债权的增加额和债务的减少额；贷方登记债务的增加额和债权的减少额；期末余额若在借方，表示债权大于债务的差额；期末余额若在贷方，则表示债务大于债权的差额。债权债务结算账户的结构，如下所示。

借方　　　　　　　　债权债务结算账户	贷方
期初余额：期初债权大于债务的差额 本期发生额：本期债权增加额，债务减少额	（或）期初余额：期初债务大于债权的差额 本期发生额：本期债务增加额，债权减少额
期末余额：期末债权大于债务的差额	（或）期末余额：期末债务大于债权的差额

债权债务结算账户的借方余额或贷方余额只是表示债权和债务增减变化后的差额，并不一定表示债权和债务的实际余额。因为企业在某一时点可能同时存在债权和债务。

综上所述，结算账户的特点：

（1）不同类型的结算账户具有不同的用途和结构，应根据结算账户及其所属明细账户的余额来判断其性质和内容：当余额在借方时，属于资产结算账户；当余额在贷方时，属于负债结算账户。

（2）为了保证核算资料的正确性，结算账户需要定期通过与有关单位或个人核对账目来保证账账相符。因此，结算账户要求按有结算关系的单位或个人设置明细账户，进行明细核算。

（3）无论是总分类核算还是明细分类核算，结算账户都只需提供货币信息。

三、跨期摊提账户

跨期摊提账户是用来反映和监督应由几个会计期间共同负担的费用，并将这些费用在各个收益的会计期间进行分摊和预提的账户。跨期摊提账户是在权责发生制下，按照受益的原则和严格划分费用归属期的要求设置的。如："待摊费用"和"预提费用"账户。

这类账户的结构是：借方登记费用的实际发生额或支付额；贷方登记费用的摊销或预提额；若期末余额在借方，表示已经支付而尚未摊销数额；若余额在贷方，则表示已预提而尚未支付数额。跨期摊提账户的结构，如下所示。

借方	跨期摊提账户 贷方
期初余额:期初已经支付而尚未摊配的待摊费用 本期发生额:本期待摊费用的支付额 本期预提费用的支付额	期初余额:期初已经预提而尚未支付的预提费用 本期发生额:本期待摊费用的摊配额 本期预提费用的预提额
期末余额:期末已经支付而尚未摊配的待摊费用	期末余额:期末已经预提而尚未支付的预提费用

跨期摊提账户的特点:

(1) 跨期摊提账户中的“待摊费用”与“预提费用”,是两个性质完全不同的账户。“待摊费用”属于资产类账户,“预提费用”账户属于负债类账户。但在结构上却有相同之处:借方都是用来登记费用的实际发生额或支付额,贷方都是用来登记应由各个会计期间负担的费用摊配额或预提额。

(2) 跨期摊提账户的借贷方数额发生的先后不同。“待摊费用”是先支付后摊配,因此是先借后贷;“预提费用”是先预提后支付,因此是先贷后借。

(3) 跨期摊提账户的余额方向不同。“待摊费用”账户如有余额,一般为借方余额;“预提费用”一般为贷方余额,也可能出现借方余额,当出现借方余额时,其性质与待摊费用相同。

(4) 当实际支付的费用摊配完毕,或预提费用全部支付后,这类账户应无余额。

(5) 跨期摊提账户应按费用的种类设置明细分类账,进行明细分类核算。

四、资本账户

资本账户也称所有者权益账户,是用来反映和监督企业投入资本和资本积累的增减变动及其结果的账户,如“实收资本”“资本公积”“盈余公积”等账户。这类账户的结构是:贷方登记各项投入资本和积累的增加额;借方登记各项投入资本和积累的减少额;期末余额一般在贷方,表示期末各项投资和积累的实有额。资本账户的结构,如下所示。

借方	资本账户 贷方
本期发生额:本期资本减少额	期初余额:期初资本实有额 本期发生额:本期资本增加额
	期末余额:期末资本实有额

资本账户的特点:

(1) 资本账户在企业生产经营期间内反映外部投资的账户一定有贷方余额,企业内部形成的资本积累可能是贷方余额,也可能无余额。无论反映从外部取得的各种投资还是内部资本积累的账户,都不会出现借方余额,否则说明所有者权益受到侵犯或者账务处理上有错误。

(2) 由于资本账户反映企业投资人对企业净资产的所有权,因此,该类账户无论总分类核算还是明细分类核算,都只需用货币计量,而且必须运用统一的货币量度,以总括说明资本规模及其增减变化。

五、集合分配账户

集合分配账户是用来归集和分配企业生产经营过程中某个阶段所发生的各种费用的账户。如“制造费用”账户。这类账户的结构是:借方登记费用的发生额;贷方登记按照一定标准分配记入各个成本计算对象的费用额；期末该账户一般无余额。集合分配账户结构，如下所示。

借方　　集合分配账户	贷方
本期发生额：本期费用的发生额	本期发生额：本期费用的分配额

集合分配账户的特点：

(1) 集合分配账户借方归集的费用一般在当期全部从贷方分配出去，期末一般没有余额，具有明显的过渡性。

(2) 为了考核费用的发生情况，该类账户一般要按费用项目进行明细分类核算，可以采用三栏式，也可以采用多栏式的明细分类账。

(3) 集合分配账户所归集和分配的费用，是反映经营过程耗费的综合信息，因而这类账户只需提供货币信息。

六、成本计算账户

成本计算账户是用来反映和监督经营过程中某一阶段所发生的全部费用，以确定各个成本计算对象实际成本的账户。如"生产成本""材料采购""在建工程"等账户。这类账户的结构是：借方登记经营过程中某一阶段发生的全部费用；贷方登记转出已完成的成本计算对象的实际成本；期末若有余额一般在借方，表示尚未完成的成本计算对象的实际成本。成本计算账户的结构，如下所示。

借方　　成本计算账户	贷方
期初余额：期初尚未完成的某成本计算对象实际成本 本期发生额：归集该对象某阶段发生的全部费用	本期发生额：结转该对象已完成的实际成本
期末余额：期末该对象尚未完成的实际成本	

成本计算账户的特点：

(1) 成本计算账户的余额，表示尚未完成的某一过程的成本计算对象的实际成本，如在产品、在途物资、在建工程等。因此，成本计算账户还具有盘存账户的结构特点，又能起盘存账户的作用。

(2) 为加强成本管理，成本计算账户应根据成本计算的对象和费用控制的责任部门或环节设置明细分类账，并按成本项目归集各项费用。

(3) 成本计算账户所属的明细分类账既要借助于货币计量，总括反映全部耗费，提供综合的成本信息；又要借助于实物或劳动形式，反映物资和劳动消耗，提供具体的费用信息。

七、集合汇转账户

集合汇转账户是用来反映和监督企业某一会计期间实现的收入和相关费用支出的账户。包括收入集合汇转账户和费用支出集合汇转账户。

(一) 收入集合汇转账户

收入集合汇转账户是用来反映和监督企业某个会计期间所实现的应计入当期损益的各项收入和收益的账户，如"主营业务收入""其他业务收入""投资收益""营业外收入"等账户。这类账户的结构是：贷方登记某一会计期间各项收入和收益的发生额，借方登记本期收入的减少额和期末转入“本年利润”账户的数额，期末无余额。收入集合汇转账户的结构，如下所示。

借方 收入集合汇转账户	贷方
本期发生额：① 本期收入的减少额 ② 期末转入“本年利润”账户的收入额	本期发生额：本期收入和收益的增加额

(二) 费用支出集合汇转账户

费用支出集合汇转账户是用以反映和监督企业某一会计期间发生的、应计入当期损益的各项费用支出的账户。如“主营业务成本”“营业税金及附加”“其他业务成本”“管理费用”“财务费用”“销售费用”“营业外支出”“所得税费用”等账户。这类账户的结构是：借方登记某一会计期间各项费用支出的增加额，贷方登记某一会计期间各项费用支出的减少额和期末转入“本年利润”账户的费用支出额，结转后该类账户无余额。费用支出集合汇转账户的结构，如下所示。

借方 费用支出集合汇转账户	贷方
本期发生额：本期费用支出的增加额	本期发生额：① 本期费用支出的减少额 ② 期末转入“本年利润”账户的数额

集合汇转账户的特点：

(1) 通过集合汇转账户汇集的某一会计期间的收入或收益、支出或费用，一般在期末结转完毕，结转后该类账户无余额。

(2) 集合汇转账户一般要按产品类别或收入、费用项目进行明细分类核算。

(3) 集合汇转账户在进行明细分类核算时，除了采用货币计量外，有时还兼用实物计量。

八、调整账户

调整账户是用来调整被调整账户的余额，以便反映被调整账户的实际余额的账户。如“累计折旧”“坏账准备”“利润分配”“材料成本差异”等账户。

在会计核算中，由于管理上的要求或其他方面的原因，对于某些反映资产或权益的要素项目，往往需要同时开设两个账户，一个用来反映原始数字，另一个用来反映对原始数字的调整数字，将原始数字和调整数字相加或相减，即可求得调整后的实际数字。

调整账户按其调整方式不同，可分为备抵调整账户、附加调整账户和备抵附加调整账户三类。

(一) 备抵账户

备抵账户又称抵减账户，是用来抵减被调整账户余额，以求得被调整账户实际余额的账户。其调整方式可用下列公式表示：

被调整账户余额－备抵调整账户余额＝被调整账户实际余额

由于上述公式是相减的关系，因此被调整账户的余额与备抵调整账户的余额方向一定相反。即如果被调整账户的余额在借方，那么备抵调整账户的余额就一定在贷方，反之亦然。

按照被调整账户的性质，备抵调整账户又可分为资产类备抵调整账户与权益类备抵调整账户两类。

1．资产类备抵调整账户

资产类备抵调整账户是用来抵减某一资产账户（被调整账户）的余额，以求得该资产类账户的实际余额的账户。例如“累计折旧”账户就是“固定资产”账户的被抵调整账户。为了全面反映固定资产的情况，需要提供两种指标：固定资产的原始价值和固定资产因使用已损耗的价值。固定资产的原始价值通过“固定资产”账户反映，固定资产因使用而损耗的价值通过“累计折旧”账户来反映。将“固定资产”账户的借方余额减去“累计折旧”账户的贷方余额，其差额就是固定资产的净值（或称折余价值）。这对了解企业的生产能力和固定资产的新旧程度，提供了有用的信息。资产类备抵调整账户，如下所示。

固定资产

（被调整账户）

借方		贷方	
期末余额：固定资产原始价值	2 000 000		

累计折旧

（备抵调整账户）

借方		贷方	
		期末余额：固定资产累计折旧	400 000

固定资产原始价值	2 000 000
减：固定资产累计折旧	400 000
固定资产净值	1 600 000

2．权益类备抵调整账户

权益类备抵调整账户是用来抵减某一权益（包括负债、所有者权益和收入）账户（被调整账户）的余额，以求得该权益类账户的实际余额的账户。如“利润分配”账户就是“本年利润”账户的备抵调整账户。“本年利润”账户（被调整账户）的期末贷方余额，反映期末已实现的利润额，“利润分配”账户（调整账户）的期末借方余额，反映企业已分配的利润额。将“本年利润”账户的贷方余额减去“利润分配”账户的借方余额，其差额就是企业期末尚未分配的利润额。“本年利润”账户与“利润分配”账户之间的关系，如下所示。

本年利润

（被调整账户）

借方		贷方	
		期末余额：本年累计实现的净利润	900 000

利润分配

（备抵调整账户）

借方		贷方	
期末余额：已分配的利润数	260 000		

本年累计实现的净利润	900 000
减：已分配的利润	260 000
未分配的利润	640 000

(二)附加调整账户

附加调整账户是用来增加被调整账户的余额,以求得被调整账户的实际余额的账户。其调整方式可用下列公式表示:

被调整账户+附加调整账户=被调整账户实际余额

附加调整账户与被调整账户之间的关系正好与备抵调整账户的调整方式相反,因此,被调整账户的余额与附加调整账户的余额一定在同一方向,即如果被调整账户余额在借方,附加调整账户的余额也一定在借方;反之亦然。但在实际工作中,附加调整账户运用得较少。如当"本年利润"账户出现借方余额时,"利润分配"账户就成为它的附加账户。"本年利润"账户的借方余额,反映本年发生的亏损,"利润分配"账户的借方余额,反映以前年度未弥补的亏损。"本年利润"账户的借方余额与"利润分配"账户的借方余额之和,表示企业截至本期累计发生的未弥补亏损。在这种情况下,"本年利润"账户与"利润分配"账户之间的关系,如下所示。

本年利润
(被调整账户)

借方		贷方
期末余额:本年发生的亏损	60 000	

利润分配
(备抵调整账户)

借方		贷方
期末余额:以前年度未弥补的亏损	200 000	

本年发生的亏损	60 000
加:以前年度未弥补的亏损	200 000
截至本期累计未弥补的亏损	260 000

如果"本年利润"账户是贷方余额,反映本年实现的净利润,"利润分配"账户也是贷方余额,反映以前年度的未分配利润。"本年利润"账户的贷方余额与"利润分配"账户贷方余额之和,表示企业截止到本期实现的未分配利润。"利润分配"账户是"本年利润"账户的附加账户。

(三)备抵附加调整账户

备抵附加调整账户是既用来抵减,又用来增加被调整账户的余额,以求得被调整账户的实际余额的账户。这类账户属于双重性质的账户,兼有备抵账户和附加账户的功能,但不能同时起两种作用。究竟是发挥备抵账户的作用还是附加账户的作用,则取决于调整账户与被调整账户余额是在同一个方向还是在相反方向。如果调整账户与被调整账户的余额在同一方向,那么,调整账户就是附加账户;如果调整账户与被调整账户的余额是在相反方向,那么,调整账户就是备抵账户。其调整方式可用公式表示:

被调整账户余额±备抵附加账户余额=被调整账户实际余额

例如,采用计划成本进行材料日常核算的企业,设置的"材料成本差异"账户,就属于备抵附加调整账户。"原材料"账户按计划成本计价核算,同时设置"材料成本差异"账户,用来调整"原材料"账户的账面余额,以反映原材料的实际成本。这样,"材料成本差异"账户与"原材料"账户之间就形成了一种调整与被调整关系。

原材料
（被调整账户）

借方	贷方
期末余额：结存材料的计划成本　80 000	

材料成本差异
（备抵附加账户）

借方	贷方
	期末余额：结存材料的成本差异（节约差异）　2 000

结存材料的计划成本	80 000
减：结存材料的成本差异（节约差异）	2 000
结存材料的实际成本	78 000

由此可以看出：当“材料成本差异”账户出现贷方余额时，以抵减的方式，将“原材料”账户所反映的计划成本调整为实际成本。

原材料
（被调整账户）

借方	贷方
期末余额：结存材料的计划成本　80 000	

材料成本差异
（备抵附加账户）

借方	贷方
期末余额：结存材料成本差异（超支差异）　2 000	

结存材料的计划成本	80 000
加：结存材料的成本差异（超支差异）	2 000
结存材料的实际成本	82 000

由此可以看出：当“材料成本差异”账户出现借方余额时，以附加的方式，将“原材料”账户所反映的计划成本调整为实际成本。

调整账户的特点：

（1）调整账户与被调整账户反映的经济内容相同，但两者余额的方向可能相同，也可能相反。相同时相加，相反时相减。

（2）被调整账户反映会计要素项目的原始数额，调整账户反映的是同一要素项目的调整数额。因此，调整账户不能脱离被调整账户而独立存在。

九、财务成果账户

财务成果账户是用来反映和监督企业在一定时期内全部生产经营活动的最终成果的账户。如“本年利润”账户。这类账户的结构是：贷方登记期末从各收入账户转入的各项收入数额；借方登记期末从各费用、成本、支出账户转入的各项费用数额；期末如为贷方余额，表示收入大于费用支出的余额，为企业本期实现的净利润；期末如为借方余额，表示费用支出大于收入的差额，为企业本期发生的亏损。年末，本年实现的净利润或发生的净亏损都要转入“利润分配”账户，年末结转后该类账户无余额。财务成果账户的结构，如下所示。

借方　　　　财务成果账户	贷方
期初余额：年度内截至该期初累计发生的亏损 本期发生额：本期转入的各项费用支出	期初余额：年度内截至该期初累计实现的净利润 本期发生额：本期转入的各项收入
期末余额：年度内截至该期末累计发生的亏损	期末余额：年度内截至该期末累计实现的净利润

财务成果账户的特点：

(1) 在年度中间，该类账户的余额(无论是实现的净利润还是发生的亏损)不结转，目的是提供截止本期累计实现的净利润或发生的亏损。年度中间该账户有余额，可能在贷方，也可能在借方。年终结算时，要将本年实现的净利润或发生的亏损从该账户转入“利润分配”账户。年末结转后，该账户无余额。

(2) 该账户无论总分类账或明细分类账均只需提供货币信息。

十、计价对比账户

计价对比账户是用来对某项交易或事项，在借贷两方按两种不同的计价进行核算对比，已确定其业务成果的账户。如按计划成本进行材料日常核算的企业所设置的“材料采购”账户。这类账户的结构是：借方登记材料物资的实际成本(第一种计价)，贷方登记入库材料物资的计划成本(第二种计价)，将借贷两方的两种不同计价进行对比，可以确定交易或事项的成果，即当借方数额大于贷方数额时，表示其实际采购成本大于计划成本，为超支额；反之，当借方数额小于贷方数额时，为节余额。当材料物资到达并验收入库后，无论超支或节余，都要从“材料采购”账户结转记入“材料成本差异”账户。该账户如出现借方余额，则表示期末有一部分材料物资尚未运到，或虽已运到企业但尚未验收入库，即在途材料物资。计价对比账户的结构，如下所示。

借方　　　　计价对比账户	贷方
期初余额：在途材料实际成本(第一种计价) 本期发生额：① 外购材料物资的实际成本 (第一种计价) ② 贷差(节余)转入“材料成本差异” (第一种计价小于第二种计价)	本期发生额：① 外购材料物资的计划成本 (第二种计价) ② 借差(超支)转入“材料成本差异” (第一种计价大于第二种计价)
期末余额：在途材料实际成本(第一种计价)	

计价对比账户的特点：

(1) 计价对比账户用借贷方分别反映两种计价方式，能清晰地反映某项交易或事项的成果。

(2) 计价对比账户在交易或事项完成后，没有余额；如果交易或事项尚未完成，会有借方余额，表示交易或事项按第一种计价确定的成本。

综合以上内容，账户按用途和结构的分类情况如图 6-2 所示。

账户按用途和结构分类

- 盘存账户
  - 库存现金、银行存款、原材料、库存商品、周转材料、固定资产、交易性金融资产、持有至到期投资、可供出售的金融资产、长期股权投资等
- 结算账户
  - 债权结算账户——应收账款、应收票据、预付账款、其他应收款等
  - 债务结算账户——应付票据、应付账款、预收账款、其他应付款、应付职工薪酬、应交税费、应付股利、短期借款、长期借款、应付债券、长期应付款等
  - 债权债务结算账户——应收账款(含预收账款)、应付账款(含预付账款)
  - 共同类账户——衍生工具、套期工具、被套期工具
- 跨期摊提账户——长期待摊费用、待摊费用、预提费用
- 资本账户——实收资本、资本公积、盈余公积
- 集合分配账户——制造费用
- 成本计算账户——材料采购、生产成本、劳务成本、委托加工物资、在建工程
- 集合汇转账户
  - 收入类集合汇转账户——主营业务收入、其他业务收入、营业外收入、投资收益
  - 费用类集合汇转账户——主营业务成本、销售费用、营业税金及附加、管理费用、财务费用、其他业务成本、营业外支出、所得税费用
- 调整账户
  - 备抵调整账户——累计折旧、坏账准备、利润分配
  - 附加调整账户——应付债券(债券溢价)、利润分配
  - 备抵附加调整账户——材料成本差异
- 财务成果账户——本年利润
- 计价对比账户——材料成本差异、固定资产清理

图 6－2　账户按用途和结构分类

【操作训练】

【目的】　判断账户的类别。

【资料及要求】　填列下表。

账户名称	具体类别	
	按经济内容分类	按用途和结构分类
库存现金		
应收账款		
应付职工薪酬		
管理费用		
材料成本差异		
实收资本		
制造费用		
材料采购		
主营业务收入		
利润分配		

（续表）

账户名称	具体类别	
	按经济内容分类	按用途和结构分类
套期工具		
长期待摊费用		
固定资产清理		
长期借款		
库存商品		
交易性金融资产		
生产成本		
所得税费用		
劳务成本		

【能力测试】

一、单项选择题

1. 账户分为资产类、负债类、共同类、所有者权益类、成本费用类、利润类等六大类，是按（　　）。

A. 经济内容　　B. 结构特点　　C. 用途　　D. 性质

2. 反映原始投入资本账户的是（　　）。

A. 资本公积　　B. 实收资本　　C. 盈余公积　　D. 长期股权投资

3. 反映间接费用账户的是（　　）。

A. 制造费用　　B. 管理费用　　C. 财务费用　　D. 所得税

4. "所得税费用"账户是属于（　　）。

A. 期间费用汇转账户　　B. 期间汇转账户

C. 财务成果账户　　D. 结算账户

5. "制造费用"账户是属于（　　）。

A. 期间费用汇转账户　　B. 集合分配账户

C. 结算账户　　D. 成本计算账户

6. 下列账户中，待处理账户是（　　）。

A. 管理费用　　B. 待处理财产损溢　　C. 长期待摊费用　　D. 利润分配

7. "原材料"账户按经济内容进行分类，属于（　　）账户。

A. 盘存账户　　B. 资产类账户　　C. 总分类账户　　D. 实存账户

8. 下列账户中，属于集合分配账户的是（　　）。

A. 财务费用　　B. 管理费用　　C. 制造费用　　D. 营业费用

9. 用来调整其他相关账户而设置的账户，被称之为（　　）。

A. 被调整账户　　B. 计价对比账户　　C. 调整账户　　D. 集合分配账户

10. “材料成本差异”账户属于(　　)。

A. 成本计算账户　　B. 附加调整账户

C. 备抵调整账户　　D. 备抵附加调整账户

11. “坏账准备”账户属于(　　)。

A. 附加调整账户　　B. 备抵调整账户

C. 备抵附加调整账户　　D. 跨期摊提账户

12. 同时具有抵减附加性质的账户是(　　)。

A. 坏账准备　　B. 累计折旧　　C. 材料成本差异　　D. 存货跌价准备

13. 账户按经济内容分类,“累计折旧”账户属于(　　)。

A. 资产类账户　　B. 负债类账户　　C. 备抵调整账户　　D. 附加调整账户

14. “本年利润”账户按用途和结构分类属于(　　)。

A. 计价对比账户　　B. 调整账户　　C. 财务成果账户　　D. 资本账户

15. 下列账户中,属于跨期摊配账户的是(　　)。

A. 管理费用　　B. 待摊费用　　C. 销售费用　　D. 财务费用

二、多项选择题

1. 账户按经济内容分类可分为(　　)。

A. 资产类账户　　B. 负债类账户　　C. 成本类账户　　D. 计价对比类账户

2. 下列账户中,反映短期债权的账户有(　　)。

A. 交易性金融资产　　B. 应收账款　　C. 其他应收款　　D. 坏账准备

3. 下列账户中,属于盘存类的账户有(　　)。

A. 材料采购(在途物资)　　B. 原材料

C. 产成品　　D. 周转材料

4. 下列账户中,属于货币资产的账户有(　　)。

A. 库存现金　　B. 银行存款　　C. 应收账款　　D. 金融资产

5. 账户按经济内容分类时,反映长期资产的账户有(　　)。

A. 累计折旧　　B. 可供出售金融资产

C. 持有至到期投资　　D. 长期股权投资

6. 下列账户中,属于流动负债类的账户有(　　)。

A. 应付票据　　B. 应付职工薪酬　　C. 应交税费　　D. 预收账款

7. 下列账户中,属于收入集合汇转账户包括(　　)。

A. 营业外收入　　B. 主营业务收入　　C. 其他业务收入　　D. 投资收益

8. 下列反映利润的账户包括(　　)。

A. 本年利润　　B. 利润分配　　C. 投资收益　　D. 营业外收入

9. “实收资本”“资本公积”“盈余公积”账户同时属于(　　)。

A. 盘存账户　　B. 资本账户　　C. 所有者权益账户　　D. 资产类账户

10. 反映期间费用账户的是(　　)。

A. 管理费用　　B. 制造费用　　C. 财务费用　　D. 销售费用

11. 属于债务结算账户的是(　　)。

A. 应付账款　　B. 应付职工薪酬　　C. 应交税费　　D. 应付债券

12. 账户按经济内容分类时，下列反映投入资本和资本积累的账户有（ ）。

A. 实收资本　B. 资本公积　C. 盈余公积　D. 本年利润

13. 期间费用（支出）集合汇转账户包括（ ）。

A. 制造费用　B. 销售费用　C. 财务费用　D. 管理费用

14. 下列各项不属于跨期摊提账户的是（ ）。

A. 待摊费用　B. 管理费用　C. 制造费用　D. 待处理财产损溢

15. 下列账户中，属于成本计算账户的是（ ）。

A. 材料采购　B. 生产成本　C. 制造费用　D. 管理费用

三、判断题

1. 账户分类主要有按经济内容分类和按其用途、结构分类。（ ）

2. 账户按经济内容分类，也就是账户按会计要素分类。（ ）

3. "坏账准备"账户是属于资产类账户中反映短期债权的账户。（ ）

4. 在账户按经济内容分类中，反映投入资本的账户和反映资本积累的账户都是属于所有者权益类账户，如"实收资本""长期股权投资""资本公积""盈余公积"。（ ）

5. 在账户按经济内容分类中，"制造费用"是属于间接费用类账户；在账户按用途和结构分类中，"制造费用"是属于成本计算账户。（ ）

6. 反映期间费用的账户有"管理费用""制造费用""销售费用"账户。（ ）

7. "所得税费用""应付债券""其他应付款"账户同属于反映流动负债的账户。（ ）

8. "投资收益"账户是反映其他业务收入的账户。（ ）

9. "应交税费"账户是具有债务结算和债权结算双重结算性质的账户。（ ）

10. 备抵账户的余额一定要与被调整账户的余额方向相一致。（ ）

11. 附加账户的余额一定要与被调整账户的余额方向相反。（ ）

12. 调整账户是为了求得被调整账户的实际余额而设置的账户。（ ）

13. 跨期摊配账户是用来核算和监督应由几个会计期间共同负担的费用的账户。这些费用应在一个受益期间进行摊配。（ ）

14. 期间收入汇转账户和集合分配账户一般期末无余额。（ ）

15. "营业税金及附加"账户是属于债务结算账户。（ ）

16. 在账户按用途和结构分类时，"利润分配""累计折旧""材料成本差异"账户同属于调整账户。（ ）

17. 在账户按经济内容分类中，"原材料"和"材料采购"账户同属于反映存货的账户；在账户按用途和结构分类中，两者又同属于成本计算账户。（ ）

18. 在账户按用途和结构分类中，"实收资本""资本公积""盈余公积"同属于资本账户。（ ）

19. 判断一个账户的性质，究竟是属于债权结算账户，还是债务结算账户，不能只看账户的名称，应看其余额，是属于贷方余额还是属于借方余额。（ ）

20. 盘存账户是用来反映各种能够进行实物盘点的财产物资和货币资金增减变化及其结存数的账户。这类账户除反映货币资金的账户外，一般都可同时提供实物和价值两项指标。（ ）

四、名词解释

1. 盘存账户
2. 共同类账户
3. 集合分配账户
4. 集合汇转账户
5. 调整账户

五、简答题

1. 账户如何按经济内容分类？
2. 账户如何按用途和结构分类？
3. 举出几个账户对比资产类账户和盘存账户。
4. 举出几个账户对比成本费用类账户与成本计算账户和期间费用（支出）汇转账户。
5. 举例说明调整账户和集合分配账户。

第七章　成本计算

【操作任务】

了解：成本计算的意义。

熟悉：成本计算的基本要求，成本计算的基本程序。

掌握：材料采购成本、产品生产成本、产品销售成本的计算。

【操作知识】

第一节　成本计算概述

一、成本计算的意义

（一）成本和成本计算的概念

企业从事生产和经营活动，都要消耗一定的人力、物力、财力。在一定时期内，生产经营活动中所发生耗费的货币表现，称为费用，将这些费用按一定对象进行归集，才形成产品的成本。产品成本是指企业为生产一定种类、一定数量的产品而发生的各项生产费用的总和。成本计算就是将生产经营活动过程中所发生的各项费用，在各个成本计算对象之间进行归集和分配，计算出各个对象的总成本和单位成本。

（二）成本计算的意义

成本计算是会计核算的一种专门方法。通过成本计算，对于了解和控制生产经营过程各个阶段费月支出，加强成本管理，促进成本的降低，节约资金使用，提高经济效益等具有重要的意义。

1. 通过成本计算，可以综合地反映企业生产经营情况

成本计算，提供了真实准确的成本资料，正确确定产品的实际成本，界定产品成本的补偿价值，对比收支计算盈亏。综合反映出企业生产、技术、经营、管理等各项工作的经济效益，以正确评价企业经营活动情况和有关人员的业绩。若企业经营活动进展顺利，管理水平高，职工劳动积极、责任心强，就会在保证产品质量的前提下合理降低成本。

2. 通过成本计算，加强成本控制，促进增产节约

根据成本计算资料，可以正确考核成本计划执行情况，分析成本升降的原因，挖掘节约劳动耗费和降低成本的潜力，有效地控制成本费用支出，达到“少投入，多产出”，不断提高企业的经济效益。

3. 通过成本计算，可以为企业进行成本预测、决策奠定基础

企业在激烈的市场竞争中，若能立于不败之地，需要搜集多种信息，据以拟定各种预测方案，供投资决策、技术决策、经营决策运用。还可以根据已有的成本信息，规划下期成本水平和成本目标，合理制定产品价格，提高企业竞争能力。

二、成本计算的基本要求

（一）严格执行企业会计准则规定的成本计量要求

企业应按实际成本进行成本核算。以实际成本为基础的成本核算要求企业按照实际发生的支出进行成本、费用的归集和计算。实际成本以账面数据为依据，一般具有客观性。在核算过程中，若采用定额成本方法或计划成本方法的，必须合理计算成本差异，月末编制财务报表时应调整为实际成本。

（二）正确划分各种成本耗费的界限

1. 正确划分成本支出与期间费用的界限

成本支出是在购买材料、生产产品或提供劳务过程中发生的，并由产品或劳务负担的耗费。

期间费用是指企业当期发生的必须从当期收入得到补偿的经济利益的总流出。期间费用由管理费用、销售费用、财务费用组成，是企业管理部门为组织、管理生产经营活动、进行产品销售及为筹集资金等而发生的费用。期间费用不应由产品或劳务负担。因此，费用不计入产品或劳务成本，而直接计入当期损益。

2. 正确划分各个会计期间的成本界限

企业要正确划清各期的成本界限，必须按权责发生制和受益原则予以确认。对于应计入产品成本的生产费用，必须分清应由本期产品成本负担还是应由以后各期产品成本负担。凡是应由本期产品成本负担的费用，应全部计入本期产品成本；对于本月支付或发生、但属于本月及以后各月受益的生产费用，应列作待摊费用或长期待摊费用；对于本月虽未支付或未发生，但应由本月负担的生产费用，须通过预提的方式计入本月成本、费用。

3. 正确划分各种产品的成本界限

企业已发生的各种生产成本中，还必须划清应由哪种产品负担。划分的依据是受益原则，哪种产品受益，就由哪种产品负担。凡是能直接确定应由某种产品负担的直接耗费，就应直接计入该种产品成本。凡是能确定由几种产品共同负担的耗费，应采用适当的分配方法，合理地分配计入相关产品成本。

4. 正确划分完工产品和在产品的成本界限

通过以上成本界限的划分，确定了各种产品本月应负担的生产成本。月末，如果某种产品已经全部完工，则本月发生的生产成本全部计入该完工产品；如果该产品全部未完工，则本月发生的生产成本全部属于在产品；如果某种产品既有完工产品又有在产品，就需要采用适当的方法，将该产品应负担的成本在完工产品和在产品之间进行分配，分别计算出完工产品应负担的成本和在产品应负担的成本。

（三）做好成本核算基础工作

为了进行成本审核、控制，正确计算产品成本，还必须做好各项基础工作：

1. 做好定额资料的制定和修订工作

产品的各项消耗定额既是编制成本计划、分析和考核成本水平的依据，也是审核和控制成本的标准。企业应当制定和修订先进而又可行的原材料、燃料、动力和工时等消耗定额标准，借以控制耗费，降低成本。

2. 建立健全存货收、发、领、退、存的计量和记录工作

企业应严格实施材料物资保管制度、计量制度，做好存货收、发、领、退、存的原始记录，应定期清查、盘点，做到账物相符。

3. 正确确定财产物资的计价和价值结转方法

企业的财产物资随着产品的生产消耗转移到产品或费用中去。因此，财产物资的计价方法和价值转移方法是影响产品成本准确性的重要因素。如材料采购成本的构成内容、发出材料的计价方法、低值易耗品和包装物的摊销方法、固定资产折旧方法等。为了正确计算产品成本，对于各种财产物资的计价和价值转移以及各种费用的分配都应按会计准则的规定，选择科学、合理、简便易行的方法，一经确定，应保持相对稳定，不得任意改变。

三、成本计算的一般程序

企业费用的发生，成本的形成总是与生产经营过程紧密地联系在一起的。因此，如何进行成本计算，取决于不同企业的生产特点和管理要求，尽管企业的类型不同，经济业务各异，但在成本计算的基本内容以及进行成本计算的一般程序方面，却有相同之处，归纳起来，主要有以下几个方面：

（一）确定成本计算对象

成本计算对象是指生产费用的归集和分配对象，即生产成本的承担者。确定成本计算对象，是归集和分配生产费用，计算产品成本的前提。也是划分产品成本计算方法的首要标志。按照权责发生制“谁受益谁承担”的原则，成本计算对象可以是某种产品，也可以是某批产品，或是某一生产步骤的产品。如何确定成本计算对象，要以企业的生产类型特点和成本管理要求决定。

成本计算不仅在生产企业进行，而且其他行业也要进行成本计算。如工业企业材料采购成本应以材料的品种作为成本计算对象，产品制造成本应以产品的品种、批别或加工步骤作为成本计算对象，产品销售成本应以销售的各种产品作为成本计算对象，商品流通企业商品采购成本和商品销售成本应以商品的品种作为成本计算对象，施工企业工程物资的计算和工程成本的计算应按施工的项目作为成本计算对象等。

（二）确定成本计算期

成本计算期是指每隔多长时间计算一次成本。由于生产费用发生是随同生产经营过程的各个阶段而发生和逐步积累形成的。从理论上来说，成本计算期应当同产品的生产周期相一致，但在确定成本计算期时，还须考虑企业生产技术和生产组织的特点以及分期考核经营成果的要求。如工业企业在大量、大批产品生产中生产是连续不断进行的，企业不断地投入原材料，同时不断地生产出产品来。因此，为计算和考核每月的生产经营成果，一般以每月为成本计算期，即月末计算产品生产成本；而在单件、小批产品生产中，由于生产一般是不重复进行的，所以产品只能在某件或某批产品完工以后才最终确定成本，因而成本计算是不定期的，但与产品的生产周期一致。

(三) 确定成本项目

成本项目是指对各种费用按经济用途所作的分类。为了便于分析产品成本的构成,找出成本升降的原因,在确定成本计算对象后,就应确定成本的构成即成本项目,以满足成本管理和成本分析的需要。通常将工业企业的制造成本分为直接材料、直接人工和制造费用等成本项目。

按照经济用途划分的各成本项目也不是固定不变的,企业应根据其生产的特点和成本管理的要求来确定成本项目。如对于需要单独考核燃料耗用情况的企业可以增设“直接燃料和动力”成本项目;对于需要单独核算废品损失的企业,可以增设“废品损失”成本项目,等等。

(四) 审核和分配各项要素费用

企业要正确计算产品成本,首先要对各项要素费用进行审核,对企业开支的各项要素费用,按其经济用途确定哪些费用应该计入产品成本,哪些费用不应该计入产品成本。属于期间费用的,如行政管理部门发生的各项费用、筹集资金发生的各项费用和销售过程中发生的各项费用,应分别管理费用、财务费用和产品销售费用进行归集;属于计入产品成本的各项费用,先按发生地点(不同的车间、部门)分成本项目进行归集;对于一些非生产经营管理费用,应按用途分别计入相应的在建工程成本、营业外支出中。对于一些应该由多个会计期间负担的费用,应通过摊提的方法在各个月份之间合理确定。

(五) 登记费用、成本明细账,编制成本计算单

确定各个成本计算对象的成本,是通过费用、成本明细分类核算完成的。首先,按规定的成本项目,为各个成本计算对象开设费用、成本明细账;其次,根据各种费用凭证,按其经济用途在各明细账中进行归集和分配,借以确定各个计算对象的成本;最后根据账户记录的有关成本资料,编制成本计算单,全面反映各个成本计算对象的总成本和单位成本。

在企业中由于经济活动各有特点,因此,在具体运用成本计算这一专门方法时,必须根据经营过程和经济活动的特点,确定成本计算的具体程序和具体方法。

第二节 企业生产经营过程的成本计算

一、材料采购成本的计算

(一) 材料采购成本的内容

材料采购成本的计算,就是把购入材料所支付的买价和各项采购费用,按照材料的品种或类别加以归集、分配,以计算各种或各类材料的实际总成本和单位成本。

材料的采购成本的各项内容包括:买价、运杂费(包括运输费、装卸费、保险费、包装费、途中的仓储费等)、运输途中的合理损耗、入库前的挑选整理费、购入材料负担的进口关税和其他费用。

(二) 分配采购费用,计算材料采购成本

在计算采购成本时,凡是能分清由哪种材料负担的费用,应直接计入该种材料的采购成本;凡是不能明确分清由哪种材料负担的费用,则应采用合理的分配标准进行分配,计入各种或各类材料的采购成本。一般情况下可以按材料的重量或买价进行分配。

几种材料共同负担的采购费用的分配方法,应先计算采购费用分配率,然后根据分配率计算各种材料应分配的采购费用,其计算公式如下:

$$采购费用分配率=\frac{采购费用总额}{各种材料的总重量或买价}$$

某种材料应分配的采购费用=该种材料重量(或买价)×采购费用分配率

【例 7-1】 某企业 12 月 1 日购入 A、B、C 三种材料，A 材料 80 吨，单价 500 元；B 材料 120 吨，单价 300 元；C 材料 100 吨，单价 600 元。增值税专用发票上注明增值税 23 120 元。三种材料共发生运杂费 9 600 元。款项均以银行存款支付。12 月 15 日材料验收入库。

1. 运杂费的分配方法

(1) 分配标准：A、B、C 三种材料的购进重量

(2) 分配率(每吨材料应负担的运杂费)$=\frac{9\,600}{80+120+100}=32$(元)

(3) 各种材料应分配的运杂费：

A 材料应分配的运杂费=80×32=2 560(元)

B 材料应分配的运杂费=120×32=3 840(元)

C 材料应分配的运杂费=100×32=3 200(元)

2. 计算材料采购成本

A 材料采购成本=500×80+2 560=42 560(元)

B 材料采购成本=300×120+3 840=39 840(元)

C 材料采购成本=600×100+3 200=63 200(元)

材料采购费用的分配和采购成本的计算，在实际业务中，通过编制“材料采购成本计算单”来完成。

材料采购成本计算单

××年 12 月　　　　金额单位：元

材料名称	单位	单价	重量	买价	运杂费	实际采购成本	单位成本
A 材料	千克	500	80	40 000	2 560	42 560	532
B 材料	千克	300	120	36 000	3 840	39 840	332
C 材料	千克	600	100	60 000	3 200	63 200	632
合　计			300	136 000	9 600	145 600	1 496

(三) 编制记账凭证，登记明细账

根据以上“材料采购成本计算单”编制记账凭证(简化作会计分录，下同)，登记有关材料采购明细分类账。

1. 支付买价

借：在途物资——A 材料　　40 000

　　　　　　——B 材料　　36 000

　　　　　　——C 材料　　60 000

　　应交税费——应交增值税(进项税额)　　23 120

　　贷：银行存款　　159 120

2. 支付运杂费

借：在途物资——A 材料　　2 560

　　　　——B材料　　　　　　　　　　　　3 840
　　　　——C材料　　　　　　　　　　　　3 200
　贷:银行存款　　　　　　　　　　　　　　　9 600

3. 结转采购成本

借:原材料——A材料　　　　　　　　　　42 560
　　　　——B材料　　　　　　　　　　39 840
　　　　——C材料　　　　　　　　　　63 200
　贷:在途物资——A材料　　　　　　　　　　42 560
　　　　　　——B材料　　　　　　　　　　39 840
　　　　　　——C材料　　　　　　　　　　63 200

材料采购明细分类账

材料名称或类别:A材料

20××年		凭证号	摘要	借方			贷方	余额
月	日			买价	采购费用	合计		
12	1	略	购入80吨@500元	40 000		40 000		40 000
		略	分配运杂费		2 560	2 560		2 560
	15	略	结转实际采购成本				42 560	0
	31		本月发生额及期末余额	40 000	2 560	42 560	42 560	0

材料采购明细分类账

材料名称或类别:B材料

20××年		凭证号	摘要	借方			贷方	余额
月	日			买价	采购费用	合计		
12	1	略	购入120吨@300元	36 000		36 000		36 000
		略	分配运杂费		3 840	3 840		3 840
	15	略	结转实际采购成本				39 840	0
	31		本月发生额及期末余额	36 000	3 840	39 840	39 840	0

材料采购明细分类账

材料名称或类别:C材料

20××年		凭证号	摘要	借方			贷方	余额
月	日			买价	采购费用	合计		
12	1	略	购入100吨@600元	60 000		60 000		60 000
		略	分配运杂费		3 200	3 200		3 200
	15	略	结转实际采购成本				63 200	0
	31		本月发生额及期末余额	60 000	3 200	63 200	63 200	0

二、产品生产成本的计算

产品生产成本的计算，是指按照成本计算对象，归集和分配生产过程中所发生的各项生产费用，并计算出各成本计算对象的总成本和单位成本。

（一）产品成本的构成

我国现行《企业会计制度》规定：企业的产品成本按制造成本法计算，其内容包括直接材料、直接人工和制造费用，而将管理费用、销售费用、财务费用作为期间费用，计入当期损益，从当期销售收入中扣除，不计入产品成本。

直接材料：是指企业在生产产品和提供劳务过程中，所消耗的直接用于产品生产并构成产品实体的各种原料及主要材料，以及虽不构成产品实体，但有助于产品形成的各种辅助材料。包括原料及主要材料、辅助材料、外购半成品、燃料和动力、备品备件以及其他直接材料。

直接人工：是指企业在生产产品和提供劳务过程中，直接参加产品生产的工人工资以及其他各种形式的职工薪酬。

制造费用：是指企业各个生产单位（分厂、车间）为组织和管理生产所发生的各项费用。如生产单位管理人员工资等职工薪酬、固定资产折旧和修理费、租赁费、机物料消耗、低值易耗品摊销、办公费、差旅费、水电费、取暖费、劳动保护费以及其他等制造费用。以上这些费用，生产单位如果只生产一种产品，所发生的制造费用即为直接费用，不需要分配，直接计入产品成本中；如果生产几种产品，先按生产单位或车间进行归集，然后采用一定的分配方法，在几种产品之间进行分配。

（二）成本计算的账户设置

1. “生产成本”账户

“生产成本”账户属于成本类账户，用来核算企业生产的各种产品（包括产成品、自制半成品等）所发生的各项费用。借方登记本期发生的各项费用；贷方登记本期完工结转的产品实际成本；期末余额在借方，反映尚未完工的在产品的实际成本。为了具体反映企业每一种产品的生产费用构成和实际成本，需要在“生产成本”账户下，按各种产品品种或类别分别设置明细分类账，进行明细分类核算。

2. “制造费用”账户

“制造费用”账户属于成本类账户，用来核算企业生产单位（分厂或车间）为组织和管理产品生产所发生的各项间接费用。借方登记本期归集的各项间接费用，贷方登记本期分配计入各生产成本计算对象的费用，期末一般无余额。

（三）产品成本计算方法

各种产品生产成本的计算，是通过生产成本明细分类核算来完成的。产品生产成本的一般计算方法如下：

1. 材料费用的归集和分配

材料费用的归集应根据材料的用途、种类和各个车间、部门的领料单，按车间、部门进行汇总，材料费用的汇总应根据领料单或领料登记表等进行。生产产品直接耗用的材料直接计入“生产成本”科目，车间耗用材料计入“制造费用”科目，管理部门耗用材料计入“管理费用”科目，专设销售机构耗用材料计入“销售费用”科目。

【例 7－2】　某企业有两个基本生产车间，一车间生产甲、乙两种产品，二车间生产丙产品。月末该企业根据本月审核、归类后的领、退料凭证及有关资料，编制原材料费用分配汇总表。

原材料费用分配汇总表

××年 7 月

用途	产量	单位消耗定额(千克/件)	共同耗用的材料费用			直接分配的材料费用(元)	合计(元)
			定额消耗量(千克)	分配率(元/千克)	分配额(元)		
甲产品	596	50	29 800		238 400	42 600	281 000
乙产品	220	10	2 200		17 600	6 400	24 000
小计			32 000	8	256 000	49 000	305 000
丙产品	1 000					70 150	70 150
一车间耗用						9 400	9 400
二车间耗用						15 600	15 600
管理部门						12 400	12 400
合计					256 000	156 550	412 550

据上表作会计分录如下：

借：生产成本——甲产品　281 000
　　　　　——乙产品　24 000
　　　　　——丙产品　70 150
　　制造费用——一车间　9 400
　　　　　——二车间　15 600
　　管理费用　12 400
　　贷：原材料　412 550

2. 人工费用的归集

企业计入产品成本的人工费用，包括生产车间直接从事产品生产工人的工资和福利费以及企业各个生产单位(如车间或分厂)为组织和管理生产所发生的管理人员工资和福利费等职工薪酬。其中直接从事产品生产工人的工资和福利费，应直接计入“生产成本”科目，车间管理人员工资应计入“制造费用”科目，企业管理人员工资应计入“管理费用”科目，专设销售机构人员工资计入“销售费用”科目。

【例 7－3】　承【例 7－2】企业根据有关原始记录编制工资结算汇总表和工资费用费分配表。

工资结算汇总表

××年7月　　　　单位:元

车间及部门		基本工资	奖金	各种津贴	缺勤扣款	应付工资	代扣款项	实发工资
生产车间	生产工人	68 800	14 600	1 800		85 200	0	85 200
	一车间管理人员	2 330	500	300		3 130	0	3 130
	二车间管理人员	1 240	330	230		1 800	0	1 800
	小计	72 370	15 430	2 330		90 130	0	90 130
政管理部门人员		4 600	600	360		5 560	0	5 560
专设销售机构人员		1 600	770	500		2 870	0	2 870
合计		78 570	16 800	3 190		98 560	0	98 560

根据工资费用分配表编制会计分录，据以登记明细分类账。

借：生产成本——基本生产成本(甲产品)　　46 800
　　　　　　——基本生产成本(乙产品)　　31 200
　　　　　　——基本生产成本(丙产品)　　7 200
　　制造费用——一车间　　3 130
　　　　　　——二车间　　1 800
　　管理费用　　5 560
　　销售费用　　2 870
　贷：应付职工薪酬——工资　　98 560

工资费用分配表

××年7月　　　　单位:元

应借账户		应付工资				应付工资合计
总分类账户	明细分类账户	计件工资	计时工资			
			生产工时	分配率	分配额	
生产成本	甲产品		3 000		46 800	46 800
	乙产品		2 000		31 200	31 200
	小计		5 000	15.6	78 000	78 000
	丙产品	7 200				7 200
制造费用——一车间						3 130
制造费用—二车间						1 800
管理费用						5 560
销售费用						2 870
合计						98 560

3. 制造费用的归集和分配

（1）制造费用的归集

制造费用是指企业的生产单位（车间或分厂）为组织和管理生产所发生的各项费用。企业发生的各项制造费用，是按其用途和发生地点，通过“制造费用”账户进行归集和分配的。费用发生时，根据有关支出凭证和费用分配表，在“制造费用”账户的借方进行登记，期末分配转入“生产成本”账户时，记入该账户的贷方。

（2）制造费用的分配

制造费用归集汇总后，应于月末将其分配给各受益对象。在单一产品生产的车间，该车间归集的制造费用都是直接费用，可以直接计入该种产品的成本中；在多种产品生产的车间，该车间归集的制造费用大部分都是间接计入费用，应按一定的分配标准和分配方法，将制造费用分配计入各种产品成本中。

制造费用的分配是否合理、正确，是保证产品成本正确计算的前提，而合理分配制造费用的关键在于正确选择分配标准。制造费用的分配标准应根据企业的具体情况来确定。在各种产品生产机械化程度比较接近的情况下，可以按生产工时或生产工人工资的比例分配；在各种产品生产的机械化程度相差较大的情况下，则可以按各种产品的机器工时比例来分配。其计算公式如下：

$$\text{制造费用分配率}=\frac{\text{应分配的制造费用总额}}{\text{各种产品生产（定额、机器）工时之和}}$$

某产品应负担的制造费用＝该种产品实际生产（定额、机器）工时数×制造费用分配率

制造费用的分配，通常是通过编制“制造费用分配表”来进行的。

【例 7－4】 假设某企业 7 月份一车间归集制造费用 12 530 元，生产甲产品耗用生产工人工时 3 000 小时，乙产品耗用 2 000 小时。二车间只生产丙产品，耗用 5 000 小时，归集制造费用 17 400 元。该企业按生产工人工时比例分配制造费用。计算如下：

$$\text{第一车间制造费用分配率}=\frac{12\,530}{3\,000+2\,000}=2.506\text{（元/小时）}$$

甲产品应分配额＝3 000×2.506＝7 518（元）

乙产品应分配额＝2 000×2.506＝5 012（元）

第二车间只生产一种产品，全部制造费用由丙产品负担，不进行分配。根据计算结果，编制制造费用分配表。

制造费用分配表（生产工人工时比例法）

××年 7 月

产品名称	生产工人工时	分配率	分配额（元）
甲产品	3 000		7 518
乙产品	2 000		5 012
小　计	5 000	2.506	12 530
丙产品	5 000		17 400
合　计	10 000		29 930

据上表编制会计分录：

借：生产成本——甲产品　　7 518
　　　　　　——乙产品　　5 012
　　　　　　——丙产品　　17 400
　贷：制造费用——一车间　　12 530
　　　　　　　——二车间　　17 400

各项生产费用经过以上的归集和分配，应登记在按产品品种设置的明细账上，然后根据各个产品成本明细账所归集的生产费用，计算每种产品的总成本和单位成本。

根据所列资料，登记甲、乙、丙产品的生产成本明细账，并计算甲、乙、丙三种产品的实际成本。

生产成本明细账

产品名称：甲产品　　完工产品产量：550 件

年		凭证		摘要	直接材料	直接人工	制造费用	合计
月	日	字	号					
7	31		略	根据材料费用分配表	281 000			
7	31		略	根据工资费用分配表		46 800		
7	31		略	根据制造费用分配表			7 518	
				合计	281 000	46 800	7 518	335 318
				结转完工产品成本	259 312	43 188	6 938	309 438
				月末在产品成本	21 688	3 612	580	25 880

生产成本明细账

产品名称：乙产品　　完工产品产量：200 件

年		凭证		摘要	直接材料	直接人工	制造费用	合计
月	日	字	号					
7	31		略	根据材料费用分配表	24 000			
7	31		略	根据工资费用分配表		31 200		
7	31		略	根据制造费用分配表			5 012	
				合计	24 000	31 200	5 012	60 212
				结转完工产品成本	21 818	28 364	4 556	54 738
				月末在产品成本	2 182	2 836	456	5 474

生产成本明细账

产品名称:丙产品　　　　完工产品产量:1 000 件

年		凭证		摘要	直接材料	直接人工	制造费用	合计
月	日	字	号					
7	31		略	根据材料费用分配表	70 150			
7	31		略	根据工资费用分配表		7 200		
7	31		略	根据制造费用分配表			17 400	
				合计	70 150	7 200	17 400	94 750
				结转完工产品成本	70 150	7 200	17 400	94 750
				月末在产品成本	0	0	0	0

根据甲、乙、丙产品的生产成本明细账,编制完工产品成本计算汇总表(或产品成本计算单)。

产品成本计算汇总表

××年 7 月

成本项目	甲产品(550 件)		乙产品(200 件)		丙产品(1 000 件)		总成本合计
	总成本	单位成本	总成本	单位成本	总成本	单位成本	
直接材料	259 312	471.48	21 818	109.09	70 150	70.15	351 280
直接人工	43 188	78.52	28 364	141.82	7 200	7.2	78 752
制造费用	6 938	12.61	4 556	22.78	17 400	17.4	28 894
合计	309 438	562.61	54 738	273.69	94 750	94.75	458 926

根据完工产品成本计算汇总表(或产品成本计算单),将完工产品成本从“生产成本”明细账的贷方转入“库存商品”明细账的借方,编制会计分录为:

借:库存商品——甲产品　　309 438
　　　　　　——乙产品　　54 738
　　　　　　——丙产品　　94 750
　贷:生产成本——甲产品　　309 438
　　　　　　——乙产品　　54 738
　　　　　　——丙产品　　94 750

结转后的“生产成本”明细账的月末余额,即是月末在产品成本。

三、产品销售成本的计算

产品销售成本是指已售出产品的实际成本。产品销售成本的计算就是按照销售产品的品种作为成本计算对象,采用一定的方法计算产品销售过程中发生的已销产品的成本。而销售产品期间发生的销售费用,如销售产品的运输费、装卸费、包装费和广告费等,属于期间费用,应直接计入当期损益,不计入产品销售成本。

产品销售成本是根据已销产品的数量和实际单位成本计算的，其公式如下：

产品销售成本＝产品销售数量×产品实际单位成本

实际工作中，企业可以根据具体情况选择使用个别计价法、先进先出法和加权平均法等方法，计算确定已销产品的实际单位成本。选用的方法一经确定，年度内不宜变动。

现以加权平均法为例，说明已销产品生产成本的计算和核算。

加权平均法是指以本月期初结存存货数量和本月全部收入存货数量作为权数，对各批存货的单位成本进行加权平均，计算出加权平均单价，从而计算发出产品成本和库存产品成本的一种方法。具体计算方法如下：

$$加权平均单价＝\frac{期初结存存货成本＋本期收入存货实际成本}{期初结存存货数量＋本期收入存货数量}$$

本期发出存货成本＝本期发出存货数量×加权平均单价

期末结存存货成本＝期末结存存货数量×加权平均单价

【例 7－5】 某企业库存商品明细账中的收、发、存情况如下所示。

库存商品明细账

名称及规格：甲产品

年		凭证		摘要	收入			发出			结存		
月	日	字	号		数量	单价	金额	数量	单价	金额	数量	单价	金额
7	1			结存							600	10	6 000
7	6		略	验收入库	800	11	8 800				1 400		
7	14		略	发出				700			700		
7	23		略	验收入库	600	12	7 200				1 300		
7	26		略	发出				900			400		
7	30		略	验收入库	400	14	5 600				800	11.5	9 200
7	30			本月合计	1 800		21 600	1 600			800	11.5	9 200

月末，采用加权平均法计算并结转已销甲产品成本。

$$加权平均单位成本＝\frac{6\,000+8\,800+7\,200+5\,600}{600+800+600+400}＝11.5(元)$$

本期发出商品成本＝1 600×11.5＝18 400(元)

期末结存商品成本＝800×11.5＝9 200(元)

根据计算结果，应将已销的甲产品成本记入“主营业务成本”账户的借方、“库存商品”账户的贷方。作会计分录如下：

借：主营业务成本——甲产品　　　　18 400

　　贷：库存商品——甲产品　　　　18 400

【操作训练】

训练一

【目的】 练习材料采购成本的计算。

【资料】 大昌公司10月份部分经济业务如下：

1. 2日向新天公司购入下列材料：

A材料	6 000千克	单价 8元	增值税税额	8 160元
B材料	4 000千克	单价 10元	增值税税额	6 800元
C材料	10 000千克	单价 4元	增值税税额	6 800元

发生运费2 400元(运费按购入材料的重量比例分配)，上述材料运达并验收入库，款项未支付。

2. 5日，以银行存款支付新天公司货款152 160元。

3. 9日向大兴工厂购入下列材料：

B材料	4 500千克	单价8元	增值税税额6 120元
D材料	3 500千克	单价6元	增值税税额3 570元

发生运费1 225元，发生装卸费200元(运费和装卸费按购入材料的买价比例分配)，款项均以银行存款支付，材料未收到。

4. 17日上述材料运达并验收入库。

5. 28日从华润公司购入A材料800千克，单价4元，增值税税额544元，运杂费200元，款项用银行存款支付，材料验收入库。

【要求】 根据上列材料采购经济业务，计算各种材料的采购成本，并编制会计分录。

训练二

【目的】 练习产品制造成本的计算。

【资料】

1. 大兴工厂8月份生产甲、乙两种产品，甲产品生产成本明细账期初余额为：176 000元。其中直接材料费160 000元，直接人工9 000元，制造费用7 000元，乙产品期初无余额。

2. 该厂本月发生下列业务：

(1) 本月份生产领用各种材料

甲产品用材料	142 000元
乙产品用材料	133 000元
车间领用材料	26 000元
企业管理部门领用材料	1 000元

(2) 结转本月应付职工薪酬130 000元，其中生产甲产品工人工资60 000元，生产乙产品工人工资40 000元，车间管理人员工资16 000元，企业管理人员工资14 000元。

(3) 计提本月固定资产折旧费9 000元，其中车间固定资产折旧费6 000元，企业管理部门固定资产折旧费3 000元。

(4) 租入车间用机器设备一台，以银行存款支付本月租金 1 000 元。

(5) 以银行存款购入车间办公用品 1 600 元。

(6) 以银行存款支付水电费 6 000 元，其中生产车间 4 000 元，企业管理部门 2 000 元。

(7) 根据上述业务，汇总制造费用，按甲、乙两种产品的生产工人工资进行分配。

(8) 本月份甲、乙产品全部完工入库，计算并结转本月完工入库产品的生产成本。

【要求】

1. 根据上列经济业务编制会计分录。
2. 汇总制造费用，列出按生产工人工资比例摊配制造费用的算式。
3. 编制"制造费用分配表"。
4. 计算甲、乙两种产品的生产成本，编制"产品生产成本计算表"。

制造费用分配表

20××年 8 月

产品名称	生产工人工资(元)	分配率	分配额(元)
甲产品			
乙产品			
合　计			

产品生产成本计算表

金额：元

成本项目	甲产品(100 件)				乙产品(80 件)		
	期初余额	本期发生额	总成本	单位成本	本期发生额	总成本	单位成本
直接材料							
直接人工							
制造费用							
本期生产成本							

训练三

【目的】 练习产品销售成本的计算。

【资料】 宏远公司 200× 年 7 月份发生下列有关销售的经济业务：

1. 4 日，销售给新华公司甲产品 200 件，单价 500 元，售价 100 000 元，增值税销项税额 17 000 元，款项已存入银行。

2. 8 日，以银行存款支付广告费 40 000 元。

3. 9 日，销售给大兴公司乙产品 100 件，单价 600 元，售价 60 000 元，增值税销项税额 10 200 元，款项尚未收到。

4. 12 日，销售给光明公司乙产品 200 件，单价 610 元，售价 122 000 元，增值税销项税额 20 740 元。收到对方签发的票面金额为 142 740 元商业汇票一张。

5. 16 日，销售给东方公司多余 A 材料 500 千克，单价 100 元，售价 50 000 元，增值税销项税额 8 500 元，款项已收到存入银行。

6. 20 日销售给海洋公司甲产品 400 件，单价 500 元，售价 200 000 元，增值税销项税额 34 000 元。收到对方签发的金额为 234 000 元的三个月到期的商业承兑汇票一张。

7. 24 日，收光明公司预购乙产品货款 20 000 元，存入银行。

8. 27 日，发出 50 件乙产品给光明公司，单价 600 元，售价 30 000 元。增值税销项税额 5 100 元，价税共计 35 100 元(光明公司已预付 20 000 元货款)，余款尚未收到。

9. 结转本月已售甲、乙产品的成本。其中甲产品单位成本为 300 元，乙产品单位成本为 400 元。

10. 结转本月已售 A 材料的成本(A 材料的单位成本为 70 元)。

【要求】

1. 根据上述经济业务编制会计分录。

2. 计算甲、乙两种产品的销售成本总额，并列出算式。

【能力测试】

一、单向选择题

1. 划分产品成本计算方法的首要标志是(　　)。
   A. 成本计算期　　B. 成本计算对象
   C. 生产组织　　D. 产品的生产工艺过程

2. 对单件、小批量生产的产品其成本计算期应按(　　)确定。
   A. 月度　　B. 年度　　C. 半年度　　D. 生产周期

3. 下列需要按批计算产品成本的生产类型是(　　)。
   A. 大量生产　　B. 单件小批生产　　C. 大批生产　　D. 分步骤生产

4. 费用的发生同几个成本计算对象有关的是(　　)。
   A. 直接费用　　B. 间接费用　　C. 期间费用　　D. 其他费用

5. 产品生产过程中发生的费用，其中直接与各该成本对象有关的费用为(　　)。
   A. 间接费用　　B. 期间费用　　C. 直接费用　　D. 其他费用

6. 某企业购入材料一批，增值税专用发票上注明的材料价款 30 000 元，增值税 5 100 元，发生的运费 1 000 元，装卸费 360 元，采购人员工资 2 000 元，途中合理损耗 200 元，该批材料的采购成本应为(　　)。
   A. 38 660　　B. 33 360　　C. 31 360　　D. 33 560

7. 某企业在产品生产过程中，发生材料耗费 90 000 元，生产工人工资 17 000 元，车间管理人员工资 2 600 元，厂部管理人员工资 15 000 元，机器设备折旧费 1 200 元。该产品生产成本应为(　　)。
   A. 125 800　　B. 110 800　　C. 109 600　　D. 107 000

8. 某企业本期生产甲、乙两种产品，共发生制造费用 50 000 元，现以生产工时作为分配标准，甲产品应分配的制造费用为(　　)。(甲产品 54 000 工时、乙产品 26 000 工时)
   A. 25 150　　B. 33 250　　C. 33 750　　D. 16 250

9. 某企业本期已销产品的制造成本为 66 600 元，销售费用 5 000 元，销售税金及附加 4 400 元，其产品销售成本为(　　)。

A. 66 600　　B. 71 600　　C. 71 000　　D. 76 000

10. 应计入产品成本,但不能分清应由何种产品负担的费用,应(　　)。

A. 直接计入当期损益

B. 作为管理费用处理

C. 直接计入生产成本科目

D. 作为制造费用处理,期末在通过分配计入产品成本

二、多项选择题

1. 下列项目中,材料采购成本项目应包括(　　)。

A. 挑选整理费　　B. 材料买价　　C. 采购费用　　D. 途中损耗

2. 下列各项费用属于采购费用的是(　　)。

A. 运杂费　　B. 途中合理损耗　　C. 采购人员工资　　D. 入库前挑选整理费

3. 下列各项费用中,属于材料采购运杂费范围的是(　　)。

A. 运输费　　B. 仓储费　　C. 包装费　　D. 装卸费

4. 下列项目中属于直接材料成本内容的是(　　)。

A. 辅助材料　　B. 包装物　　C. 动力　　D.仓储费

5. 下列各项费用中,属于产品制造成本项目的是(　　)。

A. 直接人工　　B. 直接材料　　C. 管理费用　　D. 制造费用

6. 直接人工包括生产工人的(　　)。

A. 工资　　B. 福利费　　C. 差旅费　　D. 培训费

7. 企业生产经营过程中发生的期间费用,可分为(　　)。

A. 管理费用　　B. 制造费用　　C. 销售费用　　D. 财务费用

8. 下列属于制造费用范围的是(　　)。

A. 生产设备折旧费　　B. 生产机器修理费

C. 车间管理人员工资　　D.生产工人工资

9. 为保证产品成本计算正确,企业应设置(　　)明细账。

A. 生产成本　　B. 管理费用　　C. 营业费用　　D. 制造费用

10. 现行制度规定,已销产品的实际单位成本的计算方法包括(　　)。

A. 个别计价法　B. 先进先出法　C. 移动加权平均法　D. 加权平均法

三、判断题

1. 成本是按一定会计期间汇集的资金耗费。(　　)

2. 间接费用应按一定的分配标准直接计入产品制造成本。(　　)

3. 产品销售成本是由已销产品的生产成本加上销售费用和销售税金直接构成。(　　)

4. 在进行成本计算时,首先要确定成本计算对象。(　　)

5. 凡是由本期产品成本负担的费用,应按实际支付的数额全部计入本期成本。(　　)

6. 凡是不能直接计入各种材料的间接费用,应按一定标准在有关材料之间分配。(　　)

7. 因销售产品而发生的费用,应计入销售成本内。(　　)

8. 成本是以产品为对象进行归集的资金耗费。(　　)

9. 原材料定额消耗量比例法是以原材料定额消耗量为分配标准,分配材料费用的一种方法。(　　)

10. 计件工资制度下，生产工人的工资是根据全部生产工人的产量记录乘以规定的计件单价计算并计入产品成本。　　（　　）

四、名词解释

1. 成本计算对象
2. 产品成本
3. 成本计算
4. 制造费用
5. 产品销售成本
6. 加权平均法

五、简答题

1. 试述成本计算的基本要求。
2. 试述成本计算的程序。
3. 试述构成材料采购成本项目的主要内容。
4. 试述构成产品制造成本的项目。
5. 试述构成产品销售成本的主要内容。

【电子化应用】

1. 采用电子表格软件进行成本计算

本章成本计算需要编制的表格很多，计算工作量比较大，手工操作非常麻烦，使用EXCEL软件来编制表格、计算有关数字，将大大简化计算工作量。如本章中单位成本的计算，利用EXCEL编制产品成本计算汇总表，在C5中输入公式＝B5/550，确认后可以计算出单位直接材料成本，然后复制公式到C6、C7、C8，可以快速计算出相应的值。其他以次类推。

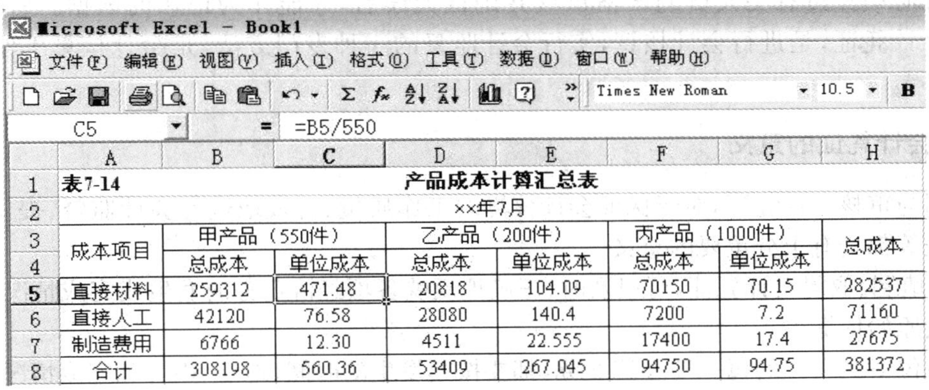

表7-14　产品成本计算汇总表

××年7月

成本项目	甲产品（550件）		乙产品（200件）		丙产品（1000件）		总成本
	总成本	单位成本	总成本	单位成本	总成本	单位成本	
直接材料	259312	471.48	20818	104.09	70150	70.15	282537
直接人工	42120	76.58	28080	140.4	7200	7.2	71160
制造费用	6766	12.30	4511	22.555	17400	17.4	27675
合计	308198	560.36	53409	267.045	94750	94.75	381372

2. 利用财务软件进行成本计算

利用财务软件进行成本计算和核算，可以实现材料购进领用核算、材料成本差异计算和分摊、制造费用归集和分配、产品成本归集和计算、销售费用、管理费用、财务费用等会计核算。至于如何利用财务软件进行成本计算，将在后续课中介绍。

第八章　会计凭证

【操作任务】

了解:会计凭证的概念以及种类,会计凭证的传递和保管程序。

熟悉:原始凭证和记账凭证的基本要素,填制要求和审核要求。

掌握:会计凭证填制和审核的基本方法。

【操作知识】

第一节　会计凭证概述

一、会计凭证的概念

会计凭证是记录经济业务、明确经济责任、作为记账依据的书面证明。

各单位在处理任何经济业务时,都必须由完成该项经济业务的有关人员从单位外部取得或自行填制有关凭证,以书面形式记录和证明所发生经济业务的性质、内容、数量、金额等,并在凭证上签名或盖章,以对经济业务的合法性和凭证的真实性、完整性负责。任何会计凭证都必须经过有关人员的严格审核并确认无误后,才能作为记账的依据。所以,填制和审核会计凭证,是进行会计核算,实行会计监督的一种专门方法,是会计核算工作的起点和基本环节。

二、会计凭证的意义

填制与审核会计凭证,对于保证会计核算的工作质量、有效地进行会计监督、提供可靠的会计信息等都具有十分重要的意义。

(1) 填制、取得会计凭证,可以及时、正确地反映各项经济业务的发生或完成情况,为会计核算提供原始依据。

各单位对其发生的每一项经济业务,都要按其发生的时间、地点、内容和完成情况,正确及时地填制或取得原始凭证,经过审查才能编制记账凭证,据以登记账簿。这样,就使账簿记录有真实可靠的依据,保证了会计核算的真实性和正确性。

(2) 审核会计凭证,可以有效地发挥会计的监督作用,使经济业务合理合法。

通过对会计凭证的审核,可以查明每一项经济业务是否符合有关的法令、法规、政策和制度,是否符合单位的计划和预算,有无铺张浪费、贪污盗窃和违法乱纪行为等,实现对经济活动的事中控制,使经济业务的合法性和合理性得到保证。

(3) 填制和审核会计凭证，便于明确经济责任，强化内部控制。

任何会计凭证都必须由有关部门和人员签章，这样就可以促使经办部门和人员对经济业务的真实性、合法性负责，增强责任感。通过会计凭证的传递，经办部门和人员之间可以相互监督和牵制，以防止舞弊行为，强化内部控制。

三、会计凭证的种类

会计凭证的种类繁多，名目各异，但按照编制的程序和用途不同，可以分为原始凭证和记账凭证两大类，每大类按其不同标志又分为若干小类(见图 8－1 所示)。

- 会计凭证
  - 原始凭证
    - 按来源不同
      - 自制原始凭证
      - 外来原始凭证
    - 按填制手续不同
      - 一次凭证
      - 累计凭证
      - 汇总原始凭证
  - 记账凭证
    - 按与货币资金的关系不同
      - 收款凭证
      - 付款凭证
      - 转账凭证
    - 按填制方式不同
      - 单式记账凭证
      - 复式记账凭证
    - 按反映业务量不同
      - 单项记账凭证
      - 汇总记账凭证

图 8－1　会计凭证种类

第二节　原始凭证

一、原始凭证的概念

原始凭证是在经济业务发生或完成时取得或填制的，用以证明经济业务的发生或完成情况的最初的书面证明，是作为记账原始依据的会计凭证。因此，也称为原始单据。

在会计核算中，只有记录了经济业务实际发生或完成情况，并在经济业务发生或完成时取得或填制的会计凭证，才能作为记账的原始依据。凡不能证明经济业务实际发生或完成情况的各种单证，不能作为原始凭证据以记账，如购料申请单、购销合同、银行对账单等。

二、原始凭证的种类

原始凭证可以分别按其来源和填制手续的不同进行分类。

(一) 原始凭证按其取得的来源不同，可以分为自制原始凭证和外来原始凭证两类

1. 自制原始凭证

自制原始凭证是指由本单位内部经办业务的部门或人员，在执行或完成某项经济业务时自行填制的凭证。如收料单、领料单、产品入库单、限额领料单、发料凭证汇总表等(见样表)。

收料单

供货单位：　　　　　　　　　　　　　　　　　　　　　　　　凭证编号：
发票号码：　　　　　　　　年　月　日　　　　　　　　　　　收料仓库：

材料编号	材料规格及名称	计量单位	数量		价格	
			应收	实收	单价	金额
备　注						

第　联

仓库负责人：__________　记账：__________　仓库保管：__________　收料：__________

领料单

领料部门：　　　　　　　　　　　　　　　　　　　　　　　　凭证编号：
用途：　　　　　　　　　　年　月　日　　　　　　　　　　　发料仓库：

材料编号	材料规格及名称	计量单位	数量		价格	
			请领	实领	单价	金额
备　注					合计	

第　联

发料人：__________　审批人：__________　领料人：__________　记账：__________

产品入库单

编号：
交库单位：　　　　　　　　年　月　日　　　　　　　　　　　产品仓库：

产品编号	产品名称	规格	单位	交付数量	检验结果		实收数量	单价	金额
					合格	不合格			
备注：									

第　联

记账：　　　　检验：　　　　仓库：　　　　经手人：

限额领料单

领料部门： 凭证编号：

用途： 年 月 发料仓库：

材料类别	材料编号	材料名称及规格	计量单位	领用限额	实际领用	单价	金额	备注

供应部门负责人： 生产计划部门负责人：

日期	领用				退料			限额结余
	请领数量	实发数量	发料人签章	领料人签章	退料数量	退料人签章	收料人签章	
合计								

发料凭证汇总表

年 月 单位：元

应贷科目 \ 应借科目		生产成本	制造费用	管理费用	在建工程	××	合计
原材料	原料及主要材料						
	辅助材料						
	修理用备件						
	××						
	合计						
周转材料	低值易耗品						
	包装物						
合 计							

会计负责人： 复核： 制表：

2. 外来原始凭证

外来原始凭证是指在经济业务发生或完成时，从外单位或个人处取得的单据。如对外支付款项时所取得的收据，由供货单位开给的增值税专用发票，职工出差取得的飞机票、火车票等都是外来原始凭证。

收　据

年　月　日　　No.××××

付款单位________　结算方式________

收款原因________________

金额(大写)________________

¥________

收款单位(盖章)　审核:　经手人:　出纳:

备注:

第　联　财务

增值税专用发票

发票联

开票日期:　年　月　日　No×××

购货单位	名　称			纳税人登记号			
	地址、电话			开户银行及账号			
货物或应税劳务名称	规格型号	单位	数量	单价	金　额	税率(%)	税额
合　计							
价税合计(大写)					¥		
销货单位	名　称			纳税人登记号			
	地址、电话			开户行及账号			

第二联　发票联　购货方记账

收款人:　复核:　开票人:　销货单位:(章)

注:增值税专用发票,只限于增值税的一般纳税人领购使用,增值税的小规模纳税人和非增值税纳税人不得领购使用。专用发票规定为三联,分别为记账联、抵扣联和发票联。

(二)原始凭证按其填制手续不同,可分为一次凭证、累计凭证和汇总原始凭证

1. 一次凭证

一次凭证是指只反映一项经济业务,或者同时反映若干项同类性质的经济业务,其填制手续是一次完成的会计凭证,如收据、收料单、领料单、产品入库单、发货票、银行结算凭证等。一次凭证是一次有效的凭证,外来原始凭证一般都属于一次凭证。

2. 累计凭证

累计凭证是指在一定时期内连续记载若干项同类经济业务的会计凭证。这类凭证的填制手续是随着经济业务发生而分次进行的。累计凭证是多次有效的原始凭证,如限额领料单。

3. 汇总原始凭证

汇总原始凭证亦称原始凭证汇总表,是指在会计核算工作中,为简化记账凭证的编制工作,将一定时期内若干份记录同类经济业务的原始凭证汇总编制一张汇总凭证,用以集中反映某项经济业务总括发生情况的会计凭证，如发料凭证汇总表、收料凭证汇总表、现金收入汇总表等。汇总原始凭证只能将同类内容的经济业务汇总填列在一张汇总凭证中。在一张汇总凭证中不能将两类或两类以上的经济业务汇总填列。

三、原始凭证的基本内容

由于各项经济业务的内容和经营管理的要求不同，各个原始凭证的名称、格式和内容也是多种多样的。但是所有的原始凭证都是经济业务的原始证据，必须详细载明有关经济业务的发生和完成情况，明确经办单位和人员的经济责任。因此，各种原始凭证都应具备以下基本内容（亦称为原始凭证要素）。

（1）原始凭证的名称。如发货票、收料单、差旅费报销单等。

（2）填制凭证的日期。填制日期有时与经济业务发生的日期一致，如领料和填制领料单的时间相同；有时不一致，如在月工资制情况下，所发工资是一个月的，但发放时间为某日。

（3）凭证的编号。固定编号是为了防止任意撕毁，便于查核。

（4）填制和接受凭证的单位名称。

（5）经济业务的内容及实物的名称、数量、单价和金额等。这是原始凭证的核心内容。

（6）填制单位及有关人员的签章。这是明确经济责任的主要记录。

实际工作中，根据经营管理和特殊业务的需要，除上述基本内容外，还可以增加必要的内容。对于不同单位经常发生的共同性经济业务，有关部门可以制定统一的凭证格式。如人民银行统一制定的银行转账结算凭证，标明了结算双方单位名称、账号等内容；铁道部统一制定的铁路运单，标明了发货单位、收货单位和提货方式等内容。

四、原始凭证的填制要求

原始凭证是经济业务发生的原始证明，是会计核算最基础的原始资料。要保证会计核算的工作质量，必须从保证原始凭证的质量做起，正确填制原始凭证。概括起来，填制原始凭证的基本要求包括：

（1）遵纪守法、记录真实。凭证所反映的经济业务内容必须符合国家有关政策、法令、规章、制度的要求，不符合以上要求的，不得列入原始凭证；填制在凭证上的内容和数字，必须真实可靠，要符合有关经济业务的实际情况，不得弄虚作假，编撰数字。

（2）内容完整、手续完备。各种凭证的内容必须逐项填写齐全，不得遗漏和简略；经办业务的有关部门和人员要签名盖章，对凭证的真实性和正确性负责。从外单位取得的原始凭证，必须盖有填制单位的公章；从个人取得的原始凭证，必须有填制人员的签名或者盖章。自制原始凭证必须有经办单位领导人或其指定的人员签名或者盖章。对外开出的原始凭证，必须加盖本单位公章。

（3）书写清楚、规范。各种凭证的书写要用蓝黑墨水，文字简要，字迹清楚，易于辨认；不得使用未经国务院公布的简化字；属于套写的凭证，一定要写透，不要上面清楚，下面模糊。大小写金额必须相符且填写规范。小写金额用阿拉伯数字逐个写清楚，不得连写；小写金额数字前面，应填写人民币符号“￥”，人民币符号“￥”与阿拉伯数字之间不得留有空白，金额数字一律填写到角分，无角分的，写“00”或符号“—”，有角无分的，分位写“0”，不得用符号“—”；大写金额用汉字壹、贰、叁、肆、伍、陆、柒、捌、玖、拾、佰、仟、万、亿、元、角、分、零、整等，一律用正楷或行书字书写，大写金额前未印有“人民币”字样的，应加写“人民币”三个字，“人民币”字样和大写金额之间不得留有空白；大写金额到元或角为止的，后面要写“整”或“正”字，有分的，不写“整”或“正”字。如小写金额为￥1 008.00，大写金额应写成“壹仟零捌元整”；阿拉伯数字中间有“0”时，中文大写金额要写“零”字。如￥1 409.50，应写成人民币壹仟肆佰零玖元伍角整；￥16 409.02，应写成人民币壹万陆仟肆佰零玖元零贰分。阿拉伯数字中间连续有几个“0”时，中文大写金额中间可以只写一个“零”字。如￥6 007.14 应写成陆仟零柒元壹角肆分。但如果阿拉伯数字万位或元位是“0”，而千位角位不是“0”时，中文大写金额中可以只写一个零字，也可以不写“零”字。如￥1 680.32，可写成人民币壹仟陆佰捌拾元零叁角贰分，或者写成人民币壹仟陆佰捌拾元叁角贰分；￥107 000.53 可写成人民币壹拾万柒仟元伍角叁分，或者写成人民币壹拾万零柒仟元零伍角叁分。原始凭证填写错误时应由出具单位重开或按规定的方法更正，不得随意涂改、刮擦、挖补。

(4) 票据的出票日期必须使用中文大写。为防止变造支票、银行汇票、银行本票和商业汇票等票据的出票日期，在填写月、日时，月为壹、贰和壹拾的，日为壹至玖和壹拾、贰拾和叁拾的，应在其前加“零”；日为拾壹至拾玖的，应在其前加“壹”。如 1 月 15 日，应写成零壹月壹拾伍日。10 月 20 日，应写成零壹拾月零贰拾日。

票据出票日期使用小写填写的，银行不予受理。大写日期未按规范填写的，银行可予受理，但由此造成损失时，由出票人自行承担。

(5) 妥善保管，及时流转。各种凭证必须连续编号，以便查考，如果已预先印定编号，在写坏作废时，应当加盖“作废”戳记，全部保存，不得撕毁；凭证填制必须及时，一切原始凭证都应按照规定程序，及时送交财会部门，由财会部门加以审核，并据以编制记账凭证。

五、原始凭证的审核

为了保证会计资料的真实、合法、准确和完整性，有效地发挥会计的监督作用，会计主管人员或其指定的审核人员必须认真、严格地审核原始凭证。审核内容主要包括以下几个方面：

(1) 审核原始凭证的真实性。真实性的审核包括凭证日期、业务内容、数据是否真实等内容的审查。对外来原始凭证，必须有填制单位公章和填制人员签章；对自制原始凭证，必须有经办部门和经办人员的签名或盖章。此外，对通用原始凭证(发货票、收据)，还应审核凭证本身的真实性，以防假冒。

(2) 审核原始凭证的合法性。审核原始凭证所记录经济业务是否有违反国家法律法规的情况，是否履行了规定的凭证传递和审核程序，是否有贪污腐化等违法乱纪行为。

(3) 审核原始凭证的合理性。审核原始凭证所记录经济业务是否符合企业生产经营活动的需要；是否符合有关的计划和预算，有无铺张浪费现象等。

(4) 审核原始凭证的完整性。审核原始凭证各项基本要素是否齐全，是否有漏项情况，日期是否完整，数字是否清晰，有关人员签章是否齐全，凭证联次是否正确等。

(5) 审核原始凭证的正确性。审核原始凭证中的文字摘要和数字填写是否清楚，数量、单价、金额等的计算是否正确，大、小写金额是否一致等。

(6) 审核原始凭证的及时性。原始凭证的及时性是保证会计信息及时性的基础。为此，要求在经济业务发生或完成时及时填制有关原始凭证，及时进行凭证的传递。审核时应注意审查凭证的填制日期，尤其是支票、银行汇票、银行本票等时效性较强的原始凭证，更应仔细验证其签发日期。

审核原始凭证是一项严肃的工作，会计机构、会计人员应该根据《会计法》的规定，对不真实、不合法的原始凭证不予受理；对记载不准确、不完整的原始凭证予以退回，要求更正、补充或重开（对于金额有错误的原始凭证应由出具单位重开，不得在原始凭证上更正）；对违法的收支，应当制止和纠正并向本单位领导汇报，以严肃法纪，提高会计核算的质量。

第三节 记账凭证

一、记账凭证的概念

记账凭证（亦称为分录凭证或记账凭单），是会计人员根据审核无误的原始凭证或汇总原始凭证，用来确定经济业务应借、应贷的会计科目和金额而填制的，作为登记账簿直接依据的会计凭证。记账凭证是介于原始凭证与账簿之间的中间环节。

二、记账凭证的种类

记账凭证可以按其适用的经济业务类别和填制方法及反映业务量不同进行分类。

（一）按其反映的经济业务的内容不同，记账凭证分为收款凭证、付款凭证和转账凭证

1. 收款凭证

收款凭证是用来记录现金和银行存款等货币资金收款业务的凭证，它是根据现金和银行存款收款业务的原始凭证填制的，是登记现金日记账、银行存款日记账、明细分类账及总分类账等账簿的依据。格式与内容如下所示。

收 款 凭 证

借方科目：　　　　　　　　年　月　日　　　　　　　　收字第　　号

摘要	数量	贷方科目		金额										记账
		总账科目	子目或户名	千	百	十	万	千	百	十	元	角	分	
合计														

附件　张

会计主管　　　　记账　　　　审核　　　　制证　　　　出纳

2. 付款凭证

付款凭证是用来记录现金和银行存款等货币资金付款业务的凭证，它是根据现金和银行存款付款业务的原始凭证填制的，是登记现金日记账、银行存款日记账、明细分类账及总分类账等账簿的依据。格式与内容如下所示。

付 款 凭 证

贷方科目：　　　　　　　　　　年　月　日　　　　　　　　付字第　　号

摘要	数量	借方科目		金额										记账
		总账科目	子目或户名	千	百	十	万	千	百	十	元	角	分	
合计														

附件　张

会计主管　　　　记账　　　　审核　　　　制证　　　　出纳

3. 转账凭证

转账凭证是用来记录与现金、银行存款等货币资金收付款业务无关的转账业务(即在经济业务发生时不需要收付现金和银行存款的各项业务)的凭证，它是根据有关转账业务的原始凭证填制的，是登记总分类账及有关明细分类账的依据。格式和内容如下所示。

转 账 凭 证

年　月　日　　　　　　　　转字第　　号

摘要	数量	总账科目	子目或户名	借方金额								贷方金额								记账
				十	万	千	百	十	元	角	分	十	万	千	百	十	元	角	分	
合计																				

附件　张

会计主管　　　　审核　　　　制证　　　　记账

在经济业务比较简单的经济单位，为了简化凭证，可以使用通用记账凭证，它是以一种格式记录全部经济业务的凭证。格式和内容如下所示。

通　用　记　账　凭　证

年　月　日　　　　　　　　　　　　　　编号

摘　要	数量	总账科目	子目或户名	借方金额								贷方金额								记账
				十	万	千	百	十	元	角	分	十	万	千	百	十	元	角	分	
合　计																				

附件　张

会计主管　　　　审核　　　　制证　　　　记账

（二）按填制方法不同，记账凭证可以分为复式记账凭证和单式记账凭证两类

（1）复式记账凭证。复式记账凭证又叫多科目记账凭证，要求将某项经济业务所涉及的全部会计科目集中填列在一张记账凭证上。上述收款凭证、付款凭证和转账凭证的格式都是复式记账凭证的格式。

使用复式的记账凭证，可以集中反映账户的对应关系。因而，便于了解经济业务的全貌，了解资金的来龙去脉，便于查账；同时可以减少记账凭证的数量，减少填制凭证的工作量；但是不便于汇总计算每一会计科目的发生额，不便于分工记账。

（2）单式记账凭证。单式记账凭证又叫单科目记账凭证，要求将某项经济业务所涉及的每个会计科目，分别填制记账凭证，每张记账凭证只填列一个会计科目，其对方科目只供参考，不凭以记账。也就是把某一项经济业务的会计分录，按其所涉及的会计科目，分散填制两张或两张以上的记账凭证。格式和内容如下所示。

借项记账凭证

对应科目：　　　　年　月　日　　　　编号：

摘　要	一级科目	二级或明细科目	金　额	记账
合计				

附件　张

会计主管　　　　审核　　　　制证　　　　记账

贷项记账凭证

对应科目：　　　　　　年　月　日　　　　　　编号：

摘　要	一级科目	二级或明细科目	金　额	记账
合计				

附件　张

会计主管　　　审核　　　制证　　　记账

使用单式记账凭证，便于汇总计算每一个会计科目的发生额，便于分工记账；但是填制记账凭证的工作量大，而且由于一张凭证不能反映一项经济业务的全貌和账户的对应关系，所以出现差错不易查找。

（三）按反映业务量的不同，记账凭证可以分为单项记账凭证和汇总记账凭证

（1）单项记账凭证。单项记账凭证是在一张凭证上只记录一笔经济业务或同日内经济性质相同的经济业务，一般在日常工作中进行。如上述收款凭证、付款凭证、转账凭证、借项记账凭证和贷项记账凭证的格式都是单项记账凭证的格式。

（2）汇总记账凭证。汇总记账凭证是将许多同类记账凭证逐日或定期（3天、5天等）加以汇总后填制的凭证。如将收款凭证、付款凭证或转账凭证按一定的时间间隔分别汇总，编制汇总收款凭证、汇总付款凭证或汇总转账凭证；又如将一段时间的记账凭证按相同会计科目的借方和贷方分别汇总，填制记账凭证汇总表（或称科目汇总表），格式如下所示。

记账凭证汇总表

年　月　日至　日　　　　　　汇字第　号

会计科目	借方金额	记账	贷方金额	记账
合计				
收款凭证自　号至　号　付款凭证自　号至　号　转账凭证自　号至　号 借项凭证自　号至　号　贷项凭证自　号至　号				

会计主管　　　审核　　　制证　　　记账

三、记账凭证的基本内容

记账凭证的种类繁多、格式不一，但其主要作用都是为了对原始凭证进行分类、整理，按照复式记账的要求，运用会计科目，编制会计分录，据以登记账簿。所以，各种记账凭证必须具备以下基本内容：

(1) 填制单位的名称，这可以由填制单位将自己单位的名称印制在记账凭证上；

(2) 记账凭证的名称(如收款凭证、付款凭证、转账凭证等)；

(3) 记账凭证的编号；

(4) 填制凭证的日期，填制凭证的日期不是经济业务完成的日期，它与原始凭证填制的日期有时不一致，是滞后的；

(5) 经济业务的内容摘要；

(6) 会计科目的名称(包括一级科目、二级或明细科目)、记账方向和金额；

(7) 所附原始凭证的张数；

(8) 记账标记，用作记账备忘或过账对照；

(9) 制证、审核、记账以及会计主管等有关人员的签章，收款凭证和付款凭证还应由出纳人员签名或盖章。

四、记账凭证的填制与审核

(一) 记账凭证的填制

1. 记账凭证的填制要求

(1) 按照统一规定的会计科目正确填写会计分录，不得任意简化或变动，不得只写科目编号，不写科目名称。应借应贷的会计科目应保持清晰的对应关系，有关的二级或明细科目要填写齐全。填写会计科目，应先写借方科目，后写贷方科目。

(2) 记账凭证的摘要应当简明扼要，正确表达经济业务的主要内容。

(3) 记账凭证应附有原始凭证并注明张数，除期末转账和更正错误的记账凭证可以没有原始凭证外，其他记账凭证都必须附有原始凭证。如两张或两张以上的记账凭证依据相同的原始凭证，则应在未附原始凭证的记账凭证的附件处注明："见××号凭证"。需要单独保管的经济合同、涉外文件等重要原始凭证，应当另编目录并在有关的记账凭证和原始凭证上注明日期和编号。

(4) 记账凭证上必须有填制人员、审核人员、记账人员和会计主管人员签章。收款和付款记账凭证还应当由出纳人员签名或者盖章。

(5) 填制记账凭证后，必须连续编号，不得有漏号、错号或重号。如果一项经济业务需要填制两张或两张以上记账凭证，可采用分数编号法。

(6) 记账凭证应按行次逐项填写，不得跳行。填制完毕，应加计合计数并检查借贷双方的金额是否平衡。如果在合计数与最后一笔数字之间有空行，应在金额栏划线注销。

(7) 填制记账凭证字迹必须清晰、工整，金额应按规定填写(参照原始凭证填写方法)。如果在填制时发生错误，应当重新填制。已经登记入账的记账凭证，如发现填写错误，应按规定的更正方法进行更正。

2. 记账凭证的填制方法

(1) 收款凭证的填制方法。收款凭证是根据有关现金和银行存款业务的原始凭证填制的。在借贷记账法下，收款凭证的设证科目是借方科目。在收款凭证左上方所填列的借方科目，应是“库存现金”或“银行存款”科目；凭证上方的年、月、日应按填制凭证的日期填写；右上方的记账凭证编号应按顺序填写，如分别自“银收字第1号”“现收字第1号”或“收字第1号”编起，一般每月重编一次；在凭证内的贷方科目，应填列与“库存现金”或“银行存款”相对应的一级科目和二级或明细科目；各贷方科目的金额应填入本科目同一行的“金额”栏，“合计”行的金额表示借方科目“库存现金”或“银行存款”的金额，合计数字前应填写记账货币符号，如人民币符号“¥”；“摘要”栏应填经济业务的简要内容；入账后要在“记账”栏注明记入账户的页码或作“√”符号；所附的原始凭证张数要在“附件张数”内用大写数字记清；在出纳及制单处要签名或盖章。

【例 8-1】 11月1日，向通利商场销售甲产品100件，货款100 000元，增值税17 000元，共收到款项117 000元，存入银行(收字1号)。应编制的记账凭证及凭证格式如下所示。

收 款 凭 证

借方科目：银行存款　　　　20××年11月1日　　　　收字第1号

摘要	数量	贷方科目		金额										记账
		总账科目	子目或户名	千	百	十	万	千	百	十	元	角	分	
销售产品收入		主营业务收入	甲产品			1	0	0	0	0	0	0	0	
		应交税费	应交增值税				1	7	0	0	0	0	0	
合计					¥	1	1	7	0	0	0	0	0	

附件×张

会计主管 张强　记账 周红　审核 阎明　制证 李英　出纳 赵云

(2) 付款凭证的填制方法。付款凭证是根据有关现金和银行存款的付款业务的原始凭证填制的。在借贷记账法下，付款凭证的设证科目是贷方科目。在付款凭证左上方所填列的贷方科目，应是“库存现金”或“银行存款”科目；右上方的记账凭证编号应按顺序填写，如分别自“银付字第1号”“现付字第1号”或“付字第1号”编起；在凭证内的借方科目，应填列与“库存现金”或“银行存款”相对应的一级科目和二级或明细科目。其他栏目的填制与收款凭证基本相同。

注：现金与银行存款之间的划转业务只编制付款凭证，以避免重复记账。如从银行提取现金只编制银行存款付款凭证。

【例 8-2】 11月2日，从银行提取现金2 000元(付字1号)。应编制的记账凭证及凭证格式如下所示。

付款凭证

贷方科目：银行存款　　　　20××年11月2日　　　　付字第1号

摘要	数量	借方科目		金额										记账
		总账科目	子目或户名	千	百	十	万	千	百	十	元	角	分	
提现金		库存现金						2	0	0	0	0	0	
合计							¥	2	0	0	0	0	0	

附件×张

会计主管　张强　　记账　周红　　审核　阎明　　制证　李英　　出纳　赵云

(3) 转账凭证的填制方法。转账凭证是用以记录与货币资金收付无关的转账业务的凭证，它是由会计人员根据审核无误的转账业务原始凭证填制的，但也有的是根据账簿记录填制的，如内部转账和更正错误的账务。在借贷记账法下，将经济业务所涉及的会计科目全部填列在凭证内，借方科目在先，贷方科目在后，将借方会计科目应记的金额填列在“借方金额”栏内，将贷方会计科目应记的金额记入“贷方金额”栏内。借、贷方金额合计应该相等。

【例8-3】 11月2日，生产车间领用A材料8公斤计4 000元，用于生产甲产品(转字1号)。应编制的记账凭证及凭证格式如下所示。

转账凭证

20××年11月2日　　　　转字第1号

摘要	数量	总账科目	子目或户名	借方金额								贷方金额								记账
				十	万	千	百	十	元	角	分	十	万	千	百	十	元	角	分	
生产领料		生产成本	甲产品			4	0	0	0	0	0									
	8	原材料	A材料											4	0	0	0	0	0	
合计					¥	4	0	0	0	0	0		¥	4	0	0	0	0	0	

附件×张

会计主管　张强　　记账　周红　　审核　阎明　　制证　李英

(4) 通用记账凭证的编制方法。通用记账凭证是用以记录各种经济业务的凭证。采用通用记账凭证的经济单位，不再根据经济业务的内容分别填制收款凭证、付款凭证和转账凭证，所以涉及货币资金收、付业务的记账凭证是由出纳员根据审核无误的原始凭证收、付款后填制的，涉及转账业务的记账凭证，是由有关会计人员根据审核无误的原始凭证填制的。编号按经济业务发生的顺序编制。其他项目的填制方法与“转账凭证”相似。

(5) 单式记账凭证的填制方法。单式记账凭证只在一张凭证上填列一个会计科目。为了保持会计科目间的对应关系，便于核对，每一套会计分录采用“分数编号法”，即只编一个总号，再按凭证张数分编几个分号。如序号为“2”的经济业务涉及三个会计科目，则三张凭证的编号应分别为“$2\frac{1}{3}$”、“$2\frac{2}{3}$”、“$2\frac{3}{3}$”。序号“2”表示该凭证记录的是第二笔经济业务，“1/3”中的“3”表示该业务共使用了3张凭证，“1/3”中的“1”表示该凭证是该业务的第一张凭证。单式记账凭证为单独反映每项经济业务所涉及的会计科目及对应关系，又分为“借项记账凭证”和“贷项记账凭证”。为了便于区别，借项记账凭证和贷项记账凭证常用不同的颜色印制。

单式记账凭证按一项经济业务所涉及的每个会计科目单独填制一张记账凭证，每一张记账凭证中只登记一个会计科目。在借项记账凭证和贷项记账凭证中所列示的对应总账科目只起参考作用，不作为登记账簿的依据。

(6) 记账凭证汇总表的填制方法。记账凭证汇总表是定期(如3天、5天)根据记账凭证，按照每个会计科目的借方或贷方分别加总，填入记账凭证汇总表相应行次，经过试算平衡后，再据以登记总分类账的一种记账凭证。它的特点是既可以减少登记总账的工作量，又便于检查填制的记账凭证的正确性。

【例8-4】 将某企业20××年11月1日至5日的经济业务，按照所编制的记账凭证编制记账凭证汇总表如下所示。

记 账 凭 证 汇 总 表

20××年11月1日至5日　　　　汇字第1号

会计科目	借方金额	记账	贷方金额	记账
库存现金	30 000		29 000	
银行存款	129 000		210 000	
应收账款	90 000		80 000	
原材料	264 000		150 000	
生产成本	150 000			
应交税费	30 000		34 000	
主营业务收入			200 000	
管理费用	10 000			
合　计	￥703 000		￥703 000	
收款凭证自××号至××号　付款凭证自××号至××号　转账凭证自××号至××号				
借项凭证自××号至××号　贷项凭证自××号至××号				

会计主管　张　强　　记账　周　红　　审核　阎　明　　制证　李　英

(二) 记账凭证的审核

记账前对已编制的记账凭证应由专人进行审核，审核工作应由填制记账凭证以外的人担任。审核内容主要有以下几个方面：

1. 内容是否真实

审核记账凭证是否有原始凭证为依据，所附原始凭证的内容与记账凭证的内容是否一致，金额是否相等，记账凭证所填写的附件张数与所附原始凭证的张数是否相符，对某些需要单独保管的原始凭证和文件是否在凭证上加注了说明；记账凭证汇总表的内容与其所依据的记账凭证的内容是否一致等。

2. 科目是否正确

审核记账凭证应借、应贷科目是否正确，是否有明确的账户对应关系，所使用的会计科目是否符合国家统一的会计制度的规定等。

3. 项目是否齐全

审核记账凭证中摘要是否填写清楚、所需填写的各个项目是否齐全，如日期、凭证编号、二级和明细会计科目、金额、所附原始凭证张数及有关人员签章等。

4. 金额是否正确

审核记账凭证所记录的金额与原始凭证的有关金额是否一致、计算是否正确，记账凭证借、贷方金额合计是否相等，记账凭证汇总表的金额与记账凭证的金额合计是否相符等。

5. 书写是否正确

审核记账凭证中的记录是否文字工整、数字清晰。在审核过程中如果发现差错，应查明原因，按规定办法及时处理和更正，只有经过审核无误的会计凭证，才能据以登记账簿。

第四节　会计凭证的传递与保管

一、会计凭证的传递

会计凭证的传递是指从会计凭证的取得或填制时起至归档保管时止，在单位内部有关部门和人员之间的传送程序。

会计凭证既是会计工作的基础，又是办理业务的依据。为了充分发挥会计凭证的作用，必须正确、合理地组织好会计凭证的传递，以保证及时处理和登记经济业务，协调单位内部各部门、各环节的工作，加强经营管理，充分发挥会计监督的作用。

会计凭证传递具体说就是取得或填制会计凭证以后，应在什么时间内交到哪个部门或哪个工作岗位，谁来接办业务手续，直到归档保管为止。如果凭证是一式数联的，则应具体明确各联的用途、交接时间、交接部门及工作岗位。例如，对材料收入业务的凭证传递，要由采购部门、仓库部门、财会部门共同完成，会计凭证也要随着这项经济业务活动的进程在这些部门间传递。一般情况下，材料运达企业后，根据取得的“发货票”等有关原始凭证并经采购人员、采购部门负责人签章后，连同材料一并送交仓库据以验收入库，填制一式三份的“收料单”。“收料单”一份仓库留存，一份交采购部门存查，一份和“发货票”一并送交财会部门，财会部门对其审核后据以编制记账凭证和登记账簿。

各单位所发生的经济业务不同，涉及的经办部门和人员不同，办理业务的手续、时间和程序也不相同。但任何单位对于经常发生的、需要有关部门共同办理的主要经济业务，都应正确合理地组织会计凭证的传递。在规定会计凭证的传递程序时，应当注意以下问题：

（1）要根据各单位经济业务的特点，内部机构组织和人员分工的情况，以及经营管理的需要，恰当规定会计凭证流经的必要环节，并依此适当规定会计凭证的份数，做到既要使各有关部门和人员了解经济业务情况，及时办理业务手续，又要避免凭证传递经过不必要的环节，以便提高工作效率。

（2）要根据各个环节办理经济业务所需要的时间，规定凭证在各个环节停留的最长时间，保证凭证及时传递。

会计凭证传递办法是经营管理的一项规章制度，对于只涉及会计部门内部的凭证（如记账凭证），可由会计部门确定；对于涉及较多部门的凭证，会计部门应当在调查研究的基础上会同有关部门共同制订，报经本单位领导批准后，有关部门和人员必须遵照执行。

二、会计凭证的保管

会计凭证的保管是指会计凭证记账后的整理、装订、归档和存查工作。会计凭证作为记账的依据，是重要的会计档案和经济资料。本单位以及有关部门、单位，可能因各种需要查阅会计凭证，特别是发生贪污、盗窃、违法乱纪行为时，会计凭证还是依法处理的有效证据。因此，任何单位在完成经济业务手续和记账之后，必须将会计凭证按规定的立卷归档制度形成会计档案资料，妥善保管，防止丢失，不得任意销毁，以便于日后随时查阅。

对会计凭证的保管，既要做到完整无缺，又要便于翻阅查找。其主要要求有：

（1）会计凭证应定期装订成册，防止散失。会计部门在依据会计凭证记账以后，应定期（如每月）对各种会计凭证进行分类整理，将各种记账凭证按照编号顺序，连同所附的原始凭证一起加具封面、封底，装订成册，并在装订线上加贴封签，由装订人员在装订线封签处签名或盖章。

从外单位取得的原始凭证遗失时，应取得原签发单位盖有公章的证明，并注明原始凭证的号码、金额、内容等，由经办单位会计机构负责人、会计主管人员和单位负责人批准后，才能代作原始凭证。若确实无法取得证明的，如车票丢失，则应由当事人写明详细情况，由经办单位会计机构负责人、会计主管人员和单位负责人批准后，代作原始凭证。

（2）会计凭证封面应注明单位名称、凭证种类、凭证张数、起止号数、年度、月份、会计主管人员、装订人员等有关事项，会计主管人员和装订人员应在封面上签章。会计凭证封面的一般格式如下所示。

会计凭证封面

年 月 份 第 册	（企业名称） 年 月份 共 册 本册为第 册 收款凭证 第 号至第 号共 张 付款凭证 第 号至第 号共 张 转账凭证 第 号至第 号共 张 本册记账凭证共 张 记账凭证汇总表共 张 附原始凭证共 张 会计主管（签章） 装订人（签章）

(3) 装订成册的会计凭证应集中保管,并指定专人负责。查阅时,要有一定的手续制度。原始凭证不得外借,其他单位如有特殊原因确实需要使用时,可以复制。向外单位提供的原始凭证复制件,应在专设的登记簿上登记,并由提供人员和收取人员共同签名、盖章。

(4) 原始凭证较多时,可单独装订,但应在凭证封面注明所属记账凭证的日期、编号和种类,同时在所属的记账凭证上应注明"附件另订"及原始凭证的名称和编号,以便查阅。对各种重要的原始凭证,如押金收据、提货单等,以及各种需要随时查阅和退回的单据,应另编目录,单独保管,并在有关的记账凭证和原始凭证上分别注明日期和编号。

(5) 每年装订成册的会计凭证,在年度终了时可暂由单位会计机构保管一年,期满后应当移交本单位档案机构统一保管;未设立档案机构的,应当在会计机构内部指定专人保管。出纳人员不得兼管会计档案。

(6) 会计凭证的保管期限和销毁手续,必须严格执行会计制度的规定。任何人无权自行随意销毁。保管期满,需要销毁的会计凭证,由单位档案部门提出销毁意见,会同财会部门共同鉴定,严格审查,编造会计档案销毁清册,履行审批手续,公开销毁。

【操作训练】

训练一

【目的】 练习原始凭证的填制。

【资料】 新生公司(地址:海阳路 8 号,纳税登记号:370902165001159)2007 年 11 月份发生如下经济业务:

1. 5 日,开出现金支票一张,从银行存款户中提取现金 1 000 元备用。

中国工商银行
现金支票存根
支票号码:№6539903
附加信息

出票日期　　年　月　日

收款人:	
金额:	
用途:	

单位主管　　会计

中国工商银行现金支票　　№6539903

出票日期(大写)　　年　　月　　日　付款行名称:新城区通海办事处
收款人:　　出票人账号:501029

本支票付款期限十天

人民币(大写)	百	十	万	千	百	十	元	角	分

用途:________
上列款项请从
我账户内支付
出票人签章　　复核　　记账

2. 6 日,开出转账支票一张,向万通商场支付购进办公用品款 780 元(购货发票如下所示),直接交付管理人员使用。

中国工商银行 转账支票存根	本支票付款期限十天	中国工商银行转账支票	№6539935
支票号码：№6539935		出票日期(大写)　年　月　日	付款行名称：新城区通海办事处
附加信息		收款人：	出票人账号：501029
对方科目		人民币(大写)	百 十 万 千 百 十 元 角 分
出票日期　年　月　日		用途：	
收款人：		上列款项请从我账户内支付	
金额：			
用途：			
单位主管　会计		出票人签章　复核	记账

工商企业统一发票

购货单位：新生公司　　2007年11月6日　　№65399357

品名规格	单位	数量	单价	金额 十	万	千	百	十	元	角	分
钢笔	支	10	40				4	0	0	0	0
稿纸	本	100	2				2	0	0	0	0
打印纸	箱	2	90				1	8	0	0	0
合计(大写)柒佰捌拾元整						¥	7	8	0	0	0

第二联　发票联

销货单位(盖章)　　开票人：李平　　收款人：张彦

3. 11日，出售给通利商场(地址：迎宾路19号，纳税人登记号：370602165008895，开户银行及账号：工商行市分行205225015)A产品100件，每件30元，共计货款3 000元，增值税率17%，税额510元，收转账支票(No：986532)一张，已送存银行。发票及银行进账单如下所示。

增值税专用发票

记账联

开票日期：　　年　月　日　　No.3562089

购货单位	名　称				纳税人登记号		
	地址、电话				开户银行及账号		
货物或应税劳务名称	规格型号	单位	数量	单价	金　额	税率(%)	税额
合　计							
价税合计(大写)					¥		
销货单位	名　称				纳税人登记号		
	地址、电话				开户行及账号		

第四联　记账联　销货方记账

收款人：　　复核：　　开票人：　　销货单位：(章)

中国工商银行**进账单**(收账通知)　1

年　　月　　日　　　　　　　　　　　　　第 25 号

<table>
<tr><td rowspan="3">出票人</td><td>全称</td><td></td><td rowspan="3">收款人</td><td>全称</td><td colspan="9"></td></tr>
<tr><td>账号</td><td></td><td>账号</td><td colspan="9"></td></tr>
<tr><td>开户银行</td><td></td><td>开户银行</td><td colspan="9"></td></tr>
<tr><td rowspan="2">金额</td><td colspan="4" rowspan="2">人民币
(大写)</td><td>百</td><td>十</td><td>万</td><td>千</td><td>百</td><td>十</td><td>元</td><td>角</td><td>分</td></tr>
<tr><td></td><td></td><td></td><td></td><td></td><td></td><td></td><td></td><td></td></tr>
<tr><td>票据种类</td><td></td><td>票据账数</td><td></td><td colspan="10" rowspan="3">开户银行签章</td></tr>
<tr><td>票据号码</td><td colspan="3"></td></tr>
<tr><td colspan="4">复核　　记账</td></tr>
</table>

4. 13 日，出售给百胜商场(地址：胜利路 18 号，纳税人登记号：370602195008455，开户银行及账号：工商行市分行 205225123)A 产品 200 件，每件 30 元，共计货款 6 000 元，增值税率 17%，税额 1 020 元，货款暂欠。发票如下所示。

增值税专用发票

记账联

开票日期：　　　　　　　年　月　日　　　　　　　No. 3562090

<table>
<tr><td rowspan="2">购货单位</td><td>名　称</td><td colspan="4"></td><td colspan="2">纳税人登记号</td><td colspan="2"></td></tr>
<tr><td>地址、电话</td><td colspan="4"></td><td colspan="2">开户银行及账号</td><td colspan="2"></td></tr>
<tr><td colspan="2">货物或应税劳务名称</td><td>规格型号</td><td>单位</td><td>数量</td><td>单价</td><td colspan="2">金　额</td><td>税率(%)</td><td>税额</td></tr>
<tr><td colspan="2"></td><td></td><td></td><td></td><td></td><td colspan="2"></td><td></td><td></td></tr>
<tr><td colspan="2"></td><td></td><td></td><td></td><td></td><td colspan="2"></td><td></td><td></td></tr>
<tr><td colspan="2">合　计</td><td></td><td></td><td></td><td></td><td colspan="2"></td><td></td><td></td></tr>
<tr><td colspan="10">价税合计(大写)　　　　　　　　　　　　¥</td></tr>
<tr><td rowspan="2">销货单位</td><td>名　称</td><td colspan="4"></td><td colspan="2">纳税人登记号</td><td colspan="2"></td></tr>
<tr><td>地址、电话</td><td colspan="4"></td><td colspan="2">开户行及账号</td><td colspan="2"></td></tr>
</table>

第四联　记账联　销货方记账

收款人：　　　　复核：　　　　开票人：　　　　销货单位：(章)

【要求】 根据上列经济业务填制上列空白的原始凭证。

训练二

【目的】 练习复式记账凭证的填制。

【资料】 训练一的原始凭证。

【要求】 对训练一所填制的原始凭证进行审核后，据以填制收款凭证、付款凭证和转账凭证（空白记账凭证附后）。

付款凭证

贷方科目：　　　　　　　　　　　　年　月　日　　　　　　　　　　付字第　号

摘　要	数量	借方科目		金额										记账
		总账科目	子目或户名	千	百	十	万	千	百	十	元	角	分	
合　计														

附件　张

会计主管　　　　记账　　　　审核　　　　制证　　　　出纳

付款凭证

贷方科目：　　　　　　　　　　　　年　月　日　　　　　　　　　　付字第　号

摘　要	数量			金额										记账
		总账科目	子目或户名	千	百	十	万	千	百	十	元	角	分	
合　计														

附件　张

会计主管　　　　记账　　　　审核　　　　制证　　　　出纳

收款凭证

借方科目：　　　　　　　　　　年　月　日　　　　　　　　　收字第　　号

摘　　要	数量	借　方　科　目		金　额										记账
		总账科目	子目或户名	千	百	十	万	千	百	十	元	角	分	
合　计														

附件　张

会计主管　　　　记账　　　　审核　　　　制证　　　　出纳

转账凭证

年　　月　　日　　　　　　　　　转字第　　号

摘　　要	数量	总账科目	子目或户名	借方余额								贷方余额								记账
				十	万	千	百	十	元	角	分	十	万	千	百	十	元	角	分	
合　计																				

附件　张

会计主管　　　　审核　　　　制证　　　　记账

训练三

【目的】 练习单式记账凭证的填制

【资料】 训练一的原始凭证

【要求】 对训练一所填制的原始凭证进行审核后，填制借项记账凭证和贷项记账凭证（空白记账凭证附后）。

借项记账凭证

对应科目：　　　　　　　　年　月　日　　　　　　　　　编号：

摘　要	一级科目	二级或明细科目	金　额	记账
合　计				

附件　张

会计主管　　　　审核　　　　制证　　　　记账

贷项记账凭证

对应科目：　　　　年　月　日　　　　编号：

摘　要	一级科目	二级或明细科目	金　额	记账
合　计				

附件　张

会计主管　　审核　　制证　　记账

借项记账凭证

对应科目：　　　　年　月　日　　　　编号：

摘　要	一级科目	二级或明细科目	金　额	记账
合　计				

附件　张

会计主管　　审核　　制证　　记账

贷项记账凭证

对应科目：　　　　年　月　日　　　　编号：

摘　要	一级科目	二级或明细科目	金　额	记账
合　计				

附件　张

会计主管　　审核　　制证　　记账

借项记账凭证

对应科目：　　　　年　月　日　　　　编号：

摘　要	一级科目	二级或明细科目	金　额	记账
合　计				

附件　张

会计主管　　审核　　制证　　记账

贷项记账凭证

对应科目：　　　　年　月　日　　　　编号：

摘　要	一级科目	二级或明细科目	金　额	记账
合　计				

附件　张

会计主管　　审核　　制证　　记账

贷项记账凭证

对应科目：　　　　年　月　日　　　　编号：

摘　要	一级科目	二级或明细科目	金　额	记账
合　计				

附件　张

会计主管　　审核　　制证　　记账

借项记账凭证

对应科目：　　　　年　月　日　　　　编号：

摘　要	一级科目	二级或明细科目	金　额	记账
合　计				

附件　张

会计主管　　审核　　制证　　记账

贷项记账凭证

对应科目：　　　　年　月　日　　　　编号：

摘　要	一级科目	二级或明细科目	金　额	记账
合　计				

附件　张

会计主管　　审核　　制证　　记账

贷项记账凭证

对应科目： 年 月 日 编号：

摘 要	一级科目	二级或明细科目	金 额	记账
合 计				

附件 张

会计主管 审核 制证 记账

训练四

【目的】 练习记账凭证汇总表的填制。

【资料】 训练二、训练三所填制的记账凭证。

【要求】 根据训练二(或训练三)所填制的记账凭证填制记账凭证汇总表。

训练五

【目的】 练习收、付款凭证的填制。

【资料】 强盛公司20××年11月份发生如下经济业务：

1. 1日，接银行收账通知，收到大山公司前欠货款9 000元，存入银行。
2. 3日，开出现金支票一张，从银行存款账户中提取现金1 500元备用。
3. 8日，开出转账支票一张，以银行存款1 800元支付产品广告费用。
4. 13日，开出现金支票一张，从银行提取现金120 000元，准备发放本月职工工资。
5. 13日，以现金120 000元发放本月职工工资。
6. 15日，以现金购买办公用品90元。
7. 17日，销售给通利商场A产品1 000件，每件30元，共计货款30 000元，增值税率17%，税额5 100元，收转账支票一张，已送存银行。
8. 18日出售给光源工厂甲材料一批，价款800元，增值税136元，收入现金936元。
9. 18日，将现金800元存入银行。

【要求】 根据以上资料填制收款凭证和付款凭证。

记账凭证汇总表

年　月　日至　日　　　　　　　　汇字第　　号

会计科目	借方金额	记账	贷方金额	记账
合　计				
收款凭证自　号至　号　付款凭证自　号至　号　转账凭证自　号至　号 借项凭证自　号至　号　贷项凭证自　号至　号				

会计主管　　　　审核　　　　制证　　　　记账

训练六

【目的】　练习转账凭证的填制。

【资料】　强盛公司20××年11月份发生如下经济业务：

1. 18日，销售给方圆商场A产品300件，每件30元，共计货款9 000元，增值税率17%，税额1 530元，货款尚未收到。

2. 27日，计提本月固定资产折旧6 000元，其中生产车间应计提折旧为5 000元，管理部门应计提折旧为1 000元。

3. 30日，结转已销A产品生产成本32 000元。

4. 30日，将产品销售收入48 000元、材料销售收入800元转入“本年利润”账户。

5. 30日，将产品销售成本32 000元转入“本年利润”账户。

6. 30 日，将销售费用 1 800 元、管理费用 1 870 元转入“本年利润”账户。

【要求】 根据以上资料填制转账凭证。

训练七

【目的】 练习复式记账凭证的填制。

【资料】 新生公司 20××年 11 月份发生如下经济业务：

1. 5 日，采购员李江预借差旅费 800 元，以现金支付。
2. 12 日，接银行付款通知，支付自来水公司上月水费 3 000 元。
3. 16 日，向银行借入期限为 3 个月的贷款 100 000 元，存入银行备用。
4. 19 日，从南江工厂购入甲材料一批，成本 5 000 元，增值税 850 元，材料验收入库，货款尚未支付。
5. 25 日，生产 A 产品领用甲材料 1 000 千克，价款 1 500 元。
6. 26 日，采购员李江报销差旅费 750 元，退回剩余现金 50 元。
7. 28 日，以银行存款缴纳上月所得税 5 000 元。

【要求】 根据以上资料填制收款凭证、付款凭证和转账凭证。

训练八

【目的】 练习借、贷项记账凭证的填制。

【资料】 训练五资料。

【要求】 据以填制借项记账凭证和贷项记账凭证。

训练九

【目的】 练习记账凭证汇总表的填制。

【资料】 训练五、六填制的复式记账凭证。

【要求】 根据填制的复式记账凭证填制记账凭证汇总表。

训练十

【目的】 练习记账凭证汇总表的填制。

【资料】 训练八填制的单式记账凭证。

【要求】 根据填制的单式记账凭证填制记账凭证汇总表。

【能力测试】

一、单项选择题

1. 会计凭证按填制程序和用途不同，分为(　　)。

A. 原始凭证和记账凭证　　B. 一次凭证和累计凭证

C. 单式凭证和复式凭证　　D. 自制原始凭证和外来原始凭证

2. 向银行提取现金准备发放职工工资的业务，应根据有关原始凭证填制(　　)。

A. 收款凭证　　B. 付款凭证　　C. 转账凭证　　D. 收款和付款凭证

3. 经济业务发生时直接取得或填制的凭证是（　　）。

A. 协议和合同　　B. 收付款凭证　　C. 原始凭证　　D. 记账凭证

4. 用转账支票支付前欠货款，应填制（　　）。

A. 收款凭证　　B. 付款凭证　　C. 转账凭证　　D. 原始凭证

5. 下列不属于原始凭证必须具备的基本内容的是（　　）。

A. 凭证的名称　　B. 经济业务的内容

C. 有关人员的签章　　D. 定额指标

6. 工业企业的限额领料单是一种（　　）。

A. 一次凭证　　B. 汇总原始凭证　　C. 累计凭证　　D. 转账凭证

7. 下列单据中，不能作为原始凭证的是（　　）。

A. 发货票　　B. 工资结算汇总表　　C. 领料单　　D. 协议或合同

8. 原始凭证按其来源不同可分为（　　）。

A. 原始凭证和记账凭证　　B. 自制凭证和外来凭证

C. 收、付款凭证和转账凭证　　D. 一次凭证和累计凭证

9. 证明购进存货验收入库的凭证是（　　）。

A. 付款单　　B. 入库单　　C. 出库单　　D. 供货方开出的发票

10. 借款单属于（　　）。

A. 自制原始凭证　　B. 外来原始凭证

C. 累计原始凭证　　D. 汇总原始凭证

11. 记账凭证必须根据（　　）填制。

A. 原始凭证　　B. 金额计算正确的原始凭证

C. 汇总原始凭证　　D. 审核无误的原始凭证

12. 记账凭证是（　　）的依据。

A. 编制报表　　B. 业务活动　　C. 登记账簿　　D. 原始凭证

13. 如果第 13 号记账凭证的会计事项需要编制三张记账凭证，则这三张记账凭证的编号应该是（　　）。

A. 13－1,13－2,13－3　　B. 13,14,15

C. $13\frac{1}{3}$,$13\frac{2}{3}$,$13\frac{3}{3}$　　D. 13,13,13

14. 原始凭证不得涂改、刮擦、挖补。对于金额有错误的原始凭证，正确的处理方法是（　　）。

A. 由出具单位重开

B. 由出具单位在凭证上更正并由经办人员签名

C. 由出具单位在凭证上更正并由出具单位负责人签名

D. 由出具单位在凭证上更正并加盖出具单位印章

15. 下列经济业务中，应填制转账凭证的是

A. 用银行存款支付预付账款　　B. 收回应收账款

C. 用现金支付工资　　D. 企业管理部门领用原材料

二、多项选择题

1. 会计凭证是(　　　　)的书面证明。
   A. 记录经济业务　　B. 明确经济责任
   C. 作为记账依据　　D. 编制财务报表
2. 发料凭证汇总表是一种(　　　　)。
   A. 记账凭证　　B. 外来原始凭证　　C. 自制原始凭证　　D. 汇总原始凭证
3. 下列凭证不能作为记账依据的原始凭证是(　　　　)。
   A. 购料申请表　　B. 购销合同　　C. 银行对账单　　D. 债权债务对账单
4. 原始凭证的基本内容有(　　　　)。
   A. 凭证的名称　　B. 经济业务内容
   C. 接受凭证单位的名称　　D. 填制凭证的日期
5. 记账凭证应具备的内容包括(　　　　)。
   A. 接受单位名称　　B. 所附原始凭证张数
   C. 会计科目的名称和金额　　D. 填制日期和编号
6. 收款凭证中"借方科目"可能涉及(　　　　)。
   A. 库存现金　　B. 银行存款　　C. 应付工资　　D. 应交税费
7. 记账凭证可以根据(　　　　)填制。
   A. 每一张原始凭证　　B. 科目汇总表
   C. 若干张同类原始凭证汇总　　D. 原始凭证汇总表
8. 记账凭证按照其填制方式不同,通常可分为(　　　　)。
   A. 收款凭证　　B. 付款凭证　　C. 单式凭证　　D. 复式凭证
9. 下列凭证中属于记账凭证的是(　　　　)。
   A. 支票存根　　B. 收款凭证　　C. 付款凭证　　D. 转账凭证
10. 原始凭证审核的主要内容包括(　　　　)。
   A. 真实性　　B. 合法性、合理性　　C. 正确性　　D. 完整性
11. 能够据以登记账簿的会计凭证有(　　　　)。
   A. 银行对账单　　B. 记账凭证　　C. 汇总记账凭证　　D. 记账凭证汇总表
12. 记账凭证是(　　　　)填制的。
   A. 经办人员　　B. 经济业务发生时
   C. 会计人员　　D. 根据审核无误的原始凭证
13. 记账凭证按其与货币资金的关系不同,通常可分为(　　　　)。
   A. 收款凭证　　B. 付款凭证　　C. 转账凭证　　D. 汇总凭证

三、判断题

1. 原始凭证都是由会计人员填制的。(　　)
2. 会计凭证也称记账凭证,是登记账簿的依据。(　　)
3. 外来原始凭证都是一次性凭证,自制原始凭证有一次凭证和累计凭证之分。(　　)
4. 将现金存入银行应填制银行存款收款凭证。(　　)
5. 通用记账凭证的格式和填制方法与转账凭证是基本相同的。(　　)
6. 原始凭证是记账凭证的附件。(　　)

7. 填制和审核会计凭证，是会计核算工作的起点和基本环节。（　　）

8. 任何会计凭证都必须经过有关人员的严格审核并确认无误后，才能作为记账的依据。（　　）

9. 自制原始凭证是指由本单位内部经办业务的部门或人员，在执行或完成某项经济业务时自行填制的凭证。如“收料单”等。（　　）

10. 自制原始凭证的证明效力不及外来原始凭证。（　　）

11. 各单位的收款凭证、付款凭证和转账凭证统称为通用记账凭证。（　　）

12. 自制凭证是指由企业会计人员自行填制的凭证。（　　）

13. 外来凭证，是本单位在办理经济业务时所填制的并提供给外单位使用的原始凭证。（　　）

14. 一次凭证只反映一项经济业务，或者同时反映若干项同类性质的经济业务，其填制手续是一次完成的。（　　）

15. 对原始凭证的审核，就是审核凭证的合法性与合理性。（　　）

16. 复式记账凭证，是将某项经济业务所涉及的全部会计科目集中填列在一张凭证上的记账凭证。（　　）

17. 使用复式的记账凭证，可以减少记账凭证的数量，便于汇总计算每一会计科目的发生额，便于分工记账。（　　）

18. 单式记账凭证，要求每张记账凭证只填列一个会计科目，其对方科目只供参考，不凭以记账。（　　）

19. 现金与银行存款之间的划转业务只编制付款凭证，以避免重复记账。（　　）

20. 除内部转账和更正错误的记账凭证可以不附原始凭证外，其他记账凭证必须附有原始凭证。（　　）

四、名词解释

1. 会计凭证
2. 原始凭证
3. 外来原始凭证
4. 自制原始凭证
5. 一次凭证
6. 累计凭证
7. 汇总原始凭证
8. 记账凭证
9. 收款凭证
10. 付款凭证
11. 转账凭证
12. 复式记账凭证
13. 单式记账凭证

五、简答题

1. 简述会计凭证如何分类。
2. 简述原始凭证的基本内容。

3. 简述填制原始凭证的基本要求。
4. 简述原始凭证的审核包括哪些主要内容。
5. 简述记账凭证的基本内容。
6. 简述填制记账凭证的基本要求。
7. 简述记账凭证的审核包括哪些主要内容。

【电子化应用】

1. Excel 在凭证汇总中的应用。对于记账凭证汇总表，在汇总的过程中，可以采用计算机中 Excel 系统进行加计汇总，这不仅可以提高汇总速度，更能保证汇总数字的准确性。

2. 实行会计电算化的单位，会计凭证是由操作员录入到计算机系统中，系统根据会计规则自动判断输入凭证是否有误，并对有错误的凭证给予提示并不能录入系统，减少了手工录入可能出现的错误。对确实需要修改的已录入原始凭证，系统会在留有痕迹的前提下，提供修改功能。

第九章　会计账簿

【操作任务】

了解：会计账簿的作用和种类，会计账簿的基本内容。

熟悉：账簿的启用规则，对账结账的基本程序。

掌握：各种账簿的设置与登记方法，错账更正（包括划线更正法、红字更正法、补充登记法）的适用范围以及如何更正。

运用：用划线更正法、红字更正法、补充登记法来进行错账更正。

【操作知识】

第一节　会计账簿的意义与种类

一、会计账簿的概念

会计账簿是由一定格式账页组成的，以会计凭证为依据，全面、连续、系统地记录各项经济业务的簿籍。如第八章所述，会计凭证可以反映和监督每项经济业务的发生和完成情况，但会计凭证数量很多，又很分散，所提供的核算资料是零散的，不能全面反映全部经济活动情况，不便于会计信息的整理与报告。因此就有必要通过设置和登记账簿来解决这一问题。登记账簿是会计核算的方法之一，是连接会计凭证和财务报表的中间环节，是整个会计工作的中心。

会计账簿与账户的关系是形式和内容的关系。账户存在于账簿之中，账簿是账户的存在形式和载体；账簿中记录的经济业务，是在账户中完成的。因此，账簿是外在形式，账户是内容。

二、设置会计账簿的意义

设置和登记账簿，是编制财务报表的基础，是联结会计凭证与财务报表的纽带。其意义为以下四个方面：

（1）设置和登记账簿可以记载、储存会计信息。将会计凭证所纪录的经济业务全部记入有关账簿，可以全面系统地反映会计主体在一定时期内所发生的资产、负债和所有者权益的增减变动情况和结果，正确地计算和反映成本费用、经营成果的形成及分配情况，储存需要的各项会计信息，以满足经营管理的需要。

（2）设置和登记账簿可以分类、汇总会计信息。账簿中不同的相互关联的账户，一方面可以分门别类地反映各种会计信息，提供一定时期内经济活动的详细情况；另一方面可以通过发生额、余额的计算，提供各方面所需要的总括会计信息，反映财务状况及经营成果的综合价值指标。

(3) 设置和登记账簿可以检查、校正会计信息。如在永续盘存制下，通过有关账户余额与实际盘点或核查结果的核对，可以确认财产的盘盈或盘亏，并根据实际结存数额调整账簿记录，做到账实相符，提供真实、可靠的会计信息，控制企业的财产和资金情况，确保物资安全和资金的合理使用。

(4) 设置和登记账簿，可以编报、输出会计信息。为了反映一定日期的财务状况和一定时期的经营成果，应定期结账，计算出本期发生额和余额，进行有关账簿之间的核对，据以编制财务报表，向有关各方提供所需要的会计信息。

三、会计账簿的种类

会计账簿的种类很多，通常分为按外表形式分类、按用途分类和按账页格式分类三种。常见分类情况如图 9-1 所示。

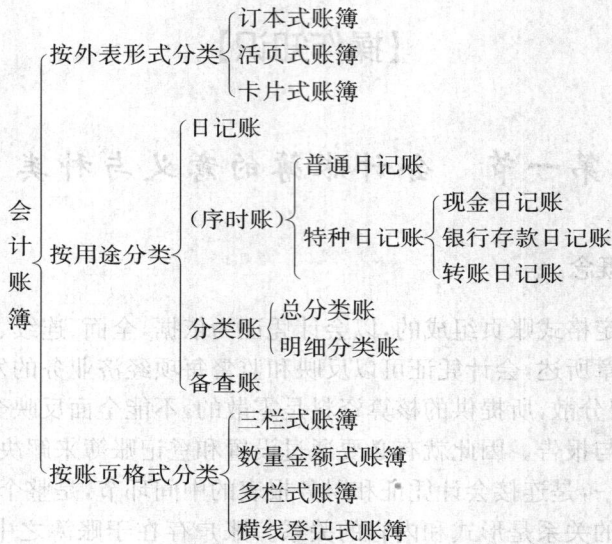

- 会计账簿
  - 按外表形式分类
    - 订本式账簿
    - 活页式账簿
    - 卡片式账簿
  - 按用途分类
    - 日记账（序时账）
      - 普通日记账
      - 特种日记账
        - 现金日记账
        - 银行存款日记账
        - 转账日记账
    - 分类账
      - 总分类账
      - 明细分类账
    - 备查账
  - 按账页格式分类
    - 三栏式账簿
    - 数量金额式账簿
    - 多栏式账簿
    - 横线登记式账簿

图 9-1 账簿分类

(一) 会计账簿按外表形式分类

会计账簿按外表形式的不同可分为订本式、活页式和卡片式三种。

1. *订本式账簿*

订本式账簿是指在启用前就将若干账页顺序编号并固定装订成册的账簿。使用订本式账簿可以避免账页散失和被抽换，从而保证账簿记录的安全性。但由于账页是固定的，不能根据记账需要随时进行增减，所以，必须为每一账户预留若干空白账页，如预留账页不够用则会影响账户的连续记录，预留账页过多又会造成浪费。在同一时间内只能由一个人登记账户，也不便于分工记账。总分类账、现金日记账、银行存款日记账必须采用订本账。

2. *活页账簿*

活页账簿是将分散的账页装存在账夹内而不固定，可以随时取放账页的账簿。采用活页式账簿，可根据需要增减账页，可以同时由数人分工记账。但容易造成账页的失散和抽换，因此，在使用活页账时，必须将空白账页连续编写分号，会计期末，要求按实际使用的账页连续编写总号，加写目录后装订成册，以克服其弊端。在会计实务中，活页式账簿主要用于各种明细分类账。

3. 卡片账簿

卡片账簿是由许多具有一定格式的卡片组成，放在卡片箱中，可以根据需要随时增添的账簿。每一卡片用正面和背面两种不同的格式，来记录同一项财产物资的使用等情况。其优缺点与活页账相同，但可以跨年度使用，不需要每年更换。卡片账一般用于记录内容比较复杂的财产明细账，如固定资产卡片账、低值易耗品卡片账等。

（二）会计账簿按其用途分类

账簿按其用途分为日记账簿、分类账簿和备查账簿三类。

1. 日记账簿

日记账簿又称序时账，是按照经济业务发生或完成的先后顺序逐笔逐日连续登记的账簿。按其记录内容的不同又分为普通日记账和特种日记账两种。用来记录全部经济业务的日记账称为普通日记账；用来记录某一类型经济业务的日记账称为特种日记账，如记录现金收付业务及其结存情况的现金日记账，记录银行存款收付业务及其结存情况的银行存款日记账，以及记录转账业务的转账日记账。目前，我国企业等单位一般只设置现金日记账和银行存款日记账，而不设置转账日记账和普通日记账。

2. 分类账

分类账簿是对各项经济业务按照所涉及的账户进行分类登记的账簿。分类账簿按其提供的核算资料的详细程度不同，又可分为总分类账簿和明细分类账簿两种。

（1）总分类账簿

总分类账簿（简称总账），是根据总分类科目开设账户，用来分类登记全部经济业务，提供总括核算资料的分类账簿。总账对明细账起统驭作用。

（2）明细分类账簿

明细分类账簿（简称明细账），是根据总账科目所属的二级或明细科目设置的账户，用来分类登记某一类经济业务，提供明细核算资料的分类账簿。明细账是总账的具体化，并受总账的控制。

在账簿组织中，分类账簿占有特别重要的地位。因为只有通过分类账簿，才能把数据按账户形成不同信息，满足编制财务报表的需要。

3. 备查账

备查账（又称辅助账簿），是对序时账簿和分类账簿等主要账簿未能记载的或记载不全的经济业务进行补充登记的账簿。该种账簿可以对某些经济业务的内容提供必要的参考资料，但与其他账簿之间不存在依存和勾稽关系。如：委托加工材料登记簿、租入固定资产登记簿等。

各单位根据需要确定是否设置备查账簿，格式也由各单位自行设计。

（三）会计账簿按账页格式分类

会计账簿按账页格式分为三栏式账簿、多栏式账簿、数量金额式账簿和横线登记式账簿。

1. 三栏式账簿

三栏式账簿是由设置“借方”“贷方”和“余额”三个金额栏目的账页组成的账簿。各种日记账、总分类账以及资本、债权、债务明细账都可采用三栏式账簿。三栏式账簿又分为设对方科目和不设对方科目两种。有“对方科目”栏的，称为设对方科目的三栏式账簿；不设“对方科目”栏的，称为不设对方科目的三栏式账簿，也称为一般三栏式账簿。三栏式账簿的账页格式是最基本的账页格式，其他账页格式都是据此增减栏目而来的。其格式如下所示。

三栏式账簿账页格式

会计科目：　　　　　　　　　　　　　　　　　　　　　　　　　　　第　　页

年		凭　证		摘　要	借　方	贷　方	借或贷	余　额
月	日	字	号					

2. 多栏式账簿

多栏式账簿，是在账簿的两个基本栏目借方和贷方，按需要分设若干专栏的账簿。如多栏式日记账、多栏式明细账。但是，专栏设置在借方，还是设在贷方，或是两方同时设专栏，设多少专栏，则根据需要确定。收入、费用明细账一般均采用这种格式的账簿。其格式如下所示。

明细分类账(多栏式)

二级或明细科目：　　　　　　　　　　　　　　　　　　　　　　　　第　　页

年		凭证		摘　要	借　方(项目)						贷　方	余　额
月	日	字	号							合计		

明细分类账(多栏式)

二级或明细科目：　　　　　　　　　　　　　　　　　　　　　　　　第　　页

年		凭　证		摘　要	借　方				贷　方				借或贷	余额
月	日	字	号											

3. 数量金额式账簿

数量金额式账簿的借方、贷方和余额三个栏目内，都分设数量、单价和金额三小栏，借以反映财产物资的实物数量和价值量。如原材料、库存商品、产成品等存货明细账一般都采用数量金额式账簿。其格式如下所示。

明细分类账(数量金额式)

类别：

品名或规格：　　　　　　　　　　　　　　　　　　　　　　　　第　　页

年		凭证		摘要	借方			贷方			余额		
月	日	字	号		数量	单价	金额	数量	单价	金额	数量	单价	金额

4. 横线登记式账簿

横线登记式账簿是在账页的同一横行内登记同一项经济业务的来龙与去脉的账簿。一般适用于要求按每笔金额结算的应收、应付款项等的明细核算。其格式如下所示。

明细分类账(横线登记式)

二级或明细科目：　　　　　　　　　　　　　　　　　　　　　　第　　页

借方							贷方							结清
年		凭证		户名	摘要	金额	年		凭证		摘要	报销金额	收回金额	
月	日	字	号				月	日	字	号				

第二节　账簿的设置与登记

会计账簿的设置包括确定账簿的种类，设计账簿的格式、内容和登记方法等事项。账簿必须根据各单位业务工作的特点设置；必须保证能够全面系统地核算和监督经济活动情况，有科学严密的结构和简明实用的应用格式。登记方法应根据不同账簿有所区别。

一、日记账的设置与登记

一切经济单位都应设置现金日记账和银行存款日记账，用于序时核算现金和银行存款的收入、付出和结存情况，借以加强对货币资金的管理。有外币业务的单位，还应分别设置人民币和各种外币日记账。

1. 现金日记账的设置与登记

现金日记账是由出纳人员根据现金收款凭证和现金付款凭证以及银行存款付款凭证，按照经济业务发生的先后顺序，逐日逐笔登记的账簿。该账簿采用订本式账簿，格式有三栏式和多栏式等。三栏式格式如下所示。

现金日记账(三栏式)

第1页

20××年		凭证		摘要	对方科目	收入(借方)	支出(贷方)	结余
月	日	字	号					
1	1			上年结转				1 500
	1	银付	1	提现	银行存款	1 000		
	1	现付	1	预支差旅费	其他应收款		800	1 700
	2	现付	2	购办公用品	管理费用		90	
	2	现收	1	收回差旅费余款	其他应收款	60		1 670

(1) 三栏式现金日记账的登记方法

① 日期栏：在日期栏中应该登记记账凭证的日期，即要与现金实际收付日期一致，因为对于现金收付的业务应该在现金收入或者付出之后马上编制记账凭证，并且在当天就记入现金日记账。

② 凭证栏：指登记入账的收款凭证或者付款凭证的种类和编号。比如现金的收入或者付出凭证，可以在"字"栏简写为"现收""现付"，银行存款收、付凭证可以简写为"银收""银付"，或者将现金和银行存款的收入和付出统编为"收""付"，在"号"数栏登记凭证的编号数，以便查账和核对。

③ 摘要栏：简要说明登记入账的经济业务的内容。文字要简练，但要能够说明内容。

④ 对方科目栏：指现金收入的来源科目或者支出的用途科目。比如从银行提取现金，其对方科目(对来源科目而言)应该是"银行存款"。其作用在于了解经济业务的来龙去脉。

⑤ 收入、支出栏：指现金实际收付的金额。每日终了，应分别计算现金收入和付出的合计数，结出余额，同时将余额与库存现金核对。如账款不符应查明原因，并记录备案。月终同样要计算现金收、付合计和结存数，并与总账核对。

(2) 多栏式现金日记账的登记方法

为了反映每一笔收支业务的来龙去脉，以便分析和汇总对应科目的发生额，也可以采用多栏式日记账。这种账簿是把收入栏和支出栏分别按对方科目设专栏进行登记，把经济业务产生的原因或结果全部反映出来。多栏式日记账的账页格式如下所示。

现金日记账(多栏式)

第1页

20××年		凭证		摘　要	收入(借方)				支出(贷方)				结余
					应贷科目				应借科目				
月	日	字	号		银行存款	其他应收款	……	合计	其他应收款	管理费用	……	合计	
1	1			上年结转									1 500
	1	银付	1	提现	1 000								
	1	现付	1	预支差旅费					800				1 700
	2	现付	2	购办公用品						90			
	2	现收	1	收旅费余款		60							1 670
				……………									
	31			本月合计	12 000	2 000	……	20 000	2 000	900	……	21 000	500

多栏式现金日记账,如果借、贷两方对应的科目太多就会使账页过长,不便保管和记账。因此,实际工作中,可以把现金收入业务和支出业务分设“现金收入日记账”和“现金支出日记账”两本账,其格式和登记方法如下所示。其中现金收入日记账按对应的贷方科目设置专栏,另设“支出合计”和“结余”栏;现金支出日记账则只按支出的对方科目设专栏,不设“收入合计”栏和“结余”栏。

现金收入日记账

第1页

20××年		凭证		摘　要	贷　方　科　目				支出合计	结余
月	日	字	号		银行存款	其他应收款	……	收入合计		
1	1			上年结转						1 500
	1	银付	1	提现	1 000					
	1			转记					800	1 700
	2	现收	1	收差旅费余款		60				
	2			转记					90	1 670

现金支出日记账

第1页

20××年		凭证		摘要	借方科目					
月	日	字	号		其他应收款	管理费用	销售费用	制造费用	……	支出合计
1	1	现付	1	预支差旅费	800					800
	2	现付	2	购办公用品		90				90

这种借贷方分设的多栏式日记账的登记方法是：先根据有关现金收入业务的记账凭证登记现金收入日记账，根据有关现金支出业务的记账凭证登记现金支出日记账，每日业务终了，根据现金支出日记账结计的支出合计数，一笔转入现金收入日记账的“支出合计”栏中，并结出当日余额。

2. 银行存款日记账的设置与登记

银行存款日记账应按企业在银行开立的账户和币种分别设置，每个银行账户设置一本日记账。银行存款日记账是由出纳人员根据银行存款收、付款凭证和现金付款凭证，按经济业务发生的时间先后顺序，逐日逐笔进行登记的账簿。银行存款日记账的格式可以采用三栏式，也可以采用多栏式，但不管三栏式还是多栏式，都应在适当位置增加一栏“结算凭证”，以便记账时标明每笔业务的结算凭证及编号，便于与银行核对账目。常见三栏式格式如下所示。

银行存款日记账

明细科目或户名：工行存款

第1页

20××年		凭证		摘要	对方科目	结算凭证		收入（借方）	支出（贷方）	余额
月	日	字	号			种类	号数			
1	1			上年结转						25 000
	1	银付	1	提现金	库存现金	现支	0215		1 000	
	1	银付	2	向A厂购甲材料	原材料	转支	0369		5 850	18 150
	2	银收	1	收B厂货款	应收账款	信汇	1 267	50 000		68 150

下面介绍三栏式银行存款日记账的登记方法：

(1) 凭证栏的“字”：是指登记入账的收付款凭证的种类。如银行存款收款凭证，简称“银收”，银行存款付款凭证，简称“银付”；现金付款凭证，简称“现付”。

(2) 结算凭证：“种类”登记银行存款收付所采用的结算凭证的种类。例如，所记录的经济业务是以转账支票付款结算的，可在此栏中简写“转支”，以现金支票结算的可简写为“现支”；“号数”登记银行存款收付所采用的结算凭证号码，以便与开户银行转来的对账单对账。

其他各栏的登记方法与现金日记账的登记方法相似。每日逐笔登记完毕，应结出银行存款余额，月底与银行对账单进行核对，以检查各项收支是否记载正确，同时，还要与银行存款总账余额核对相符。

多栏式银行存款日记账的格式和登记方法与多栏式现金日记账相似。

二、分类账的设置与登记

(一) 总分类账的设置和登记

总分类账是按照总分类账户分类登记全部经济业务的账簿。在总分类账中，应按照会计科目的编码顺序分别开设账户，由于总分类账一般采用订本式账簿，所以事先应为每个账户预留若干张账页。由于总分类账能够全面总括地反映经济活动情况，并为编制财务报表提供资料，因而任何单位都必须设置总分类账簿。

总分类账簿的格式一般采用三栏式账页，其登记方法取决于企业采用的账务处理程序，既可以根据记账凭证逐笔登记，也可以根据经过汇总的科目汇总表或汇总记账凭证等登记。其格式与登记方法如下所示。

总分类账(逐笔登记)

会计科目：原材料　　　　第×页

20××年		凭　证		摘　要	借　方	贷　方	借或贷	余　额
月	日	字	号					
1	1			上年结转			借	30 000
	1	转	1	购入材料入库	20 000		借	50 000
	2	转	2	生产领用		30 000	借	20 000

总分类账(汇总登记)

会计科目：原材料　　　　第×页

20××年		凭　证		摘　要	借　方	贷　方	借或贷	余　额
月	日	字	号					
1	1			上年结转			借	30 000
	5	汇	1	1～5 日发生额	60 000	30 000	借	60 000
	10	汇	2	6～10 日发生额	50 000	70 000	借	40 000

(二) 明细分类账的设置和登记

明细分类账是根据实际需要，分别按照二级科目或明细科目开设账户，用来分类、连续地记录有关资产、负债和所有者权益及收入、费用和利润(或亏损)的详细资料的账簿。明细分类账所提供的有关经济活动的详细资料，是总分类账的明细记录，对总分类账起补充说明的作用，它所提供的资料也是编制财务报表的重要依据。因此，各个经济单位在设置总分类账的基础上，还应按照总分类科目设置所属的若干明细分类账。这样既能根据总分类账了解某一科目的总括情况，又能根据明细分类账进一步了解该科目的详细情况。根据经营管理的需要，各个单位，除现金、银行存款等账户外，应为各种材料物资、应收应付款、费用、成本、收入、利润等总分类账户设置明细分类账，进行明细分类核算（现金、银行存款账户由于已设置了日记账，不必再设明细账，其日记账实质上也是一种明细账）。

不同类型经济业务的明细分类账，可根据管理需要，依据记账凭证、原始凭证或汇总原始凭证逐日逐笔或定期汇总登记。固定资产、债权、债务等明细账应逐日逐笔登记；库存商品、原材料、产成品收发明细账以及收入、费用明细账可以逐笔登记，也可定期汇总登记。

各种明细分类账一般采用活页式账簿。根据经济管理的要求和账户记录的内容不同，明细分类账分别采用三栏式、数量金额式、多栏式和横线登记式四种格式的账页。

1. 三栏式明细分类账的设置与登记

三栏式明细分类账的账页只设有“借方”“贷方”和“余额”三个金额栏，它适用于只需要反映金额，不反映实物量的明细分类账。主要是结算类账户和实收资本等账户，如：应收账款、应收票据、其他应收款、应付账款、应付票据、应付职工薪酬、实收资本等。

三栏式明细分类账由会计人员根据审核无误的记账凭证或原始凭证，按经济业务发生的时间先后顺序逐日逐笔进行登记。其格式及登记方法如下所示。

应付账款明细账

明细科目：大明公司　　　　第1页

20××年		凭证		摘要	借方	贷方	借或贷	余额
月	日	字	号					
1	1			上年结转			贷	5 000
	3	转	1	购料欠款		23 400	贷	28 400
	12	银付	9	还欠款	28 400		平	0

2. 数量金额式明细分类账的设置与登记

数量金额式明细分类账的账页格式，分别设有“收入”“发出”和“结存”栏，在收入、发出和结存栏的每一栏目中，又分别设有数量、单价和金额栏。该账页可以清楚反映企业财产物资进出及结存的数量、单价和金额情况。这种格式适用于既要进行金额核算，又需要进行实物量核算的各种财产物资账户，如原材料、库存商品、周转材料等存货类账户的明细分类核算。

数量金额式明细分类账是由会计人员根据审核无误的记账凭证或原始凭证，按经济业务发生的时间先后顺序逐日逐笔进行登记的。其格式及登记方法如下所示。

原材料明细分类账

类别:原料及主要材料　　　　　　　　　　　　　　　　　　储备定额:100 立方米

品名或规格:板材　　　　　　　　计量单位:立方米　　　　　　存放地点:材料 1 库

20××年		凭证		摘要	借方			贷方			余额		
月	日	字	号		数量	单价	金额	数量	单价	金额	数量	单价	金额
1	1			上年结转							5	1 000	5 000
	5	转	4	购入	8	1 000	8 000						
	5	转	5	生产领用				10	1 000	10 000	3	1 000	3 000

采用数量金额式明细分类账，提供了企业有关财产物资收、发、存的数量和金额详细资料，从而能加强财产物资的实物管理和使用监督，可以保证这些财产物资的安全完整。

3. 多栏式明细分类账的设置与登记

多栏式明细分类账，是根据经济业务的特点和经营管理的需要，在一张账页内按有关明细科目或明细项目分设若干专栏，用以在同一张账页集中反映各有关明细科目或明细项目的核算资料。按明细分类账登记的经济业务不同，多栏式明细分类账页又分为借方多栏、贷方多栏和借贷方均多栏三种格式。

(1) 借方多栏式明细分类账的设置和登记

借方多栏式明细分类账的账页格式，是只在借方设多栏，贷方设一栏或不设贷方栏，适用于借方需要设多个明细科目或明细项目的账户，如“生产成本”“制造费用”“管理费用”等科目的明细分类核算。其格式及登记方法如下所示。

制造费用明细分类账

明细科目:一车间　　　　　　　　　　　　　　　　　　　　　　　　　　第 2 页

20××年		凭证		摘要	借方						贷方	余额
月	日	字	号		工资及福利费	折旧费	办公费	水电费	修理费	……		
2	4			承前页								2 000
	5	转	6	分配工资	8 000							10 000
	6	转	7	提折旧		600						10 600
	7	转	8	分配电费				500				11 100
	10	现付	8	购办公用品			70					11 170
	15	转	16	领用修理材料					200			11 370
	29	转	40	转入生产成本							11 370	0

借方多栏式明细分类账，是由会计人员根据审核无误的记账凭证或原始凭证逐笔登记的。由于只在借方设多栏，平时在借方登记费用、成本或者营业外支出的发生额，贷方登记月末将借方发生额一次转出的数额，所以平时若发生贷方发生额，应该用红字在借方多栏中登记。如

果不设贷方栏，月末将借方发生额一次转出时用红字记在借方。

(2) 贷方多栏式明细分类账的设置和登记

贷方多栏式明细分类账的账页格式适用于贷方需要设多个明细科目或明细项目的账户，如“主营业务收入”和“营业外收入”等科目的明细分类核算。

贷方多栏式明细分类账，是由会计人员根据审核无误的记账凭证或原始凭证逐笔登记的。平时在贷方登记收入的发生额，借方登记月末将贷方发生额合计一次转出的数额，所以平时若发生借方发生额，应该用红字在贷方多栏中登记。如果不设借方栏，月末将贷方发生额一次转出时用红字记在贷方。其格式如下所示。

主营业务收入明细账

第 2 页

20××年		凭证		摘要	贷方					
月	日	字	号		百货组	文具组	五金组	家电组	……	合计
2	4			承前页	12 000	5 000	900	50 000	……	76 000
	5	现收	5	销售	8 000	6 000	5 000	70 000	……	165 000
				……						
	29	转	50	结转	300 000	20 000	40 000	300 000	100 000	760 000

(注：□表示红字)

(3) 借贷两方多栏式明细账的设置和登记

借方贷方多栏式明细分类账的账页格式适用于借方贷方均需要设多个明细科目或明细项目的账户，如“本年利润”“应交税费——应交增值税”科目的明细分类核算。格式如下所示。

应交税费明细账

二级或明细科目：应交增值税　　第 2 页

20××年		凭证		摘要	借方			贷方			借或贷	余额
月	日	字	号		进项税额	已交税金	……	销项税额	出口退税	……		
2	3			承前页							贷	5 100
	3	转	1	购甲材料	3 400						贷	1 700
	5	转	8	售 A 产品				6 800			贷	8 500

4. 横线登记式明细账的设置和登记

横线登记式明细账也称平行式明细账。其特点是将前后密切相关的经济业务，在同一横行内进行详细登记，其格式是账页分为借、贷两个大栏，两个大栏内分别设有日期、凭证号码、摘要和金额等栏次，每一笔业务的借方发生额和贷方发生额登记在同一横行内，以检查每笔业务的完成及变动情况。这种明细账实际上也是一种多栏式明细账，适用于登记材料采购业务、应收票据和一次性备用金业务。如"材料采购"账户，当办理结算付款时，记入"材料采购"账户的借方，材料验收入库后，从"材料采购"账户的同一行内贷记这笔金额，由此可以查明哪几笔材料尚未验收入库。其基本格式如下所示。

材料采购明细分类账

第1页

借方							贷方						结清
20××年		凭证		户名	摘要	金额	20××年		凭证		摘要	金额	
月	日	字	号				月	日	字	号			
1	3	付	4	A企业	付甲材料款	5 000	1	9	转	8	验收入库	5 000	✓
	5	付	7	B企业	付乙材料款	4 000							

三、辅助账的设置与登记

辅助账也称为备查账。它可以为某些经济业务的内容提供必要的补充资料。辅助账没有统一的格式，各单位可以根据实际工作的需要来设置。辅助账的记录不列入本单位的会计报告。如租入固定资产登记簿，其格式如下所示。

租入固定资产登记簿

第　页

固定资产名称及规格	租约合同号码	租出单位	租入日期	租金	使用部门		归还日期	备注
					日期	单位		

第三节　账簿的启用和记账规则

记账是会计核算工作的重要环节。为了保证会计核算的质量，完成会计任务，从账簿的启用开始到账簿的登记、改错和结转等，都必须严格遵守以下程序和规则。

一、账簿启用的规则

（1）为了保证账簿记录的合法性和账簿的完整性，明确记账责任，在账簿启用时，要在账簿封面上写明单位名称和账簿名称。在账簿扉页上列明科目索引,按"会计科目表"的科目排列顺序填写"账户目录"。扉页上应设置"账簿启用和经管人员一览表",表中详细载明:账簿名称、账簿编号、账簿页数、单位名称、账簿册数、启用日期、加盖单位公章以及会计主管和记账人员印章(活页账、卡片账在装订成册后,填列账簿启用和经管人员一览表)。

(2) 记账人员更换时,应办理交接手续,注明交接日期、交接人员及监交人员姓名,并签名或者盖章。

(3) 启用订本式账页,其账页应顺序编号,不得跳页、缺号。使用活页式账页,其账页应在装订后再按实际使用的顺序编写页码,另加目录,记明每个账户的名称和页次。"账簿启用和经管人员一览表"的格式如下所示。

账簿启用和经管人员一览表

账簿名称＿＿＿＿　　　　　　单位名称＿＿＿＿

账簿编号＿＿＿＿　　　　　　账簿册数＿＿＿＿

账簿页数＿＿＿＿　　　　　　启用日期＿＿＿＿

会计主管(签章)　　　　　　记账人员(签章)

移交日期			移交人		接管日期			接管人		会计主管	
年	月	日	姓 名	盖 章	年	月	日	姓 名	盖 章	姓 名	盖 章

二、账簿登记的规则

(1) 根据审核无误的会计凭证登记会计账簿。登记时,应将会计凭证日期(年栏,可填写两位数字;月栏,只在每页第一行、办理月结和变更月份时填写;日栏,在每页第一行、变更日期和办理月结时填写,日期与上行相同时可以不予填写)、编号、业务内容摘要(摘要不一定一律照抄记账凭证的写法,要根据不同的账簿、不同的记账依据,填写简明清楚的业务摘要)、金额和其他有关资料逐项登记入账,书写的文字和数字上面要留有适当空格,一般应占格距的二分之一。发生错误时应按规定的方法进行更正,不得刮、擦、挖、补,随意涂改或用褪色药水更改字迹,务求数字准确、摘要清楚、登记及时、字迹工整。

(2) 登记账簿要用蓝黑墨水或者碳素墨水书写,不得使用圆珠笔或者铅笔书写。红色金额数字在会计工作中表示负数,是蓝色的抵减数字。所以,要慎用红字。用红色墨水记账的只限于下列情况:

① 结账划线、改错和冲账;

② 在不设借贷等栏的多栏式账页中,登记减少数;

③ 在三栏式账户的余额栏前,如未印明余额方向的,在余额栏内登记负数余额;

④ 统一会计制度规定的其他内容。

(3) 各种账簿按页次顺序连续登记，不得跳行或隔页登记。如果发生跳行、隔页，应将空行、空页划线注销；或者注明“此行空白”“此页空白”字样，并由记账人员在更正处盖章。对各种账簿的账页不得任意抽掉或撕毁，以防舞弊。

(4) “对方科目”栏填写该笔会计分录中所登记科目的反向科目名称。如借记“原材料”和“应交税费”，贷记“银行存款”。“原材料”和“应交税费”的对方科目都是“银行存款”，“银行存款”的对方科目是“原材料”和“应交税费”两个科目。

(5) 账簿登记完毕后，应在凭证的“过账”栏内注明账簿的页数或作出“√”符号，表示已经登记入账，并在记账凭证上签名或盖章。

(6) 各账户结出余额后，应在“借或贷”栏内写明“借”或“贷”。没有余额的账户在“借或贷”栏内写“平”字，在“余额”栏内元位写“0”。

(7) 每一账页登记完毕，应在账页的最末一行加计本页发生额及余额，并在摘要栏内注明“过次页”，同时在新账页的首行记入上页加计的发生额和余额，并在摘要栏内注明“承前页”。如果不需要结计累计额的，可以只将每页末的余额结转至次页。

对需要结计本月发生额的账户，结计“过次页”的本页合计数应当为本月初起至本页止的发生额合计数；对需要结计本年累计发生额的账户，结计“过次页”的本页合计数应当为自年初起至本页止的累计数。

(8) 会计账簿的各项记录应定期与有关账簿、凭证和实物相核对并定期进行结账。具体要求在本章第四节中另行说明。

第四节 对账与结账

一、对账

对账就是对账簿记录的有关数据加以检查和核对。在会计核算工作中，有时难免会发生各种差错和账实不符的情况，产生原因主要有两个：一是自然原因，如因财产物资的本身性质和自然条件变化所引起的溢余或短缺等；二是人为原因，如有关人员业务不熟、工作失职，甚至营私舞弊等。为了保证账簿记录的真实、正确和完整，为编制财务报表提供真实可靠的数据资料，在记账之后、结账之前，必须做好对账工作，以保证账证相符、账账相符和账实相符。

1. 账证核对

账证核对相符是保证账账相符、账实相符的基础。账簿是根据经过审核之后的会计凭证登记的，但实际工作中仍然可能发生账证不符的情况。因此，记完账后，要将账簿记录与会计凭证进行核对，做到账证相符。

会计期末，如果发现账证不符，还有必要重新进行账证核对，但这时的账证核对是通过试算平衡发现记账错误之后再按一定的线索进行。

2. 账账核对

账账核对是指对各种账簿之间的有关记录进行核对。账账核对在账证核对的基础上，主要检查在记账过程中和在账户进行计算的过程中是否发生了错误。一旦发现错误，就应立即更正，做到账账相符。账账核对至少在每个月的月末进行一次。

账簿之间的核对包括以下内容：

(1) 总账与总账的核对。按照“资产＝负债十所有者权益”这一会计等式和“有借必有贷、借贷必相等”的记账规律，总分类账各账户的期初余额、本期发生额和期末余额之间存在对应的平衡关系，各账户的期末借方余额合计和贷方余额合计也存在平衡关系。通过这种等式和平衡关系，可以检查总账记录是否正确、完整。这项核对工作通常采用编制“总分类账户本期发生额和余额对照表”(简称“试算平衡表”)来完成。需要说明的是，在填制记账凭证和登记账簿的过程中，可能会发生一些并不影响平衡的错误，所以，全部总账账户的期初余额、本期发生额和期末余额的借、贷方合计数相等，并不能完全证明会计记录没有错误。因此，还必须进行其他方面的核对。“试算平衡表”的格式如下所示。

试算平衡表

年　月　日　　　　　　　　金额单位：

会计科目	期初余额		本期发生额		期末余额	
	借方	贷方	借方	贷方	借方	贷方
合　计						

(2) 总账与所属明细分类账核对。总分类账各账户的期末余额应与其所属的各明细分类账户的期末余额之和核对相符。

(3) 总账与序时账核对。总账与序时账的核对是指现金总账和银行存款总账的期初余额、本期发生额和期末余额，应与现金日记账和银行存款日记账相应项目的数据核对相符。

(4) 明细账之间的核对。明细账之间的核对是指会计部门有关实物资产的明细账与财产物资保管部门或使用部门的明细账定期核对，以检查其余额是否相符。核对的方法一般是由财产物资保管部门或使用部门定期编制收发结存汇总表报会计部门核对。

3. 账实核对

账实核对是指各项财产物资、货币资产和债权债务等账面余额与实有数额之间的核对。账实是否相符一般要通过财产清查来进行核对。账实核对的内容主要有：

(1) 现金日记账账面余额与库存现金数额是否相符；

(2) 银行存款日记账账面余额与银行对账单的余额是否相符；

(3) 各项财产物资明细账账面余额与财产物资的实有数额是否相符；

(4) 有关债权债务明细账账面余额与对方的账面记录是否相符等。

二、结账

结账就是在一定时期内，把全部登记入账的账务计算和登记本期发生额和期末余额，据以编制财务报表。企业把一定时期内发生的经济业务全部登记入账以后，必须定期结账，以总结某一时期内的经济活动情况和经营成果。结账的内容通常包括两个方面：一是结清各种损益类账户，并计算确定本期利润；二是结清各资产、负债和所有者权益账户，分别结出本期发生额合计和余额。具体的程序和方法如下：

1. 结账的程序

（1）将本期发生的经济业务全部登记入账，并保证其正确性。

（2）根据权责发生制的要求，调整有关账项，合理确定本期应计的收入和应计的费用。具体包括两类：

① 应计收入和应计费用的调整

应计收入是指那些已在本期实现、因款项未收而未登记入账的收入。企业发生的应计收入，主要是本期已经发生且符合收入确认标准，但尚未收到相应款项的商品或劳务。对于这类调整事项，应确认为本期收入，借记“应收账款”等科目，贷记“主营业务收入”等科目；待以后收妥款项时，借记“库存现金”“银行存款”等科目，贷记“应收账款”科目。

应计费用是指那些已在本期发生、因款项未付而未登记入账的费用。企业发生的应计费用，本期已经受益，如租用房屋但尚未支付的租金，应付未付的借款利息等。由于这些费用已经发生，应当在本期确认为费用，借记“管理费用”“财务费用”等科目，贷记“其他应付款”“应付利息”等科目；待以后支付款项时，借记“其他应付款”“应付利息”等科目，贷记“库存现金”“银行存款”等科目。

② 收入分摊和成本分摊的调整

收入分摊是指企业已经收取有关款项，但未完成或未全部完成销售商品或提供劳务，需在期末按本期已完成的比例，分摊确认本期已实现收入的金额，并调整以前预收款项时形成的负债。如企业销售商品预收定金、提供劳务预收佣金。在收到预收收入时，借记“银行存款”等科目，贷记“预收账款”等科目；在以后提供商品或劳务、确认本期收入时，进行期末账项调整，借记“预收账款”等科目，贷记“主营业务收入”等科目。

成本分摊是指企业的支出已经发生、能使若干个会计期间受益，为正确计算各个会计期间的盈亏，将这些支出在其受益的会计期间进行分配。如企业已经支出，但应由本期和以后各期负担的预付账款、购建固定资产和无形资产的支出等。企业在发生这类支出时，借记“预付账款”“固定资产”“无形资产”等科目，贷记“银行存款”等科目，在会计期末进行账项调整，应借记“销售费用”“管理费用”“制造费用”等科目，贷记“预付账款”“累计折旧”“累计摊销”等科目。

（3）将损益类科目转入“本年利润”科目，结平所有损益类科目。

（4）结算出资产、负债和所有者权益科目的本期发生额和余额，并按规定在账簿上作出结账的手续。

2. 结账的方法

（1）对于本月没有发生额的账户，不必进行月结（不划结账红线）；

（2）对不需按月结计本期发生额的账户，如各项应收、应付款明细账等，每次记账以后，都要随时结出余额，每月最后一笔余额即为月末余额。即月末余额就是本月最后一笔经济业务记录的同一行内余额。月末结账时，只需要在最后一笔经济业务记录之下通栏划单红线，不需要再结计一次余额。

应付账款明细账

明细科目:大明公司　　　　　　　　　　　　　　　　　　　　　　　　　　第1页

20××年		凭证		摘要	借方	贷方	借或贷	余额
月	日	字	号					
1	1			上年结转			贷	5 000
	3	转	1	购甲料欠款		23 400	贷	28 400
	12	银付	9	还欠款	28 400		平	0
	29	转	56	购乙料欠款		11 700	贷	11 700
12	28	银付	78	还欠款	5 100		贷	6 800
	31			结转下年				6 800

注:"--------"表示红线　"═══"表示双红线

(3) 现金、银行存款日记账和需要按月结计发生额的收入、费用等明细账,每月结账时,要在最后一笔经济业务记录下面,结出本月发生额和余额,在摘要栏内注明"本月合计"或"本月发生额及余额"字样,在下面通栏划单红线。

现金日记账

第1页

20××年		凭证		摘要	对方科目	收入	支出	结余
月	日	字	号					
1	1			上年结转				1 500
	1	银付	1	提现	银行存款	1 000		
	1	现付	1	预支差旅费	其他应收款		800	1 700
	2	现付	2	购办公用品	管理费用		90	
	2	现收	1	收回旅费余款	其他应收款	60		1 670
				……	……	……		……
	31	现收	88	收货款	应收账款	1 000		1 650
	31			本月合计		386 500	386 350	1 650

(4) 季度结账时,需结计季度发生额的账户,应结出本季度发生额合计数,记入月结下一行内的借方和贷方栏内,在摘要栏内注明"本季累计"字样,并在该行下划通栏单红线。

主营业务收入明细账

品名:甲产品　　　　第 1 页

20××年		凭证		摘　要	借　方	贷　方	借或贷	余　额
月	日	字	号					
1	6	收	4	销售		2 000	贷	2 000
				……	……	……		……
	31			本月合计	70 000	70 000	平	0
				……	……	……		……
2	29			本月合计	80 000	80 000	平	0
	29			本季累计	150 000	150 000	平	0
12	31			本月合计	92 000	92 000	平	0
	31			本季累计	180 000	180 000	平	0
	31			本年累计	980 000	980 000	平	0

(5) 需要结计本年累计发生额的账户,每月结账时,应在“本月合计”或“本季累计”行下结出自年初起至本月末止的累计发生额,登记在月份发生额或季度发生额下面,在摘要栏内注明“本年累计”字样,并在下面通栏划单红线。12 月末的“本年累计”就是全年累计发生额,全年累计发生额下通栏划双红线。

(6) 总账账户平时只需结出月末余额。年终结账时,为了总括地反映全年各项资金运动情况的全貌,核对账目,要将所有总账账户结出全年发生额和年末余额,在摘要栏内注明“本年合计”字样,并在合计数下通栏划双红线“封账”。

(7) 年度终了结账时,有余额的账户,要将其余额结转下年,并在摘要栏注明“结转下年”字样;在下一会计年度新建相关账户的第一行余额栏内填写上年结转的余额,并在摘要栏注明“上年结转”字样。即将有余额的账户的余额直接记入新账余额栏内,不需要编制记账凭证。

各项账簿除个别变动不多的,如“固定资产明细账”等外,一般都应按规定更换新账簿。

第五节　错账查找与更正的方法

一、错账查找的方法

在记账过程中,由于各种原因,可能产生错账,如重记、漏记、数字颠倒、数字错位、数字记错、科目记错、借贷方向记反等,从而影响会计信息的准确性。为了迅速、准确地更正错账,应采用比较科学的方法,及时找出差错。

一般情况下,如果发生了错账,应采取以下措施查找:第一,先计算出差错的数额;第二,综合各种情况，确定可能出现差错的点位或范围；第三，确定查找线索，采用适当的方法予以查找。错账查找的方法主要有：

1. 差数法查找

差数法查找就是根据不相等的差异数，综合相关情况，找出差数所在的范围，直接在有关账簿中查找与这个差异数相同的数字。该方法主要适用于因漏记、重记等原因形成的差错。例如，在记账过程中只登记了会计分录的借方或贷方，漏记了另一方，从而形成试算平衡中借方合计与贷方合计不等，其表现形式是：借方金额遗漏，会使该金额在贷方超出；贷方金额遗漏，会使该金额在借方超出。如提现金 1 000 元，只记现金增加 1 000 元，漏记银行存款减少 1 000 元，使借贷方差出 1 000 元。对于这样的差错，可由会计人员通过回忆和与相关金额的记账核对来查找。

2. 尾数复查法

尾数复查法是用于查找属于角、分的差错。检查时可以只查找小数部分，以缩小查找范围，提高查错的效率。如相差 1 000.58 元，可以只查找 0.58 元。

3. 除 2 查找法

除 2 查找法是指以差数除以 2 得出商数，按商数来查找错账的方法。该方法主要适用于将记账方向记反了的错误。当某个借方金额错记入贷方(或相反)时，出现错账的差数表现为错误的 2 倍，将此差数用 2 去除，得出的商即是反向的金额。例如，应记入“原材料——甲材料”明细账目借方的 4 000 元误记入贷方，即该明细科目的期末余额小于其总分类科目期末余额 8 000 元，被 2 除的商 4 000 元即为借贷方向反向的金额。同理，如果借方总额大于贷方 600 元，即应查找有无 300 元的贷方金额误记入借方。如非此类错误，则应另寻差错的原因。

4. 除 9 查找法

除 9 查找法是指以差数除以 9，若该差数能被 9 整除，则根据商数来查找错账的方法。该方法主要适用于把数字的位置写错，或相邻两个数字顺序颠倒的错误。

一是将数字写小。如将 400 写为 40，差数是 360。查找的方法是：以差数除以 9 后得出的商即为写错的数字，商乘以 10 即为正确的数字。上例差数 360 除以 9，商 40 即为错数，扩大 10 倍后即可得出正确的数字 400。

二是将数字写大。如将 70 写为 700，查找的方法是：以差数 630 除以 9 后得出的商为正确的数字，商乘以 10 后所得的积为错误数字。上例差数 630 除以 9 后，所得的商 70 为正确数字，70 乘以 10(即 700)为错误数字。

三是邻数颠倒。如将 87 写为 78，将 36 写为 63 等。颠倒的两个数字之差除以 9，最小为 1，最大为 8(即 9－1)。查找的方法是：将差数除以 9，得出的商连续加 11，直到找出颠倒的数字为止。如 78 与 87 的差数为 9，除 9 得 1，连加 11 为 12、23、34、45、56、67、78、89，当发现账簿记录中出现上述数字(本例为 78)时，就有可能正是颠倒的数字。

二、错账更正方法

在记账过程中，如果账簿记录发生错误，不得任意用刮擦、挖补、涂改或用褪色药水等方法去更改字迹，必须根据错误的具体情况，采用相应正确的方法予以更正。更正错账的方法一般有划线更正法、红字更正法和补充登记法三种。

1. 划线更正法

划线更正法适用于结账前发现账簿上所登记的文字或数字有误而记账凭证并没有错误的情况，即纯属笔误造成登账时文字或数字出现的错误。

具体做法是：在错误的数字和文字上划一红线，表示注销，然后在划线上方空白处用蓝色墨水钢笔或者碳素墨水钢笔填写正确的数字或文字，并在更正处盖章，以明确责任。

更正时注意：如果是文字错误，可只划销错误部分；如果是数字错误，不得只划销个别数字，错误的数字必须全部划销，并保持原有数字清晰可辨，以便审查。如，将 3 630.00 元误记为 6 330.00 元，又没有结账，凭证也没有错误，应先在 6 330.00 上划一条红线以示注销，然后在其上方空白处填写 3 630.00，而不能只将前两位数字更正为“36”。

即：3 630.00

~~6 330.00~~（红色，并加盖印章）

2. 红字更正法

红字更正法也称为红字冲账法。红字记录表示对原记录的冲减。

记账以后，如果发现因记账凭证发生错误，导致记账错误时，可采用红字更正法进行更正。红字更正法有两种做法：

（1）全部冲销

如果记账以后发现记账凭证中应借应贷的科目或方向有错误时，可采用全部冲销法进行更正。

更正方法是：先用红字（只限金额用红字，其他项目用蓝字）填写一张与原来科目借贷方向和金额完全相同的记账凭证，在摘要中注明“注销某月某日某号凭证”，并根据这张凭证用红字（金额）登记入账，以冲销原来的记录；然后再用蓝字重新填写一份正确的记账凭证，在摘要中注明“订正某月某日某号凭证”，并登记入账。冲销和订正的记账凭证后面可不附原始凭证。

【例 9-1】 生产车间生产产品直接耗用材料一批，价值 4 000 元。会计分录误编为：

① 借：制造费用　　　　4 000

　　贷：原材料　　　　　　4 000

更正时用红字编制一张与原记账凭证完全相同的记账凭证，以示注销原记账凭证：

② 借：制造费用　　　　$\boxed{4\ 000}$

　　贷：原材料　　　　　　$\boxed{4\ 000}$

然后用蓝字编制一张正确的记账凭证并记账，分录为：

③ 借：生产成本　　　　4 000

　　贷：原材料　　　　　　4 000

更正的账簿记录如下所示。

原材料

	① 4 000
	② $\boxed{4\ 000}$
	③ 4 000

制造费用

① 4 000	
② $\boxed{4\ 000}$	

生产成本

③ 4 000	

注：[　　]内的数字表示红字。

(2) 部分冲销

如果记账后发现记账凭证和账簿记录中应借、应贷会计科目无误，只是所记金额大于应记金额。可用部分冲销法进行更正。更正的方法是：按多记的金额用红字(只限金额)编制一张与原记账凭证应借、应贷科目完全相同的记账凭证，在摘要栏注明“冲销某月某日某号凭证多记数”，并据以记账，即对原错误进行了更正。

【例 9-2】 承【例 9-1】，所用会计科目正确，但金额误记为 40 000 元。

① 原分录：

借：生产成本	40 000	
贷：原材料		40 000

② 更正的会计分录：

借：生产成本	[36 000]	
贷：原材料		[36 000]

更正的账簿记录如下所示。

生产成本

① 40 000	
② [36 000]	

原材料

	① 40 000
	② [36 000]

红字更正法不仅能保持账户间的对应关系，而且还能保持账户中的正确发生额，不至于因改正错账而使数字虚增或虚减。

3. 补充登记法

补充登记法又称补充更正法。如果在记账以后发现记账凭证和账簿记录中应借、应贷会计科目无误，只是所记金额小于应记金额，可以采用补充更正法进行更正。更正时，按少记的金额用蓝字填一张与原记账凭证应借、应贷科目完全相同的记账凭证，在摘要栏注明“补记某月某日某号凭证少记数”，并据以登记入账，以补足少记的数额。

【例 9-3】 若【例 9-1】中所用会计科目正确，只是金额误记为 400 元。

① 原分录：

借：生产成本	400	
贷：原材料		400

② 更正的会计分录：

借：生产成本	3 600	
贷：原材料		3 600

更正的账簿记录如下所示。

生产成本

① 400	
② 3 600	

原材料

	① 400
	② 3 600

第六节　账簿的更换与保管

一、账簿的更换

账簿更换是在会计年度末，将本年度旧账更换为下年度新账。

账簿更换的关键是如何将旧账余额结转到新账上。一般是在年初将旧账簿中各账户的余额直接记入新账簿中有关账户第一行“余额”栏内，并在“摘要”栏内注明“上年结转”；在旧账页最后一行“摘要”栏内注明“结转下年”，将应结转的余额记入该行的“余额”栏。在新旧账户之间转记余额，不需编制记账凭证。

总分类账、日记账和大多数明细分类账必须每年更换一次，对于个别财产物资明细账，如固定资产卡片明细账，可以跨年度使用，不必每年更换。对于有变动的固定资产，只需更换个别卡片即可。

二、账簿的保管

各种账簿同会计凭证及财务报表一样，都是重要的经济档案。必须按照制度的统一规定保管。账簿管理包括账簿平时使用期间的管理和旧账保管两部分内容。

（一）账簿的平时管理要点

(1) 各种账簿要由专人负责。账簿的经管人员既要负责日常的记账、对账和结账等工作，又要对账簿的安全管理负责。

(2) 会计账簿记录的经济业务资料是一种商业秘密，未经领导和负责人批准，非经管人员不得随意翻阅查看会计账簿。

(3) 会计账簿除需要与外单位核对外，一律不准携带外出，对携带外出的账簿，必须经领导和会计主管人员批准，并指定人员专门负责，以保证账簿完好无损。

（二）旧账归档保管的要点

会计账簿在年度结账后，除跨年度使用的账簿外，都应按时整理立卷，归档保管。

1. 账簿装订前的工作

首先，按账簿启用表中的使用页数核对账页是否齐全，序号排列是否连续；然后，按会计账簿封面、账簿启用表、账户目录、排序整理好的账页顺序装订。

2. 活页账簿装订要求

将账页内容填写齐全，去除空白页并加具封底封面；多栏式活页账、三栏式活页账、数量金额式活页账等不得混装，应将同类业务、同类账页装订在一起。

3. 其他要求

会计账簿应牢固，封口要严密并加盖印章；封面应平整并注明单位名称、所属年度及账簿名称、编号，会计主管人员和装订人或经办人签章；旧账装订完毕，按规定的保管年限妥善保管，不得丢失和任意销毁。保管期满后，按照规定的审批程序报经批准以后，再行销毁。

【操作训练】

训练一

【目的】 练习三栏式日记账的登记方法

【资料】

1. 强盛公司20××年11月1日"库存现金"日记账期初余额为借方1 000元，"银行存款"日记账期初余额为借方150 000元。

2. 该公司11月份发生的现金和银行存款收付业务见第八章操作训练五填制的记账凭证。

【要求】

1. 开设三栏式库存现金日记账和银行存款日记账，根据"资料1"登记月初余额。

2. 根据第八章操作训练五填制的现金和银行存款收款凭证和付款凭证，按经济业务发生日期的先后，依次登记三栏式现金日记账和银行存款日记账。

3. 分别结出现金日记账和银行存款日记账的本月发生额和月末余额，并做出结账标记。

库存现金日记账

第　页

年		凭证		摘要	对方科目	收入	支出	结余
月	日	字	号					

银行存款日记账

第　页

年		凭证		摘　要	对方科目	结算凭证		收入（借方）	支出（贷方）	余额
月	日	字	号			种类	号数			

训练二

【目的】　练习总账和明细分类账的登记方法

【资料】

1. 华茂厂为增值税一般纳税人，增值税率17%。20××年11月1日“库存商品”“应收账款”总分类账户和明细分类账户余额如下：

“库存商品”总账账户借方余额231 000元；

其中：甲产品3 000件，每件45元，计135 000元；

　　　乙产品2 000件，每件48元，计96 000元；

“应收账款”总账账户借方余额35 800元；

其中：永安厂借方余额　　4 800元；

　　　东风厂借方余额　　12 000元；

　　　红星厂借方余额　　19 000元。

2. 11月份发生下列经济业务：

(1) 4日，售给永安厂甲产品1 000件，每件售价75元，增值税17%，价税合计87 750元，货款尚未收到。

(2) 7日，售给红星厂甲产品500件，每件售价75元，计37 500元；乙产品800件，每件售价80元，计64 000元，两种产品价税合计118 755元；以银行存款代垫费用2 300元，货款及代垫费用尚未收到。

(3) 10日，收到东风厂汇来的购货款12 000元，存入银行。

(4) 12日，收到红星厂汇来的购货款19 000元，存入银行。

(5) 15日，销售给东风厂甲产品400件，每件售价75元，乙产品200件，每件售价80元，两种产品共计46 000元，增值税7 820元，收到转账支票。

(6) 20 日，收到红星厂付来货款 121 055 元存入银行。

(7) 25 日，售给永安厂甲产品和乙产品各 50 件，共计 7 750 元，税款 1 317.5 元，货款暂欠。

(8) 28 日，收到永安厂汇来货款 87 750 元，存入银行。

(9) 30 日，甲产品完工入库 3 000 件，每件成本 45 元，乙产品完工入库 2 000 件，每件成本 48 元。

(10) 30 日，售给光明厂乙产品 300 件，每件售价 80 元，计 24 000 元，税款 4 080 元，款尚未收到。

【要求】

1. 根据资料 1 开设“库存商品”和“应收账款”总分类账户和明细分类账户(其他账户从略)，记入月初余额(空白账页附后)。

2. 根据资料 2 编制记账凭证，逐笔结转产品销售成本，并记入“库存商品”和“应收账款”总分类账户和明细分类账户(总分类账户采取逐笔登记法)。

3. 计算各账户本期发生额和期末余额，编制“库存商品”和“应收账款”本期发生额及余额明细表，与有关总账余额相核对，并进行结账。

总分类账

账户名称：

年		凭证		摘要	借方	贷方	借或贷	余额
月	日	字	号					

总分类账

账户名称：

年		凭证		摘要	借方	贷方	借或贷	余额
月	日	字	号					

应收账款明细账

户名：

年		凭证		摘要	借方	贷方	借或贷	余额
月	日	字	号					

应收账款明细账

户名：

年		凭证		摘要	借方	贷方	借或贷	余额
月	日	字	号					

应收账款明细账

户名：

年		凭证		摘要	借方	贷方	借或贷	余额
月	日	字	号					

应收账款明细账

户名：

年		凭证		摘要	借方	贷方	借或贷	余额
月	日	字	号					

库存商品明细账

商品名称：　　　　　　　　　　　　　　　　　　　　计量单位：

年		凭证		摘要	借方			贷方			余额		
月	日	字	号		数量	单价	金额	数量	单价	金额	数量	单价	金额

库存商品明细账

商品名称： 计量单位：

年		凭证		摘要	借方			贷方			余额		
月	日	字	号		数量	单价	金额	数量	单价	金额	数量	单价	金额

库存商品明细分类账户本期发生额及余额表

明细账户名称	计量单位	单价	期初余额		本期发生额				期末余额	
					收入		发出			
			数量	金额	数量	金额	数量	金额	数量	金额
合计										

应收账款明细分类账户本期发生额及余额表

明细账户名称	期初余额		本期发生额		期末余额	
	借方	贷方	借方	贷方	借方	贷方
合计						

训练三

【目的】 练习错账更正方法。

【资料】 新胜公司在年终对账时发现下列经济业务事项的总账(逐笔登记)记录有差错(已记账但尚未结账):

1. 开出转账支票500元,支付企业管理部门购办公用品费。原记载如下所示。

付 款 凭 证

贷方科目:库存现金　　　　20××年12月25日　　　　付字第61号

摘要	数量	借方科目		金额										记账
		总账科目	子目或户名	千	百	十	万	千	百	十	元	角	分	
购办公用品		管理费用	办公费						5	0	0	0	0	
合计								¥	5	0	0	0	0	

附件 贰张

会计主管 张强　记账 周红　审核 阎明　制证 李英　出纳 赵云

总分类账

账户名称:库存现金　　　　第2页

20××年		凭证		摘要	借方	贷方	借或贷	余额
月	日	字	号					
12	20			承前页	568 790	568 650	借	1 100
	25	付	61	购办公用品		500	借	
	30	付	69	付业务招待费		283	借	

总分类账

账户名称:管理费用　　　　第56页

20××年		凭证		摘要	借方	贷方	借或贷	余额
月	日	字	号					
12	15			承前页	44 653	40 000	借	4 653
	25	付	61	购办公用品	500		借	5 153
	30	付	69	付业务招待费	283		借	

总分类账

账户名称:银行存款 第 2 页

20××年		凭证		摘要	借方	贷方	借或贷	余额
月	日	字	号					
12	25			承前页	169 790	96 865	借	98 900

2. 12 月 30 日，结转本月实际完工产品成本 58 000 元。记账凭证编制正确，编号为转字 58 号，但库存商品总账登记有误，如下所示。

总分类账

账户名称:库存商品 第 36 页

20××年		凭证		摘要	借方	贷方	借或贷	余额
月	日	字	号					
12	25			承前页			借	95 600
	30	转	58	转完工产品成本	85 000			
	31	转	72	转销售成本		68 500		

3. 12 月 30 日，以现金支付管理部门业务招待费 238 元，原记载如下所示。

付款凭证

贷方科目:库存现金 20××年 12 月 30 日 付字第 69 号

摘要	数量	借方科目		金额										记账
		总账科目	子目或户名	千	百	十	万	千	百	十	元	角	分	
付业务招待费		管理费用	业务招待费						2	8	3	0	0	
合计								¥	2	8	3	0	0	

附件壹张

会计主管 张强 记账 周红 审核 阎明 制证 李英 出纳 赵云

4. 12 月 31 日，结转本月已售产品的生产成本 86 500 元，原记载如下所示。

转 账 凭 证

20××年 12 月 31 日　　　　转字第 72 号

摘要	数量	总账科目	子目或户名	借方金额 十	万	千	百	十	元	角	分	贷方金额 十	万	千	百	十	元	角	分	记账
转销售成本		主营业务成本	甲产品		6	8	5	0	0	0	0									
		库存商品	甲产品										6	8	5	0	0	0	0	
合计				¥	6	8	5	0	0	0	0	¥	6	8	5	0	0	0	0	

附件×张

会计主管　张　强　　记账　周　红　　审核　阎　明　　制证　李　英

总分类账

账户名称:主营业务成本　　　　第 50 页

20××年 月	日	凭证 字	号	摘要	借方	贷方	借或贷	余额
12	31	转	72	转销售成本	68 500			

【要求】 根据上列资料,按规定的更正方法进行更正(编制有关的记账凭证和更正有关账簿)。更正错账前的最后一张付款凭证编号为“付字 78 号”、最后一张转账凭证编号为“转字 84 号”。更正用的空白凭证附后。

付 款 凭 证

贷方科目:　　　　年　月　日　　　　付字第　　号

摘要	数量	借方科目 总账科目	子目或户名	金额 千	百	十	万	千	百	十	元	角	分	记账
合计														

附件　张

会计主管　　记账　　审核　　制证　　出纳

付 款 凭 证

贷方科目：　　　　　　　　　　年　月　日　　　　　　　　付字第　　号

摘　要	数量	借　方　科　目		金　额										记账
		总账科目	子目或户名	千	百	十	万	千	百	十	元	角	分	
合　计														

附件　张

会计主管　　　　记账　　　　审核　　　　制证　　　　出纳

付 款 凭 证

贷方科目：　　　　　　　　　　年　月　日　　　　　　　　付字第　　号

摘　要	数量	借　方　科　目		金　额										记账
		总账科目	子目或户名	千	百	十	万	千	百	十	元	角	分	
合　计														

附件　张

会计主管　　　　记账　　　　审核　　　　制证　　　　出纳

转 账 凭 证

年　月　日　　　　　　　　转字第　　号

摘　要	数量	总账科目	子目或户名	借方金额								贷方金额								记账
				十	万	千	百	十	元	角	分	十	万	千	百	十	元	角	分	
合　计																				

附件　张

会计主管　　　　审核　　　　制证　　　　记账

训练四

【目的】 练习错账更正方法。

【资料】 华山公司20××年1月发生以下错账：

1. 5日，车间领用一般性消耗用的甲材料计600元，在填制“转字8号”记账凭证时，编制了如下会计分录，并已据以登记入账。

借：生产成本 600

　贷：原材料 600

2. 8日，用现金260元购买厂部办公用品。在填制“付字26号”记账凭证时，编制的会计分录如下，并已据以登记入账。

借：管理费用 26

　贷：库存现金 26

3. 14日，开出转账支票一张，支付产品广告费800元。在填制“付字49号”记账凭证时，编制的会计分录如下，并已据以登记入账。

借：销售费用 8 000

　贷：银行存款 8 000

4. 18日，从银行提取现金2 000元，填制的记账凭证正确，但登记银行存款日记账时错记为3 000元，发现错账时尚未结账。

【要求】

1. 说明以上错账的性质和应使用的更正方法。
2. 对以上错账进行更正（可用会计分录代替记账凭证）。

【能力测试】

一、单项选择题

1. 登账后发现，会计人员在分配工资费用时，将车间管理人员的工资计入了“管理费用”科目。此时应采用的更正方法是（　　）。

A. 划线更正法　B. 红字更正法　C. 补充登记法　D. 编制相反分录冲减

2. 下列各账簿中，一般应采用三栏式账簿的有（　　）。

A. 应收账款明细账　B. 原材料明细账

C. 固定资产明细账　D. 管理费用明细账

3. 企业在记录原材料、产成品等存货时，采用的明细账格式一般是（　　）。

A. 三栏式明细账　B. 多栏式明细账

C. 横线登记式明细账　D. 数量金额式明细账

4. 企业在记录管理费用时，通常所采用的明细账格式是（　　）。

A. 多栏式明细账　B. 卡片式明细账

C. 数量金额式明细账　D. 横线登记式明细账

5. 下列各明细分类账中，可以采用定期汇总登记方式的是（　　）。

A. 固定资产　B. 应收账款　C. 应付账款　D. 库存商品

6. 期末一般无余额的账户是(　　)

A. 管理费用　　B. 银行存款　　C. 应付账款　　C. 原材料

7. 总账、现金日记账和银行存款日记账应采用(　　)

A. 订本账　　B. 活页账　　C. 卡片账　　D. 以上均可

8. 某会计人员记账时将应记入"库存商品——甲商品"科目借方的 5 000 元误记入贷方。会计人员在查找该项错账时,在下列方法中,应采用的方法是(　　)。

A. 除 2 法　　B. 除 9 法　　C. 差数法　　D. 尾数法

9. 某会计人员在记账时将应记入"银行存款"科目借方的 5 100 元误记为 510 元。会计人员在查找该项错账时,在下列方法中,应采用的方法是(　　)。

A. 除 2 法　　B. 除 9 法　　C. 差数法　　D. 尾数法

10. 现金日记账一般采用的格式为(　　)。

A. 金额三栏式　　B. 金额多栏式　　C. 数量金额式　　D. 同行登记式

11. 按规定,记账时不能使用下列书写工具书写(　　)。

A. 蓝黑墨水笔　　B. 碳素墨水笔　　C. 红色墨水笔　　D. 圆珠笔和铅笔

12. 对需要逐笔对照清算的经济业务进行明细核算,适宜采用(　　)

A. 金额三栏式明细账　　B. 金额多栏式明细账

C. 数量金额式明细账　　D. 横线登记式明细账

13. 如果发现账簿记录中的数字或文字错误,属于过账笔误和计算错误,可采用下列方法进行更正(　　)。

A. 划线更正法　　B. 红字更正法　　C. 补充登记法　　D. 试算平衡法

14. 记账后,如果发现因记账凭证中应借、应贷的会计科目发生错误,或已记金额大于应记金额而导致账户记录发生错误,可采用下列方法进行更正(　　)。

A. 划线更正法　　B. 红字更正法　　C. 补充登记法　　D. 试算平衡法

15. 记账后,发现记账凭证中应借、应贷账户并无错误,只是所填金额小于应填金额,可采用下列方法进行更正(　　)。

A. 划线更正法　　B. 红字更正法　　C. 补充登记法　　D. 同行登记法

16. "生产成本"明细账采用的格式是(　　)。

A. 任意格式　　B. 三栏式　　C. 数量金额式　　D. 多栏式

17. 新会计年度开始,启用新账时,(　　)可以继续使用,不必更换新账。

A. 现金日记账　　B. 总分类账　　C. 销售明细账　　D. 固定资产卡片

18. 在会计期末结账时需要划通栏双红线的是(　　)。

A. 月结　　B. 季结　　C. 年结　　D. 任意期末

19. 租入固定资产登记簿属于(　　)。

A. 序时账　　B. 明细分类账　　C. 总分类账　　D. 备查账

20. 记账凭证上记账栏中"√"记号表示(　　)。

A. 已经登记入账　　B. 已经审核　　C. 此凭证作废　　D. 此凭证编制正确

二、多项选择题

1. 有关总分类账户和明细分类账户的关系,以下说法正确的有(　　)。

A. 总分类账户对明细分类账户具有统驭控制作用

B. 明细分类账户对总分类账户具有补充说明作用
C. 总分类账户与其所属明细分类账户在总金额上应当相等
D. 总分类账户与明细分类账户所起的作用不同

2. 在下列有关账项核对中，属于账账核对的内容是(　　　)。
A. 银行存款日记账余额与银行对账单余额的核对
B. 银行存款日记账余额与其总账余额的核对
C. 总账账户借方余额合计与其明细账借方余额合计的核对
D. 总账账户贷方余额合计与其明细账贷方余额合计的核对

3. 在下列各类错误中，应采用红字更正法进行更正的有(　　　)。
A. 记账凭证没有错误，但账簿记录有数字错误
B. 因记账凭证中的会计科目有错误而引起的账簿记录错误
C. 记账凭证中的会计科目正确但所记金额大于应记金额所引起的账簿记录错误
D. 记账凭证中的会计科目正确但所记金额小于应记金额所引起的账簿记录错误

4. 账簿按其用途分为(　　　)。
A. 订本账　　B. 序时账　　C. 分类账　　D. 备查账

5. 账簿按账页格式分为(　　　)。
A. 三栏式　　B. 数量金额式　　C. 多栏式　　D. 活页式

6. 对账的主要内容包括(　　　)。
A. 账表核对　　B. 账证核对　　C. 账账核对　　D. 账实核对

7. 更正错账的方法有(　　　)。
A. 补充登记法　　B. 余额调整法　　C. 划线更正法　　D. 红字冲销法

8. 下列情况中，可以使用红字更正法的是(　　　)。
A. 记账凭证中，所记金额大于原始凭证的应记金额，且已入账
B. 记账凭证中，所记金额小于原始凭证的应记金额，且已入账
C. 记账凭证中，应借、应贷科目错误，且已入账
D. 记账前，发现记账凭证上的文字或数字有误

9. 下列各项中，可以采用多栏式明细账簿的是(　　　)。
A. 生产成本　　B. 管理费用　　C. 原材料　　D. 制造费用

10. 账账相符是指(　　　)。
A. 账簿记录与记账凭证相符
B. 全部总账的借方发生额合计与贷方发生额合计相符
C. 总账余额与其所属明细账余额相符
D. 现金、银行存款总账与现金日记账、银行存款日记账余额相符

11. 账实核对是指(　　　)。
A. 现金日记账的账面余额同实地盘点的库存现金实有数之间的核对
B. 银行存款日记账的账面余额同各开户银行对账单之间的核对
C. 各种财产物资明细分类账结存数同清查盘点后的实有数之间的核对
D. 各种应收、应付款项明细分类账的账面余额同有关债权、债务单位或个人的账面记录的核对

12. 用红色墨水登记账簿时,适用于(　　)情况。

A. 按照红字冲账的记账凭证,冲销错误记录

B. 在不设借贷、收付等栏的多栏式账页中,登记减少数

C. 在三栏式账户的余额栏前,如未印明余额的方向,在余额栏内登记负数余额

D. 任何一笔经济业务

13. 下列凭证中,可作为总分类账登记依据的有(　　)。

A. 记账凭证　B. 原始凭证　C. 汇总记账凭证　D. 科目汇总表

14. 明细分类账采用的格式有(　　)。

A. 三栏式　B. 多栏式　C. 数量金额式　D. 订本式

15. 账簿按外表形式分为(　　)。

A. 日记账　B. 活页账　C. 订本账　D. 卡片账

16. 为了加强对货币资金的管理,各单位一般应设置(　　)。

A. 现金日记账　B. 普通日记账　C. 银行存款日记账　D. 总账

17. 数量金额式明细分类账的账页格式适用于(　　)。

A. "库存商品"明细账　B. "管理费用"明细账

C. "应收账款"明细账　D. "原材料"明细账

18. 现金日记账的登记依据是(　　)。

A. 现金收款凭证　B. 现金付款凭证

C. 转账凭证　D. 银行存款收款凭证

19. 银行存款日记账登记的依据包括(　　)。

A. 银行存款收款凭证　B. 银行存款付款凭证

C. 现金收款凭证　D. 现金付款凭证

20. 下列各项属于对账内容的是(　　)。

A. 明细账与总账核对　B. 库存商品账与实物核对

C. 往来账与业务合同核对　D. 库存现金与现金账核对

三、判断题

1. 年终结账时,有余额的账户,应将其余额直接记入新账余额栏内,不需要编制记账凭证。(　　)

2. 各种明细账的登记依据既可以是原始凭证、汇总原始凭证,也可以是日记账。(　　)

3. 对于"原材料"账户的明细分类账,应采用多栏式账页。(　　)

4. 在填制记账凭证时,5 300 元误记为 3 500 元并已登记入账。月终结账前发现错误,更正时应采用划线更正法。(　　)

5. 每一个会计主体都必须设置总分类账簿、序时账簿和备查账簿。(　　)

6. 银行存款日记账必须采用订本式账簿,但可以用银行对账单代替日记账。(　　)

7. 在整个会计账簿体系中,序时账和分类账是主要账簿,备查账为辅助账簿。(　　)

8. 记账以后,发现所记金额小于应记金额,但记账凭证正确,结账前应采用红字更正法进行更正。(　　)

9. 结账之前,如果发现账簿中所记的文字或数字错误,而记账凭证并没有错误,应采用划线更正法进行更正。(　　)

10. 登记账簿必须用蓝黑墨水或碳素墨水书写，不得使用圆珠笔或铅笔书写。（　）

11. 总账采用订本式账簿，账页格式为多栏式。（　）

12. 划线更正法对于错误数字必须全部划掉，不能只划去整个数字中的个别错误数字。（　）

13. 使用订本账可以避免账页的散失，防止随便抽换账页。（　）

14. 对于不需要结计本月发生额也不需要结计本年累计发生额的账户，可以只将每页末的余额结转次页。（　）

15. 现金日记账和银行存款日记账必须逐日结出余额。（　）

16. 登记账簿是编制财务报表的前提和依据。（　）

17. 总分类账和明细分类账必须采用活页式。（　）

18. 总分类账只采用货币计量单位进行登记。一般采用三栏式，其基本结构为“收入”“支出”和“结余”三栏。（　）

19. 总分类账的登记，可以根据记账凭证逐笔登记，也可以通过一定的汇总方式，定期或分次汇总登记。（　）

20. 凡需要结出余额的账户，结出余额后，应当在“借或贷”栏内写明“借”或“贷”字样，以表示余额的方向。（　）

四、名词解释

1. 会计账簿
2. 序时账簿
3. 分类账簿
4. 总分类账
5. 明细分类账
6. 订本式账簿
7. 活页式账簿
8. 对账
9. 结账
10. 账证核对
11. 账账核对
12. 账实核对

五、简答题

1. 简述现金和银行存款日记账的登记依据及登记方法。
2. 简述更正错账的方法及适用范围。
3. 简述对账的主要内容。
4. 简述结账的主要程序。
5. 简述登记账簿的基本要求。
6. 简述总账和明细账的关系。

【电子化应用】

实行会计电算化，操作员输入记账凭证后，会计账簿的登记工作不需要手工操作，而是由系统在后台自动登记的，按规定于期末进行会计转账、对账与结账后，账簿即在电脑中形成，查账、用账方便、快捷。总账和明细账应当定期打印，打印的会计账簿必须连续编号，经审核无误后装订成册，并由责任人签字或盖章。

第十章　财产清查

【操作任务】

了解：财产清查的原因，财产清查的准备工作。
熟悉：财务清查的种类，存货的两种盘存制度。
掌握：财产清查的方法，财产清查结果的账务处理，尤其是“待处理财产损溢”账户的运用。
运用：根据未达账项编制银行存款余额调节表，财产清查结果的账务处理。

【操作知识】

第一节　财产清查概述

一、财产清查的概念

财产清查就是通过对库存现金、实物的实地盘点和对银行存款、往来款项的核对，以确定其账存数与实存数是否相符的一种专门方法。

在实际工作中，造成账实不符的原因是多方面的，有自然方面的原因，也有人为的原因，主要原因如下：

(1) 在财产收发的过程中，由于计量、检验不准确而发生品种、数量或质量上的差错。
(2) 在财产保管的过程中，由于自然因素影响而发生的数量和质量上的变化。
(3) 由于制度不严或工作人员失职发生的计算差错、登记差错或财产残损、变质与短缺。
(4) 由于营私舞弊、贪污盗窃等不法行为而造成的财产物资损失。
(5) 因未达账项或拒付而引起单位之间账账不符等。

二、财产清查的意义

(1) 通过财产清查，可以查明各项财产的实存数与账存数的差异，以及发生差异的原因及责任，按照规定及时把账存数调整为实存数，从而达到账实相符，保证会计资料的准确可靠。

(2) 通过财产清查，可以查明各种财产的结存和利用情况，发现有无储备不足、积压、闲置等情况，以便采取措施，充分挖掘物资潜力，合理有效地利用企业的各项资源。

(3) 通过财产清查，可以查明各项财产有无短缺、毁损、变质、贪污盗窃等情况。对发现的问题及时分析原因，追查责任，同时要吸取教训，改进管理工作，切实保证各项财产物资的安全与完整。

三、财产清查的种类

(一) 财产清查按照清查的范围不同,可分为全部清查和局部清查

1. 全部清查

全部清查是指对所有的财产进行全面的清查、盘点与核对。清查的内容主要是各种财产物资、货币资金和往来款项。具体包括以下各项内容:

(1) 固定资产、原材料、半成品、在产品、库存商品、材料采购、在途物资等。

(2) 库存现金、银行存款、其他货币资金、股票、债券等。

(3) 各种应收、应付、预收、预付账款,各种银行借款等。

(4) 委托其他单位加工、保管的物资,受托代保管物资等。

全部清查一般在年终决算前进行。但在单位撤销、合并或改变隶属关系、联营和清产核资等特殊情况下,也应进行全面清查,以保证财务报表信息的真实和准确。

2. 局部清查

局部清查是指对一部分财产进行的清查。具体清查对象应根据管理需要确定。

对于流动性大的物资,除年终结算清查外,年内要经常盘点,如企业的原材料、在产品、库存商品等;贵重物资每月至少清查盘点一次;银行存款每月至少同银行核对一次;库存现金由出纳人员在每日业务终了,自行清查一次;债权债务每年至少要核对一至两次。

(二) 财产清查按照清查的时间不同,可分为定期清查和不定期清查

1. 定期清查

定期清查是指按计划在规定的时间内对财产进行的清查。一般是在月末、季末或年终结账前进行。

2. 不定期清查

不定期清查是指事前不规定清查日期而临时进行的财产清查,也称为临时清查。不定期清查一般在以下几种情况下进行:

(1) 更换财产物资和现金保管人时;

(2) 财产发生非常灾害或意外损失时;

(3) 有关单位对企业进行审计查账时;

(4) 企业关、停、并、转、清产核资、破产清算时。

定期清查和不定期清查的范围,可以是全部清查也可以是局部清查。

四、财产物资的盘存制度

(一) 永续盘存制(又称账面盘存制)

永续盘存制是指平时对各项财产物资的增加数和减少数,都要根据会计凭证连续记入有关账簿,并随时在账簿上结出各种财产物资的账面结存数额。

在永续盘存制下,进行财产清查的目的是确定实有数额,以检查账实是否相符,以账存数控制实存数。

这种盘存制度,核算手续严密,能在账簿中及时反映出各种财产物资的收、发和结存情况。但其核算工作量比较大。现行企业会计制度规定,对财产物资的盘存制度应采取永续盘存制。

(二)实地盘存制

实地盘存制是平时对各种财产物资,只在账簿中登记增加数,不登记减少数,月末通过实地盘点,查明实存数额,倒挤本期发出数的一种盘存制度。

在实地盘存制下,进行财产清查的目的是确定实有数,倒挤本期发出数。

这种盘存制度能简化记账工作,但核算手续不严密,平时账面上不反映各项财产物资的减少数和结存数,不利于财产物资的安全和管理。

注意:永续盘存制和实地盘存制确定本期发出数与期末结存数的顺序正好相反,在永续盘存制下,先确定本期发出数,后确定期末结存数;在实地盘存制下,先确定期末结存数,后确定本期发出数。

五、财产清查前的准备工作

1. 组织准备

(1) 成立清查领导小组。小组成员应由会计、生产、技术、设备、供销等有关部门的人员组成。

(2) 制定清查计划。确定清查的范围和具体对象,确定参加清查的人员和组织分工。

2. 业务准备

(1) 物资整理准备。保管部门应对需要清查的财产物资整理清楚,按类别、组别堆放整齐,分别挂上标签,标明其编号、品名、规格和结存数量,以便盘点核对。

(2) 清查量具和各种表格的准备。财产清查人员应提前准备好各种必要的度量衡器具和各种相关表格文具,并对度量衡器具进行认真的检查和校正,以保证计量准确可靠。

3. 账簿资料准备

会计部门和物资保管部门应将截止清查开始日前的所有财产物资的账目登记齐全,结出余额,核对清楚,保证账证、账账相符,为财产清查提供可靠的依据。

第二节 财产清查的方法

由于企业财产种类较多,各有特点,因此在清查时要采用不同的方法。

一、货币资金的清查方法

1. 库存现金的清查方法

库存现金的清查方法应采用实地盘点法。即先确定库存现金的实有数,再与现金日记账的余额进行核对,以查明账实是否相符。

库存现金的清查,应由盘点人员和出纳人员共同进行,对于存放在不同地点的现金备用金应同时进行盘点。盘点结果填入“库存现金盘点表”中,该表既是库存现金的盘点单,又是它的账存实存对比表,应由盘点人员和出纳人员共同签章。库存现金盘点表格式如下所示。

库存现金盘点报告表

年　月　日

实存金额	账存金额	对比结果		备注
		长款	短款	

盘点人(签章):　　　　　　　　　　　　　　　　出纳员(签章):

在库存现金盘点中,如果发现存在白条抵库、坐支现金、超限额库存现金等情况,应在备注栏中说明。

2. 银行存款的清查方法

银行存款的清查方法与实物和库存现金的清查方法不同,它是采取与银行核对账目的方法进行的。即将银行存款日记账与银行对账单逐笔核对,若两者记录不完全相符,首先排除未达账项的影响。

未达账项,是指企业与银行之间,由于凭证传递上存在时间差,一方收到结算凭证已登记入账,而另一方未收到结算凭证尚未登记入账的款项。具体有以下四种情况:

(1) 企业已收款入账,银行尚未收款入账的款项;

(2) 企业已付款入账,银行尚未付款入账的款项;

(3) 银行已收款入账,企业尚未收款入账的款项;

(4) 银行已付款入账,企业尚未付款入账的款项。

企业应根据未达账项,编制"银行存款余额调节表",在银行存款余额调节表中,企业与银行双方都在本身余额的基础上,补记对方已记账,本身未记账的未达账项。经调整后双方余额相等,说明双方记账相符,否则说明记账有错。属于企业方面的差错,应立即改正;属于银行方面的差错,应通知银行改正。

【例 10-1】 某工厂20××年12月31日银行存款日记账的账面余额为600 000元,银行对账单的余额为619 000元,经核对,有以下未达账项,据以编制银行存款余额调节表。

1. 30日,企业委托银行代收的贷款50 000元,银行已经收到入账,但收款通知尚未到达企业,企业未记账。

2. 企业为支付运费开出转账支票2 000元,企业已入账,但持票人尚未到银行办理转账手续,银行尚未入账。

3. 30日,银行接受供电部门委托代收电费,已经从企业存款中付出3 000元,但企业尚未接到转账付款通知,企业未入账。

4. 31日,企业存入从其他单位收到的银行汇票一张计30 000元,银行尚未入账。

银行存款余额调节表

20××年12月31日

项目	金额	项目	金额
企业银行存款账面余额	600 000	银行对账单余额	619 000
加:银行已收企业未收款项	50 000	加:企业已收银行未收款项	30 000
减:银行已付企业未付款项	3 000	减:企业已付银行未付款项	2 000
调节后的存款余额	647 000	调节后的存款余额	647 000

注意“银行存款余额调节表”只起对账作用，不能作为调整企业银行存款账面余额的原始凭证。未达账项仍然应在收付款通知到达后方能入账。

二、实物的清查方法

(1) 实地盘点法，即到实物保管现场，通过点数、过磅等方法来确定实物的实存数量的方法。这种方法适用范围比较广，大多数的财产物资一般都可以采用这种方法。

(2) 技术推算盘点法，即将实物整理成近似某种几何体，采用量方、计尺等技术方法进行推算，据以确定实物数量的方法。这种方法适用于量大的、笨重的，不便于逐一点数或过磅的实物。

实物盘点时，实物保管人员必须在场，盘点时，应填制“盘存单”，详细列明各种物资的名称、规格、数量和单价、金额，并由盘点人员和实物保管人员共同签章。盘存单是记录实物盘点结果的证明，也是反映财产物资实有数的原始凭证。格式如下所示。

盘存表

财产类别：

存放地点：　　　　盘点时间　　年　　月　　日　　　　编号：

编号	名称	规格	计量单位	数量	单价	金额	备注

盘点人(签章)：　　　　实物保管人(签章)：

盘存结束后，财会人员应将盘点单的实存数量与账存数量进行核对，填制“实存账存对比表”，账实不符的资产，应根据“实存账存对比表”调整账面记录，达到账实相符的目的。格式如下所示。

账存实存对比表

财产类别：　　　　年　　月　　日

编号	名称及规格	计量单位	单价	账存		实存		差异				备注
				数量	金额	数量	金额	盘盈		盘亏		
								数量	金额	数量	金额	

在实际工作中，为简化编表工作，只对账实不符的财产物资编制“账存实存对比表”。

三、往来款项的清查方法

企业的往来款项是企业的各项应收、应付款项和暂收、暂付款项。往来款项一般采用“核对法”。即在保证本单位所记账目正确完整的基础上，编制往来款项对账单，送交对方单位进行核对。对账单一式二联，其中一联作为回单，对方单位如核对相符，应在回单联上盖章后退回。如发现不符，应在回单联上注明不符情况或另抄对账单退回本单位，作为进一步核对的依据。收到回单后，应填制往来款项清查表，对于有争议的款项，进一步查明原因，妥善处理；对于确实没有希望收回的款项，应当报上级机构确认坏账。对于未达账项，双方都应该采用调节账面余额的办法，以核对往来账项是否相符。

第三节　财产清查结果的处理

对于在清查过程中发现的有关财产物资管理和会计工作存在的问题要认真分析研究，以法律法规为依据，妥善进行处理。

一、财产清查结果处理的步骤

财产清查工作结束后，当账面结存数小于实际结存数时为盘盈，当账面结存数大于实际结存数时为盘亏，当账面结存数等于实际结存数时不盈不亏。

财产清查结果的处理主要包括以下几个方面：

(1) 分析差异发生的性质和原因，提出处理意见。

对于在财产清查过程中，发生的账实差异及质量上的问题，应核准数字，调查分析发生差异的性质和原因，明确经济责任，提出处理意见报上级审批。

(2) 积极处理积压物资，认真清理债权债务。

对于在财产清查过程中，发现的企业不需用或多余的物资，应当积极予以处理。对于长期不清的债权、债务，应指定专人负责催收，力争早日收回资金。

(3) 调整账簿记录，做到账实相符。

对于在财产清查中发现的财产盘盈、盘亏和毁损，应及时进行账面调整，以保证账实相符。

二、财产清查结果的账务处理步骤

对于财产清查中各种财产盘盈和盘亏、毁损的发生与处理，应通过“待处理财产损溢”账户进行核算，该账户借方登记各种财产盘亏、毁损数及按规定程序批准的盘盈转销数；贷方登记各种财产的盘盈数及按规定程序批准的盘亏、毁损转销数；借方余额，反映企业尚未处理的各种财产的净损失；贷方余额，反映企业尚未处理的各种财产的净溢余。期末处理后，该账户应无余额。该账户应设置“待处理固定资产损溢”和“待处理流动资产损溢”两个明细账户进行核算。

财产清查结果的账务处理，分审批前和批准后两步进行：

第一步：财产物资发生盘盈和盘亏时，应核准金额，查明差异原因，提出处理意见，在审批前，根据有关原始凭证，调整账面金额，列入“待处理财产损溢”账户。

第二步：报经批准后，按照审批情况，列入相应的账户予以核销。

(1) 流动资产盘盈，一般计入“管理费用”账户贷方；流动资产盘亏，根据其不同的原因进行处理，属于自然损耗，计入“管理费用”账户借方；属于责任事故造成的，责成有关责任人赔偿，计入“其他应收款”账户借方；属于自然灾害造成的非常损失，计入“营业外支出”账户借方。

(2) 固定资产盘亏,计入“营业外支出”账户借方;固定资产盘盈,一般作前期差错处理。

三、财产清查结果的账务处理实例

【例 10-2】 某公司在清查盘点库存现金时,发现现金短缺 1 000 元。根据“库存现金盘点报告表”作会计分录如下:

借:待处理财产损溢——待处理流动资产损溢　　1 000
　贷:库存现金　　1 000

【例 10-3】 上述现金短缺,已查明属于出纳员李强责任心不强造成的。经批准由出纳员负担 70%,其余由企业核销。作会计分录如下:

借:其他应收款——李强　　700
　管理费用　　300
　贷:待处理财产损溢——待处理流动资产损溢　　1 000

【例 10-4】 某公司在财产清查中,发现甲材料盘盈 500 公斤,价值 1 000 元。根据“实存账存对比表”作会计分录如下:

借:原材料——甲材料　　1 000
　贷:待处理财产损溢——待处理流动资产损溢　　1 000

【例 10-5】 上述甲材料盘盈经批准由企业予以转销。作会计分录如下:

借:待处理财产损溢——待处理流动资产损溢　　1 000
　贷:管理费用　　1 000

【例 10-6】 某公司在财产清查中,发现乙材料短缺 1 000 公斤,价值 5 000 元。根据“实存账存对比表”作会计分录如下:

借:待处理财产损溢——待处理流动资产损溢　　5 000
　贷:原材料——乙材料　　5 000

【例 10-7】 上项短缺的材料,经批准处理如下:由过失人张明赔偿 2 100 元,由于经营不善造成的短缺 2 900 元,列入“管理费用”。作会计分录如下:

借:其他应收款——张明　　2 100
　管理费用　　2 900
　贷:待处理财产损溢——待处理流动资产损溢　　5 000

【例 10-8】 某公司在财产清查中发现短缺设备一台,原价 100 000 元,已提折旧 30 000 元。批准前作会计分录如下:

借:待处理财产损溢——待处理固定资产损溢　　70 000
　累计折旧　　30 000
　贷:固定资产　　100 000

【例 10-9】 经批准盘亏设备列入“营业外支出”处理。作会计分录如下:

借:营业外支出　　70 000
　贷:待处理财产损溢——待处理固定资产损溢　　70 000

需要指出的是,如果企业清查的各种财产的损溢,在期末结账前尚未批准,应在对外提供财务会计报告时先按上述规定进行处理,并在财务报表附注中作出说明;如果其后批准处理的金额与已处理的金额不一致的,应调整财务报表相关项目的年初数。

【操作训练】

训练一

【目的】 查找未达账项,编制"银行存款余额调节表"。

【资料】 某工厂20××年6月30日银行存款日记账的账面余额为128 600元,银行对账单的余额为127 600元,经核对,查明造成双方余额不符的原因是由以下未达账项所致:

1. 29日,企业开出转账支票5 000元,购买甲材料,企业已入账,但持票人尚未到银行办理转账手续,银行尚未入账。

2. 30日,银行受运输机构委托代收运费,已经从企业存款中付出2 000元,但企业尚未接到转账付款通知,企业未入账。

3. 30日,委托银行代收的货款4 000元,银行已经收到入账,但收款通知尚未到达企业,企业未记账。

4. 30日,企业存入从其他单位收到的转账支票一张计8 000元,银行尚未入账。

【要求】 根据未达账项,编制"银行存款余额调节表"。

银行存款余额调节表

年 月 日

项目	金额	项目	金额
企业银行存款账面余额		银行对账单余额	
加:银行已收企业未收款项		加:企业已收银行未收款项	
减:银行已付企业未付款项		减:企业已付银行未付款项	
调节后的存款余额		调节后的存款余额	

训练二

【目的】 根据下列财产清查业务编制会计分录。

【资料】 某工厂年终进行财产清查,在清查中发现下列事项:

1. A材料账面结存10 000公斤,价值60 000元,实际盘存9 500公斤,经查明其中200公斤为定额损耗,300公斤为日常收发计量差错。

2. B材料账面结存5 000公斤,价值10 000元,实际盘存量为4 900公斤,经查属于保管人员失职造成的损失,按规定由保管人员予以赔偿。

3. C材料账面结存1 000公斤,实际盘存量为1 100公斤,盘盈100公斤,每公斤5元,经查明属于日常收发计量差错。

4. 盘亏设备一台,原价10 000元,累计已提折旧6 000元。

【要求】 根据上述资料编制会计分录。

【能力测试】

一、单项选择题

1. 企业年终决算前，需要(　　)。
   A. 对所有财产进行实物盘点
   B. 对重要财产进行局部清查
   C. 对所有财产进行全面清查
   D. 对流动性较大的财产进行重点清查
2. 企业在合并时，对企业的财产物资应进行(　　)。
   A. 全面清查　　B. 定期清查　　C. 局部清查　　D. 重点清查
3. 对现金的清查方法应采用(　　)。
   A. 技术推算法　　B. 实地盘点法　　C. 实地盘存制　　D. 查询核对法
4. 现金盘点时(　　)必须在场。
   A. 会计员　　B. 出纳员　　C. 统计员　　D. 审计员
5. 未达账项是由于企业和银行(　　)而发生的一方已入账、另一方尚未入账的会计事项。
   A. 记账错误　　B. 记账时间不一致
   C. 银行对账单错误　　D. 企业未记账
6. 大堆、笨重物资的实物数量的清查，常用的方法是(　　)。
   A. 永续盘存制　　B. 实地盘存制　　C. 实物盘点法　　D. 技术推算法
7. 银行存款的清查是将银行存款日记账记录与(　　)核对。
   A. 银行存款收款、付款凭证
   B. 总账银行存款科目
   C. 银行对账单
   D. 开户银行的会计记录
8. 对原材料、库存商品盘点结束后，应填制(　　)，据以调整账面记录。
   A. 账存实存对比表　　B. 对账单
   C. 盘点表　　D. 余额调节表
9. 固定资产盘亏，经批准处理后应借记(　　)科目。
   A. 管理费用　　B. 营业外支出
   C. 待处理财产损溢　　D. 销售费用
10. 为了反映和监督企业在财产清查中查明的各种财产盘盈、盘亏和毁损及处理情况，应设置(　　)科目。
    A. 营业外支出　　B. 以前年度损益调整
    C. 待处理财产损溢　　D. 营业外收入

二、多项选择题

1. 财产清查按清查对象和范围分为(　　　)。
   A. 全面清查　　B. 定期清查　　C. 不定期清查　　D. 局部清查

2. 下列情况下可以进行不定期清查的有(　　)。
A. 出纳人员变动　B. 发生自然灾害
C. 清产核资　D. 有关单位对企业审计查账
3. 下列情况下可以进行全面清查的有(　　)。
A. 清产核资　B. 年终决算
C. 有关财产物资保管人员变动　D. 企业撤销
4. 下列财产物资,(　　)可以采用实地盘点法进行财产清查。
A. 固定资产　B. 材料　C. 银行存款　D. 现金
5. 对于财产清查,下列说法正确的是(　　)。
A. 对于库存现金,应由出纳员每日盘点一次
B. 对于银行存款,至少每月应核对一次
C. 对于往来款项,至少每年与对方核对一至两次
D. 对于各种贵重物资,每月至少清查盘点一次
6. 企业银行存款日记账账面余额与银行对账单余额不符的原因有(　　)。
A. 企业账簿记录有差错　B. 企业已作收入入账,银行未入账
C. 银行账簿记录有差错　D. 银行已作支出入账,企业未入账
7. 在财产清查中,发生账实不符时,用以调整账簿记录的原始凭证有(　　)。
A. 实存账存对比表　B. 现金盘点报告表
C. 银行对账单　D. 银行存款余额调节表
8. 核对法一般适用于(　　)的清查。
A. 库存商品　B. 银行存款　C. 现金　D. 往来款项
9. "待处理财产损溢"账户借方反映的内容(　　)。
A. 盘盈发生数　B. 盘盈核销数　C. 盘亏发生数　D. 盘亏核销数

三、判断题

1. 无论采用那种盘存制度,都应对财产物资进行定期的清查。(　　)
2. 不定期财产清查,只能进行局部清查。(　　)
3. 定期财产清查,一般在年终结账后进行。(　　)
4. 永续盘存制是指平时对各项财产物资的增加和减少都必须根据有关凭证连续记入有关账簿,并及时结出余额。(　　)
5. 为了明确经济责任,在进行物资盘点时会计人员必须在场并参加盘点工作。(　　)
6. 进行财产清查时,如发现账面结存数大于实际盘存数,即为盘亏。(　　)
7. 对于银行存款的未达账项应编制银行存款余额调节表进行调节,同时将未达账项编成记账凭证登记入账。(　　)
8. 未达账项只在企业与银行之间发生,企业与企业之间不会发生未达账项。(　　)
9. 财产物资发生盘盈、盘亏和毁损,在报经批准以前一般先记入"待处理财产损溢"科目。(　　)
10. "待处理财产损溢"账户属于负债类科目。(　　)

四、名词解释

1. 财产清查

2. 未达账项
3. 实地盘存制
4. 永续盘存制

五、简答题

1. 简述财产清查的原因。
2. 简述发生未达账项的几种情况。
3. 简述财产清查结果的账务处理。

【电子化应用】

银行存款日记账与银行对账单的核对，需要逐笔核对，找出未达账项，并根据未达账项编制银行存款余额调节表，工作量比较大。利用财务软件，进行银行存款日记账与银行对账单的核对，主要是由系统自行核对的，可以快速找出未达账项，并自动生成银行存款余额调节表。与手工逐笔核对相比较，大大地减少了对账的工作量，提高了工作效率。

银行存款日记账

年		凭证号	摘要	对方科目	收入							付出							余额							
月	日				万	千	百	十	元	角	分	万	千	百	十	元	角	分	十	万	千	百	十	元	角	分
1	1		上年结转																	5	8	0	0	0	0	0
5	30																			2	9	0	0	0	0	0
6	1	银付 1	提现	库存现金									1	0	0	0	0	0		2	8	0	0	0	0	0
6	2	银收 1	存入货款	主营业务收入	2	0	0	0	0	0	0									4	8	0	0	0	0	0
6	5	银付 2	支付电话费	管理费用								1	0	0	0	0	0	0		3	8	0	0	0	0	0
6	10	银收 2	存入货款	主营业务收入	6	2	0	0	0	0	0								1	0	0	0	0	0	0	0
6	15	银付 3	提现	库存现金										5	0	0	0	0		9	9	5	0	0	0	0
6	20	银收 3	存入货款	主营业务收入	3	0	0	0	0	0	0								1	2	9	5	0	0	0	0
6	21	银付 4	支付货款	材料采购								5	3	6	0	0	0	0		7	5	9	0	0	0	0
6	26	银付 5	支付货款	原材料								3	5	1	0	0	0	0		4	0	8	0	0	0	0
6	28	银收 4	存入货款	主营业务收入	1	0	8	0	0	0	0									5	1	6	0	0	0	0
6	30	银付 6	支付前欠货款	应付账款								3	5	0	0	0	0	0		1	6	6	0	0	0	0
6	30	银收 5	存入货款	主营业务收入	2	0	0	0	0	0	0									3	6	6	0	0	0	0

××银行××分行银行存款对账单

20××年×月　　账号:×××××××××××××　　户名:××公司

月	日	交易号码	操作页号	结算凭证号码	付方	收方	余额
6	1						29 000
6	2			现支 0235	1 000		28 000
6	2					20 000	48 000
6	6			转支 0121	10 000		38 000
6	10					62 000	10 0000
6	16			现支 0236	500		99 500
6	17			托收凭证 0567	53 600		45 900
6	20					30 000	75 900
6	23			转支 0122	35 100		40 800
6	28					10 800	51 600
6	29			某企业委托收款凭证 678	26 890		24 710
6	30					6 000	30 710

未达账项如下:

6 月 29 日,某企业委托银行收款 26 890 元,银行已付款入账,企业尚未入账;

6 月 30 日,该企业委托银行收取销货款 6 000 元,银行已收款入账,企业尚未入账;

6 月 30 日,该企业支付货款 35 000 元,企业已登记银行存款日记账,银行尚未入账;

6 月 30 日,企业存入货款 20 000 元,企业已登记银行存款日记账,银行尚未入账。

银行存款余额调节表

20××年 6 月 30 日

项目	金额	项目	金额
企业银行存款账面余额	36 600	银行对账单余额	30 710
加:银行已收企业未收款项	6 000	加:企业已收银行未收款项	20 000
减:银行已付企业未付款项	26 890	减:企业已付银行未付款项	35 000
调节后的存款余额	15 710	调节后的存款余额	15 710

第十一章　财务报表

【操作任务】

熟悉：财务报表的目标和种类，财务报表的编制要求。

掌握：资产负债表和利润表的内容及编制方法。

运用：能够利用会计账簿资料编制相应的财务报表。

【操作知识】

第一节　财务报表概述

一、财务报表概述

（一）财务报表的概念

财务报表是指企业对外提供的反映企业某一特定日期的财务状况和某一会计期间的经营成果、现金流量等会计信息的文件。财务报表至少应当包括资产负债表、利润表、现金流量表、所有者权益变动表及附注。小企业编制的财务报表可以不包括现金流量表。

（二）财务报表的目标

财务报表的目标是指向财务报表使用者提供与企业财务状况、经营成果和现金流量等有关的会计信息，反映企业管理层受托责任履行情况，有助于财务报表使用者作出经济决策。

财务报表使用者包括投资者、债权人、政府及其有关部门和社会公众等。

（三）财务报表的分类

不同性质的会计主体，其财务报表的种类不尽相同。对企业来说，为了便于编制和运用财务报表，应对财务报表进行分类。财务报表可以按照不同的标准进行分类。

1. 按反映的经济内容分为资产负债表、利润表和现金流量表

资产负债表是反映企业某一特定日期财务状况的财务报表。利润表是反映企业一定期间生产经营成果的财务报表。现金流量表是反映企业在一定会计期间现金和现金等价物流入和流出的报表。

2. 按编报时间分为中期财务报表和年度财务报表

年度财务报表简称年报，是用以总括反映企业年终财务状况和全年的经营成果情况的报表。中期财务报表包括月度财务报表、季度财务报表、半年度财务报表，是用以反映企业会计中期（一个月、一个季度、半年度）财务状况和经营成果情况的财务报表。

在编制对外财务报表时，哪些为年度财务报表，哪些为中期财务报表，应按照《企业会计准

则》和《企业会计制度》的统一规定办理。在企业持续经营的条件下，一般按年、半年、季、月定期编制财务报表。但在某种特殊情况下，则需要不定期编制财务报表。随着知识经济的到来和资本经营的不断扩展，不定期编制财务报表的情况会越来越多。如企业的破产、合并、联营、重组等，都需要编制不定期的财务报表。

3. 按编制单位分为单位财务报表和汇总财务报表

单位财务报表是由独立核算的基层单位，根据账簿记录和其他有关资料编制的财务报表。汇总财务报表是由上级主管部门根据所属单位上报的财务报表并汇总单位本身的财务报表而编制的财务报表，以反映某个主管部门或地区的综合性指标。

4. 按报送对象分为对外财务报表和对内财务报表

对外财务报表是指企业按规定向上级主管部门和其他有关各方报送的财务报表，如资产负债表、利润表、现金流量表及有关附表，其种类、格式、报表项目、编制方法、编制时间，需要根据有关规定编报。对内财务报表是企业编制的供内部管理使用的报表，如企业的成本报表等，其种类、格式、报表项目、编制方法、编制时间，企业可以根据内部管理的需要自行确定。对内财务报表只为企业内部管理需要服务，不宜对外公开。

二、财务报表列报的基本要求

企业在编制的财务报表中应当在显著位置至少披露下列内容：

(1) 编报企业的名称；

(2) 资产负债表日或财务报表涵盖的会计期间；

(3) 人民币金额单位；

(4) 财务报表是合并财务报表的，应当予以标明。

企业至少应当按年编制财务报表。年度报表涵盖的期间短于一年的，应当披露其年度财务报表的涵盖期间，以及短于一年的原因。

财务报表列报准则规定，企业在列报财务报表时应遵守如下的基本原则：

1. 公允列报

企业应如实反映企业的交易和其他经济事项，真实而公允地反映企业的财务状况、经营成果以及现金流量。在必要的情况下，企业还可以通过附注的形式来补充说明财务报表的内容以及财务报表不能反映的内容，进一步提高财务报表的真实性和公允性。

2. 持续经营

企业应当以持续经营为基础编制财务报表。企业管理当局应对是否能够持续经营进行评估，若某些重大不确定因素可能导致对企业持续经营产生重大怀疑时，应对不确定因素充分加以披露。若财务报表不是以持续经营为基础编制，应说明原因。

3. 权责发生制

除现金流量表外，企业应该按权责发生制原则编制财务报表。

4. 信息列报的一致性

财务报表的列报和分类在各个会计期间之间保持一致性，不得随意变动。但下列情况例外：

(1) 企业会计准则要求改变财务报表项目的列报；

(2) 企业经营业务的性质发生了重大变化后，变更财务报表项目的列报能够提供更可靠、更相关的会计信息。

5. 重要性

重要性指对财务报表某项目的省略或错报会影响使用者据此做出经济决策的，该项目就具有重要性。重要性应当根据企业所处的环境，从项目的性质和金额大小两方面予以判断。性质或功能不同的项目，应该在财务报表中单独列报，不具有重要性的项目除外；性质或功能相似的项目，其所属类别具有重要性的，应当按其类别在财务报表单独列报。

6. 信息列报的可比性

当期财务报表的列报，至少应当提供所报项目上期可比会计期间的比较数据，以及与理解当期财务报表相关的说明，但其他会计准则另有规定的除外。

7. 抵销原则

财务报表中的资产项目和负债项目的金额、收入项目和费用项目的金额不得相互抵销。但资产项目扣除减值准备后的净额不属于抵销。非日常活动中产生的损益，以收入扣除费用后的净额列示，也不属于抵销。

第二节　财务报表的编制

一、资产负债表

(一) 资产负债表的概念

资产负债表是指反映企业在某一特定日期的财务状况的财务报表。它是根据资产、负债和所有者权益之间的相互关系，按照一定的分类标准和一定的顺序，把企业一定日期的资产、负债和所有者权益各项目予以适当排列，并对日常工作中形成的大量数据进行高度浓缩整理而成的。

(二) 资产负债表的内容和结构

1. 资产负债表的内容

(1) 在某一特定日期企业所拥有的经济资源，即某一特定日期企业所拥有或控制的各项资产的余额，包括流动资产、长期投资、固定资产、无形资产及其他资产。在资产负债表中资产类至少应当单独列示反映下列信息的项目：货币资金、应收及预付款项、交易性投资、存货、持有至到期投资、长期股权投资、投资性房地产、固定资产、生物资产、递延所得税资产、无形资产。

(2) 在某一特定日期企业所承担的债务，包括各项流动负债和长期负债。在资产负债表负债至少应该单独列示反映下列信息的项目：短期借款、应付及预收款项、应交税费、应付职工薪酬、预计负债、长期借款、长期应付款、应付债券、递延所得税负债。

(3) 在某一特定日期企业投资者拥有的净资产，包括投资者投入的资本、资本公积、盈余公积和未分配利润。在资产负债表中，所有者权益至少应当单独反映下列信息的项目；实收资本、资本公积、盈余公积、未分配利润。在合并资产负债表中，应当在所有者权益类单独列示少数股东权益。

2. 资产负债表的结构

资产负债表的结构分为账户式和报告式。账户式资产负债表，是将资产负债表分为左方和右方，左方列显示资产各项目，右方列示负债和所有者权益各项目，资产各项目的合计等于负债和所有者权益各项目的合计。通过账户式资产负债表，反映资产、负债和所有者权益之间的内在关系，并达到左方和右方平衡。报告式资产负债表，是将资产负债表的项目自上而下排列，首先列示资产的数额，然后列示负债的数额，最后再列示所有者权益的数额。在我国，资产负债表按账户式反映，通常包括表头、表身和表尾。

（三）资产负债表项目的填列方法

资产负债表内"年初数"，应根据上年"期末数"栏内所列数字填列。"期末数"，大部分项目可根据有关账户的期末余额直接填列，部分项目需要调整填列。具体填列方法如下：

1. 直接填列法

资产负债表项目是根据有关总分类账户的期末余额直接填列的。如"短期借款""交易性金额资产"等大多数报表项目可以直接填列。

2. 分析填列法

资产负债表有些项目是根据有关明细分类账户的期末余额分析填列的。如"应收账款"项目，根据"应收账款"和"预收账款"所属各明细分类账户的期末借方余额分析填列。另外，还有"预收账款""应付账款"和"预付账款"等项目的填列。资产负债表有些项目需要根据有关总账账户的期末余额分析填列，如"长期借款""应付债券""长期应付款"等项目，应根据各总账账户期末余额扣除各所属明细账户中一年内到期的长期负债部分填列。

3. 计算填列法

资产负债表有些项目是根据几个总分类账户的期末余额合计填列的。如"货币资金"项目，根据"库存现金""银行存款""其他货币资金"账户的期末余额的合计数填列；"存货"项目是根据"原材料""材料采购""库存商品"等存货类账户期末余额计算填列的。资产负债表有些项目是根据有关总分类账户的期末余额与其备抵账户期末余额相减后的净额填列的。如"固定资产"项目，根据"固定资产"账户余额减去"累计折旧""固定资产减值准备"账户余额后的净额填列，等等。

（四）资产负债表填列实例

【例 11－1】 根据光明公司 20××年 12 月 31 日账户余额（见**【例 5－37】**），据以编制资产负债表。

资产负债表

会企 01 表

编制单位：光明公司　　20××年 12 月 31 日　　单位：元

资产	期末余额	年初余额	负债和所有者权益（或股东权益）	期末余额	年初余额
流动资产：			流动负债：		
货币资金	975 550	247 200	短期借款	1 081 400	981 400
交易性金融资产			交易性金融负债		
应收票据			应付票据		
应收账款	18 000	18 000	应付账款	183 000	183 000
预付款项			预收款项		
应收利息			应付职工薪酬	38 000	38 000

（续表）

资产	期末余额	年初余额	负债和所有者权益（或股东权益）	期末余额	年初余额
应收股利			应交税费	111 350	41 600
其他应收款			应付利息		
存货	1 423 200	1 413 000	应付股利	340 000	
一年内到期的非流动资产			其他应付款		
其他流动资产			一年内到期的非流动负债		
流动资产合计	2 416 750	1 678 200	其他流动负债		
非流动资产：			流动负债合计	1 753 750	1 244 000
可供出售金融资产			非流动负债：		
持有至到期投资			长期借款	180 000	
长期应收款			应付债券		
长期股权投资			长期应付款		
投资性房地产			专项应付款		
固定资产	3 025 000	2 880 000	预计负债		
在建工程			递延所得税负债		
工程物资			其他非流动负债		
固定资产清理			非流动负债合计	180 000	
生产性生物资产			负债合计	1 933 750	
油气资产			所有者权益（或股东权益）：		
无形资产			实收资本（或股本）	3 205 200	2 745 200
开发支出			资本公积		
商誉			减:库存股		
长期待摊费用			盈余公积	154 280	100 000
递延所得税资产			未分配利润	148 520	469 000
其他非流动资产			所有者权益（或股东权益）合计	3 508 000	3 314 200
非流动资产合计	3 025 000	2 880 000			
资产总计	5 441 750	4 558 200	负债和所有者权益（或股东权益）总计	5 441 750	4 558 200

二、利润表

1. 利润表的概念

利润表是指反映企业在一定会计期间的经营成果的报表。利润表把一定期间的收入与其同一会计期间相关的费用进行配比，以计算出企业一定时期的净利润(或净亏损)。

2. 利润表的内容和结构

目前比较普遍的利润表的结构有多步式和单步式两种。我国采用多步式，即按各项收入、费用以及构成利润的各个项目分类分项编制而成的。利润表至少应该单独反映下列信息的项目：营业收入、营业成本、营业税金、管理费用、销售费用、财务费用、投资收益、公允价值变动损益、资产减值损失、非流动资产处置损益、所得税费用、净利润。

3. 利润表的编制方法

利润表"上期金额"栏内各项数字，应根据上年同期利润表"本期金额"栏内所列数字填列。利润表"本期金额"栏内有关项目数字，除"每股收益"项目外，一般根据有关损益类账户本期借方发生额或贷方发生额分步骤填列。

第一步，以营业收入为基础，计算营业利润。"营业收入"项目，包括主营业务收入和其他业务收入。"营业成本"项目，包括主营业务成本和其他业务成本。

第二步，以营业利润为基础，计算利润总额。

第三步，以利润总额为基础，计算净利润。

4. 利润表填列实例

【例 11-2】 光明公司20××年损益类账户全年发生额见下表，据以编制20××年度利润表。

光明公司损益类账户发生额情况表

20××年

损益类账户	借方发生额			贷方发生额		
	1～11月份	12月份	全年合计	1～11月份	12月份	全年合计
主营业务收入				3 260 000	240 000	3 500 000
其他业务收入				451 000	49 000	500 000
营业外收入				12 000	38 000	50 000
投资收益				28 000		28 000
主营业务成本	2 287 000	148 000	2 435 000			
其他业务成本	338 700	34 500	373 200			
营业税金及附加	136 300	13 700	150 000			
管理费用	182 600	16 400	199 000			
财务费用	90 000	8 000	98 000			
销售费用	7 500	5 000	80 000			
营业外支出	17 000	3 000	20 000			
所得税费用	155 400	24 600	180 000			

利润表

会企 02 表

编制单位:光明公司　　20××年　　单位:元

项　　目	本期金额	上期金额
一、营业收入	4 000 000	
减:营业成本	2 808 200	
营业税金及附加	150 000	
销售费用	80 000	
管理费用	199 000	
财务费用	98 000	
资产减值损失		
加:公允价值变动收益(损失以"一"号填列)		
投资收益(损失以"一"号填列)	28 000	
其中:对联营企业和合营企业的投资收益		
二、营业利润(亏损以"一"号填列)	692 800	
加:营业外收入	50 000	
减:营业外支出	20 000	
其中:非流动资产处置损失		
三、利润总额(亏损总额以"一"号填列)	722 800	
减:所得税费用	180 000	
四、净利润(净亏损以"一"号填列)	542 800	
五、每股收益:		
(一)基本每股收益		
(二)稀释每股收益		

【操作训练】

训练一

【目的】 练习报表项目的计算填列。

【资料】

1. 甲企业 20××年 5 月 31 日有关账户的余额如下:

库存现金　2 000 元(借方)

银行存款　328 000 元(借方)

应收账款—A 公司 20 000 元(贷方)

　　　　—B 公司 26 000 元(借方)

—C 公司 19 000 元(借方)

预收账款—D 公司 15000 元(借方)

—E 公司 30 000 元(贷方)

应付账款—F 公司 42 000 元(贷方)

—G 公司 31 000 元(借方)

原材料　　560 000 元(借方)

材料采购　50 000 元(借方)

材料成本差异　30 000 元(贷方)

2. 某企业 20××年损益类科目累计发生额如下：

主营业务收入 3 000 万元(贷方)

主营业务成本 1 500 万元(借方)

营业税金及附加 300 万元(借方)

销售费用 200 万元(借方)

管理费用 150 万元(借方)

财务费用 210 万元(借方)

资产减值损失 100 万元(借方)

投资收益 600 万元(贷方)

营业外收入 50 万元(贷方)

营业外支出 40 万元(借方)

其他业务收入 300 万元(贷方)

其他业务成本 200 万元(借方)

所得税费用 312.5 万元(借方)

【要求】

1. 根据资料 1 计算填列资产负债表中以下项目：

(1)“应收账款”项目　(2)“应付账款”项目　(3)“预收账款”项目

(4)“货币资金”项目　(5)“存货”项目

2. 根据资料 2 计算填列该企业 20××年的营业收入、营业成本、营业利润、利润总额和净利润项目。

训练二

【目的】 练习资产负债表的编制。

【资料】 乙企业 20××年 12 月 31 日全部总分类账户和有关明细分类账户余额如下表：

账户余额表

20××年 12 月 31 日　　金额单位:元

账户名称	借方余额	贷方余额	账户名称	借方余额	贷方余额
库存现金	1 500		短期借款		50 000
银行存款	71 500		应付账款		85 000

（续表）

账户名称	借方余额	贷方余额	账户名称	借方余额	贷方余额
应收票据	27 000		—A工厂		80 000
应收账款	60 000		—B工厂		5 000
—A公司	65 000		预收账款—A单位		26 000
—B公司		5 000	其他应付款		3 700
坏账准备		3 500	应付职工薪酬		30 000
预付账款—甲单位	20 000		应交税费		26 800
其他应收款	5 000		应付股利		10 000
原材料	160 000		长期借款		270 000
库存商品	360 000		实收资本		375 000
固定资产	300 000		盈余公积		25 000
累计折旧		60 000	利润分配		40 000

【要求】　编制该企业20××年资产负债表。

训练三

【目的】　练习利润表的编制。

【资料】　丙企业20××年损益类账户全年发生额如下：

主营业务收入8 000 000元(贷方)

主营业务成本4 000 000元(借方)

营业税金及附加60 000元(借方)

销售费用300 000元(借方)

管理费用200 000元(借方)

财务费用40 000元(借方)

资产减值损失10 000元(借方)

公允价值变动损益30 000元(借方)

投资收益410 000元(贷方)

营业外收入50 000元(贷方)

营业外支出40 000元(借方)

其他业务收入300 000元(贷方)

其他业务成本200 000元(借方)

所得税费用970 000元(借方)

【要求】　根据上述资料编制20××年度的利润表。

训练四

【目的】　练习利润表的编制。

【资料】

1. 第五章训练三资料。

2. 顺达公司1～11月份损益类账户发生额如下：

损益类账户	借方发生额	贷方发生额
主营业务收入		4 000 000
其他业务收入		500 000
营业外收入		30 000
投资收益		60 000
主营业务成本	3 000 000	
其他业务成本	350 000	
营业税金及附加	60 000	
管理费用	250 000	
财务费用	35 000	
销售费用	90 000	
营业外支出	10 000	
所得税费用	198 750	

【要求】 根据上述资料编制顺达公司20××年度利润表。

【能力测试】

一、单项选择题

1. 小企业可以不编制的报表(　　)。

A. 资产负债表　　B. 利润表　　C. 现金流量表　　D. 应交增值税明细表

2. 下列项目中不应列入资产负债表中“存货”项目的是(　　)。

A. 在建工程　　B. 分期收款发出商品

C. 原材料　　D. 受托代销商品

3. 下列资产负债表项目中，不可以直接根据总分类账户期末余额直接填列的项目是(　　)。

A. 资本公积　　B. 短期借款　　C. 应付账款　　D. 应付股利

4. 我国利润表采用(　　)格式。

A. 账户式　　B. 报告式　　C. 单步式　　D. 多步式

5. 某企业“应收账款”明细账借方余额合计为280 000元，贷方余额合计为73 000元，则资产负债表的“应收账款”项目为(　　)元。

A. 207 000　　B. 279 320　　C. 353 000　　D. 280 000

6. 我国目前采用的资产负债表格式为(　　)资产负债表。

A. 单步式　　B. 多步式　　C. 账户式　　D. 报告式

7. (　　)的报表项目，一般是根据有关账户期末余额编制的。

A. 资产负债表　　B. 利润表　　C. 现金流量表　　D. 都不是

二、多项选择题

1. 下列按权责发生制原则编制的报表是(　　　　)。
   A. 资产负债表　　B. 利润表　　C. 现金流量表　　D. 应交增值税明细表
2. 财务报表按编制单位分类分为(　　　　)。
   A. 单位财务报表　　B. 汇总财务报表
   C. 个别财务报表　　D. 合并财务报表
3. 会计信息的使用者包括(　　　　)。
   A. 企业投资者和潜在投资者　　B. 企业债权人和潜在的债权人
   C. 政府及其相关机构　　D. 社会公众
4. 下列各项中可以根据总账余额直接填列的项目有(　　　　)。
   A. 预付账款　　B. 短期借款　　C. 应付职工薪酬　　D. 应收账款
5. 资产负债表中的“货币资金”项目，应根据(　　　　)账户期末余额合计数填列。
   A. 备用金　　B. 库存现金　　C. 银行存款　　D. 其他货币资金
6. 下列各项可以通过资产负债表反映的有(　　　　)。
   A. 某一时点财务状况　　B. 某一时点偿债能力
   C. 某一期间的经营成果　　D. 某一期间的获利能力
7. 关于资产负债表，下列说法正确的是(　　　　)。
   A. 资产合计等于负债和所有者权益合计
   B. 流动资产合计等于流动负债合计
   C. 报表项目一般是根据有关账户期末余额填列的
   D. 报表项目一般是根据有关账户的发生额填列的
8. 能计入利润表中“营业利润”的项目有(　　　　)。
   A. 营业收入　　B. 所得税费用　　C. 资产减值损失　　D. 投资收益
9. 财务报表至少应当包括(　　　　)。
   A. 资产负债表　　B. 利润表　　C. 现金流量表　　D. 所有者权益变动表

三、判断题

1. 编制财务报表的主要目的就是为财务报表使用者决策提供信息。(　　)

2. 报表项目的重要性，应当根据企业所处的环境，从项目的性质和金额大小两方面进行判断。(　　)

3. 资产负债表中的“应收账款”项目，应根据“应收账款”和“预付账款”科目所属明细科目的借方余额合计数填列。(　　)

4. 资产负债表的编制依据为“资产＝负债＋所有者权益”。(　　)

5. 利润表是指反映企业在一定日期的经营成果的财务报表。(　　)

6. 资产负债表中的“无形资产”项目，应按该科目的总账余额直接填列。(　　)

7. 资产负债表反映的是企业在一定时期财务状况的报表。(　　)

8. 资产负债表期末数是根据有关账户的本期发生额填列的。(　　)

9. “无形资产”账户期末借方余额为 50 万元，“累计摊销”账户期末贷方余额为 15 万元，则资产负债表中“无形资产”项目的数额为 35 万元。(　　)

10. 财务报表一般应以持续经营为基础编制。(　　)

四、名词解释

1. 财务报表
2. 资产负债表
3. 利润表

五、简答题

1. 简述财务报表的目标。
2. 简述财务报表列报的基本原则。
3. 简述资产负债表的内容和结构。
4. 简述利润表的内容和结构。

【电子化应用】

1. Excel 在编制财务报表中的应用。

在编制报表过程中，需要对报表中的数据进行各种汇总计算。如资产负债表中“流动资产合计”“流动负债合计”“资产总计”“负债及所有者权益总计”等项目，利润表中“营业利润”“利润总额”“净利润”等项目的计算，利用 Excel 来计算这些数字，可以方便、快捷地实现，提高了编制财务报表的效率，减少差错，保证报表项目金额的正确性。如下列资产负债表中“流动资产合计”项目，用求和函数非常方便，利润表中“营业利润”项目，在 B13 中输入公式“＝B3－B4－B5－B6－B7－B8－B9＋B10＋B11”，确认后能够快速计算出“营业利润项目”的期末余额，而且计算结果准确。资产负债表和利润表中需要计算的项目，都可以利用 EXCEL 的相关公式计算确定。

	A	B	C	D	E	F
1	表11-1 编制单位：光明公司			资产负债表 20××年12月31日	会企01表 单位：元	
2	资　　产	期末余额	年初余额	负债和所有者权益（或股东权益）	期末余额	年初余额
3	流动资产：			流动负债：		
4	货币资金	975550	247200	短期借款	1081400	981400
5	交易性金融资产			交易性金融负债		
6	应收票据			应付票据		
7	应收账款	18000	18000	应付账款	183000	183000
8	预付款项			预收款项		
9	应收利息			应付职工薪酬	38 000	38000
10	应收股利			应交税费	111350	41600
11	其他应收款			应付利息		
12	存货	1423200	1413000	应付股利	340000	
13	一年内到期的非流动资产			其他应付款		
14	其他流动资产			一年内到期的非流动负债		
15	流动资产合计	2416750	1678200	其他流动负债		
16	非流动资产：			流动负债合计	1715750	1244000

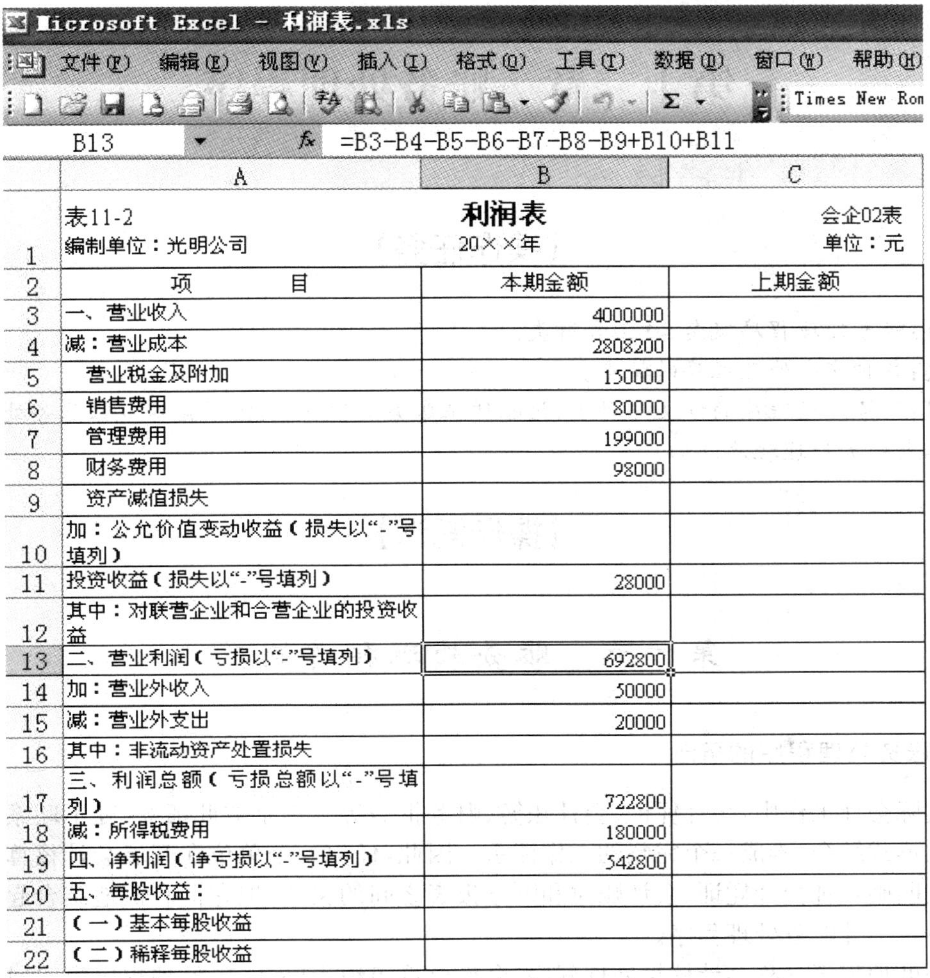

	A	B	C
1	表11-2 编制单位：光明公司	利润表 20××年	会企02表 单位：元
2	项　　目	本期金额	上期金额
3	一、营业收入	4000000	
4	减：营业成本	2808200	
5	营业税金及附加	150000	
6	销售费用	80000	
7	管理费用	199000	
8	财务费用	98000	
9	资产减值损失		
10	加：公允价值变动收益（损失以“-”号填列）		
11	投资收益（损失以“-”号填列）	28000	
12	其中：对联营企业和合营企业的投资收益		
13	二、营业利润（亏损以“-”号填列）	692800	
14	加：营业外收入	50000	
15	减：营业外支出	20000	
16	其中：非流动资产处置损失		
17	三、利润总额（亏损总额以“-”号填列）	722800	
18	减：所得税费用	180000	
19	四、净利润（净亏损以“-”号填列）	542800	
20	五、每股收益：		
21	（一）基本每股收益		
22	（二）稀释每股收益		

2. 利用财务软件编制财务报表。

利用财务软件编制财务报表时，需要事先定义好财务报表及有关项目，系统可以自动生成财务报表。至于如何利用财务软件编制电子报表，将在后续专业课中介绍。

第十二章　账务处理程序

【操作任务】

了解：账务处理程序概念、意义和种类。

熟悉：各种账务处理程序的特点。

掌握：账务处理程序的意义与种类，记账凭证账务处理程序，汇总记账凭证账务处理程序，科目汇总表账务处理程序。

【操作知识】

第一节　账务处理程序概述

一、账务处理程序的概念

在实际会计工作中，会计凭证、会计账簿、财务报表等并不是彼此孤立、互不联系的，而是以一定的形式结合，构成一个完整的工作体系。因此，任何一个单位在开展会计核算之前，都必须首先明确各种会计凭证、会计账簿和财务报表之间的关系，把它们有机地结合起来，这就决定了各种会计账务处理程序。

账务处理程序又称会计核算处理程序、会计核算组织程序、账务处理程序等，是指会计凭证、会计账簿、财务报表与记账程序和方法有机结合的方式。其基本内容包括：如何根据原始凭证填制记账凭证，如何根据记账凭证登记各种日记账簿和明细分类账簿，如何登记总分类账簿，总分类账簿和明细分类账、日记账簿如何核对，如何根据总分类账簿和有关明细账簿编制财务报表等。具体地说，账务处理程序是指从取得、填制和审核原始凭证开始，到填制记账凭证、登记账簿，最后编制财务报表、提供会计信息的一系列工作步骤和方法。

二、账务处理程序的意义

科学、合理的账务处理程序，对于有效地组织会计核算工作，提高会计核算信息质量，减少会计人员的工作量，节约人力和物力，充分发挥会计在经济管理中的作用都有着重要意义。

(1) 科学、合理的账务处理程序有利于促使会计工作程序的规范化，提高会计的工作效率和会计信息的质量。

严格执行已确定的账务处理程序，使得会计信息处理过程规范化，能够更好地反映和监督企业和行政、事业等单位的经济活动，为经济管理提供系统的核算资料，从而保证会计信息加工过程的严密性，提高会计的工作效率和会计信息的质量，保证会计信息的及时有效性。

（2）科学、合理的账务处理程序有利于保证会计记录的完整性、正确性，节约人力和物力。

账务处理程序是由企业的业务性质、业务规模和业务繁简程度决定的。不同的账务处理程序，对汇总凭证、登记总分类账的依据、办法和要求也不同。因此，各单位必须从各自的实际情况出发，科学地组织本单位的账务处理程序，减少不必要的环节和手续，避免重复劳动，在保证会计记录的完整性、正确性的同时，注重经济性，减少会计人员的工作量，节约人力和物力，为会计参与企业经营决策打下良好基础，以有效地实现会计的管理功能。

三、账务处理程序的种类

目前，根据我国会计工作的实际情况，企事业单位采用的会计账务处理程序主要有以下几种：

（1）记账凭证账务处理程序；

（2）科目汇总表账务处理程序；

（3）汇总记账凭证账务处理程序；

（4）日记总账账务处理程序；

（5）多栏式日记账账务处理程序。

上述账务处理程序有很多相同点，但也有区别，主要表现在登记总账的依据和方法不同。其中，前三种会计核算处理程序企业使用较多，后两种使用较少。

第二节　记账凭证账务处理程序

一、记账凭证账务处理程序的特点

记账凭证账务处理程序是指对发生的经济业务，先根据原始凭证或原始凭证汇总表编制记账凭证，然后根据记账凭证逐笔登记总分类账的一种账务处理程序。这种账务处理程序的主要特点是直接根据记账凭证，逐笔登记总分类账，它是最基本的账务处理程序。其他各种账务处理程序都是在此基础上，根据经济管理的需要发展形成的。

采用记账凭证账务处理程序，记账凭证可采用通用格式，也可采用收款凭证、付款凭证和转账凭证（以下按照收款凭证、付款凭证和转账凭证进行核算），作为登记总账的依据。在会计账簿组织方面，记账凭证账务处理程序下一般需设置库存现金日记账、银行存款日记账、总分类账和明细分类账。库存现金日记账和银行存款日记账采用三栏式账页格式；总分类账根据规定的一级科目设置，采用三栏式账页格式；明细分类账应根据管理需要，按不同的经济业务采用三栏式、数量金额式或多栏式。

二、记账凭证账务处理程序的记账步骤

（1）根据原始凭证编制汇总原始凭证；

（2）根据各种原始凭证或汇总原始凭证编制收款凭证、付款凭证和转账凭证等记账凭证；

（3）根据收款凭证、付款凭证序时逐笔登记库存现金日记账和银行存款日记账；

（4）根据原始凭证、汇总原始凭证和收款凭证、付款凭证和转账凭证等记账凭证逐笔登记各种明细分类账；

(5) 直接根据记账凭证逐笔登记总分类账；

(6) 根据对账要求，定期进行总分类账与库存现金日记账、银行存款日记账和明细分类账核对；

(7) 根据核对后的总分类账和明细分类账编制财务报表。

记账凭证账务处理程序流程图，见图 12－1 所示。

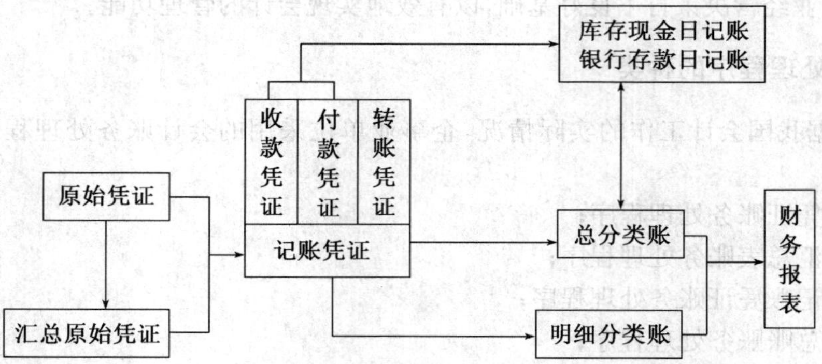

图 12－1　记账凭证账务处理程序流程图

三、记账凭证账务处理程序的优缺点及适用范围

记账凭证账务处理程序是根据记账凭证直接逐笔登记总分类账，所以，记账凭证账务处理程序的优点是：账务处理程序简单明了，操作环节少，易于理解；总分类账直接根据各种记账凭证逐笔登记，比较详细地记录和反映经济业务的发生情况，来龙去脉清楚，便于了解经济业务动态和查账、对账。其不足之处是明细账和总分类账都是根据记账凭证直接逐笔登记，作为统驭账户的总分类账，登记工作量太大，而且这种简单的重复劳动，并没有增加更多的信息量，反而造成人力、物力、财力的浪费。因此，记账凭证账务处理程序一般只适用于经营规模小、经济业务量少、日常编制记账凭证不多的单位。使用时，应尽量将原始凭证编制成汇总原始凭证，再根据汇总原始凭证填制记账凭证。

【例 12－1】 根据第五章例题资料编制记账凭证。**【例 5－1】**、**【例 5－2】**、**【例 5－6】**业务编制的记账凭证如下所示，为简化举例，其余经济业务填制的记账凭证见表 12－1。

(【例 5－1】)　收款凭证

借方科目：银行存款　　　　20××年 12 月 1 日　　　　银收字第 1 号

摘　要	贷方科目		金　额
	总账科目	明细科目	
收到国家投资款	实收资本	国家	300 000
合　计			￥300 000

附件　张

会计主管　　　　记账　　　　审核　　　　制证

(【例 5－2】)转账凭证

20××年 12 月 1 日　　　　转字第 1 号

摘　　要	借方科目	贷方科目	借方金额	贷方金额
收到 A 公司投入的旧设备	固定资产		160 000	
		实收资本		160 000
合　计			￥160 000	￥160 000

附件　张

会计主管　　　　记账　　　　审核　　　　制证

(【例 5－6】)付款凭证

贷方科目：银行存款　　　　20××年 12 月 15 日　　　　银付字第 1 号

摘　要	贷方科目		金　额
	总账科目	明细科目	
购买甲材料	原材料	甲材料	76 000
	应交税费	应交增值税(进项税额)	12 920
合　计			￥88 920

附件　张

会计主管　　　　记账　　　　审核　　　　制证

表 12－1　20××年 12 月份光明公司有关经济业务的记账凭证

(为与实际业务相符，以下所有凭证均按照例题时间顺序编制记账凭证)

20××年 月	20××年 日	凭证编号	摘　　要	借或贷	会计科目	明细科目	金额
12	1	银收 2	取得临时借款 【例 5－3】	借 贷	银行存款 短期借款		100 000 100 000
12	15	转 2	购入材料 乙材料 2 000 千克 【例 5－7】	借 贷	原材料 应交税费 应付账款	乙材料 应交增值税(进项税额) 三明公司	28 000 4 760 32 760
12	15	银付 2	分摊运费及装卸费 【例 5－8】	借 贷	原材料 银行存款	甲材料 乙材料	4 000 2 000 6 000
12	15	银付 3	支付前欠货款 【例 5－9】	借 贷	应付账款 银行存款	三明公司	32 760 32 760
12	15	转 3	生产领用甲材料 2 000 千克；乙材料 1 600 千克 【例 5－10】	借 贷	生产成本 原材料	A 产品 甲材料 乙材料	64 000 40 000 24 000
12	15	转 4	生产领用材料 甲材料 1 100 千克 乙材料 20 千克 丙材料 10 千克 【例 5－11】	借 贷	生产成本 制造费用 管理费用 原材料	B 产品 甲材料 乙材料 丙材料	22 000 1 000 300 22 000 300 1 000

（续表）

20××年		凭证编号	摘　　要	借或贷	会计科目	明细科目	金额
月	日						
12	16	现付1	购买办公用品【例5-16】	借	制造费用		620
					管理费用		280
				贷	库存现金		900
12	16	现付2	预借差旅费【例5-17】	借	其他应收款	张明	1 000
				贷	库存现金		1 000
12	20	银付4	支付水电费【例5-15】	借	制造费用		6 380
					管理费用		3 220
				贷	银行存款		9 600
12	20	转5 现收1	报销差旅费【例5-18】	借	管理费用		800
				贷	其他应收款	张明	800
				借	库存现金		200
				贷	其他应收款	张明	200
12	25	银收3	销售产品A产品400件【例5-21】	借	银行存款		93 600
				贷	主营业务收入		80 000
					应交税费	应交增值税（销项税额）	13 600
12	25	银收4	收到租金【例5-29】	借	银行存款		28 080
				贷	其他业务收入		24 000
					应交税费	应交增值税（销项税额）	4 080
12	26	银付5 转6	销售产品：A产品500件 B产品400件【例5-22】	借	应收账款	荣鑫公司	1 000
				贷	银行存款	荣鑫公司	1 000
				借	应收账款		187 200
				贷	主营业务收入	A产品	100 000
						B产品	60 000
					应交税费	应交增值税（销项税额）	27 200
12	28	银收5	出售材料： 甲材料1 000千克【例5-27】	借	银行存款		29 250
				贷	其他业务收入		25 000
					应交税费	应交增值税（销项税额）	4 250
12	28	转7	结转甲材料的成本【例5-28】	借	其他业务成本		20 000
				贷	原材料	甲材料	20 000
12	28	转8	结转包装物的成本【例5-30】	借	其他业务成本		14 500
				贷	周转材料		14 500
12	28	银收6	罚款收入【例5-31】	借	银行存款		38 000
				贷	营业外收入		38 000

（续表）

20××年		凭证编号	摘　　要	借或贷	会计科目	明细科目	金额
月	日						
12	28	银付 6	支付罚款滞纳金 【例 5－32】	借 贷	营业外支出 银行存款		3 000 3 000
12	30	银付 7	支付职工工资 【例 5－12】	借 贷	应付职工薪酬 银行存款	工资	72 800 72 800
12	30	银收 7	收到荣鑫贸易公司购货款及运杂费 【例 5－23】	借 贷	银行存款 应收账款	 荣鑫公司	188 200 188 200
12	31	银收 8	取得长期借款 【例 5－4】	借 贷	银行存款 长期借款		180 000 180 000
12	31	银付 8	支付短期借款利息 【例 5－5】	借 贷	财务费用 银行存款		8 000 8 000
12	31	转 9	分配结转工资费用 【例 5－13】	借 贷	生产成本 制造费用 管理费用 应付职工薪酬	A 产品 B 产品 工资	40 000 20 000 7 000 5 800 72 800
12	31	转 10	提取本月折旧费 【例 5－14】	借 贷	制造费用 管理费用 累计折旧		9 000 6 000 15 000
12	31	转 11	分配结转制造费用 【例 5－19】	借 贷	生产成本 制造费用	A 产品 B 产品	16 000 8 000 24 000
12	31	转 12	结转完工产品生产成本 【例 5－20】	借 贷	库存商品 生产成本	A 产品 B 产品 A 产品 B 产品	120 000 50 000 120 000 50 000
12	31	转 13	结转已售产品成本：A 产品 900 件；B 产品 400 件 【例 5－24】	借 贷	主营业务成本 库存商品	A 产品 B 产品 A 产品 B 产品	108 000 40 000 108 000 40 000
12	31	转 14	计算营业税金及附加 【例 5－25】	借 贷	营业税金及附加 应交税费	 应交城市维护建设税 应交产品消费税 应交教育费附加	13 700 875 12 500 325

（续表）

20××年		凭证编号	摘　　要	借或贷	会计科目	明细科目	金额
月	日						
12	31	银付 9	支付广告费用【例 5－26】	借 贷	销售费用 银行存款		5 000 5 000
12	31	转 15	将有关收入转入“本年利润”账户【例 5－33】	借 贷	主营业务收入 其他业务收入 营业外收入 本年利润		240 000 49 000 38 000 327 000
12	31	转 16	将有关费用转入“本年利润”账户【例 5－33】	借 贷	本年利润 主营业务成本 其他业务成本 营业税金及附加 管理费用 财务费用 销售费用 营业外支出		228 600 148 000 34 500 13 700 16 400 8 000 5 000 3 000
12	31	转 17	确认所得税费用【例 5－34】	借 贷	所得税费用 应交税费	应交所得税	24 600 24 600
12	31	转 18	结转所得税费用【例 5－34】	借 贷	本年利润 所得税费用		24 600 24 600
12	31	转 19	提取法定盈余公积【例 5－35】	借 贷	利润分配 盈余公积	法定盈余公积	54 280 54 280
12	31	转 20	分配利润【例 5－36】	借 贷	利润分配 应付股利		340 000 340 000
12	31	转 21	结转本年净利润【例 5－37】	借 贷	本年利润 利润分配		542 800 542 800

【例 12－2】 根据收款凭证、付款凭证，逐日逐笔登记库存现金日记账和银行存款日记账，库存现金日记账和银行存款日记账如下所示。

库存现金日记账

20××年		凭证编号	摘要	借方	贷方	借或贷	余额
月	日						
12	1		期初余额			借	2 200
12	16	现付 1	购买办公用品		900	借	1 300
12	16	现付 2	预借差旅费		1 000	借	300
12	20	现收 1	报销差旅费	200		借	500
12	31		本月合计	200	1 900	借	500

银行存款日记账

20××年		凭证编号	摘　　要	借方	贷方	借或贷	余额
月	日						
12	1		期初余额			借	245 000
12	1	银收 1	收到国家投资款	300 000		借	545 000
12	1	银收 2	取得临时借款	100 000		借	645 000
12	15	银付 1	购入材料		88 920	借	556 080
12	15	银付 2	分摊运费杂费		6 000	借	550 080
12	15	银付 3	支付前欠货款		32 760	借	517 320
12	20	银付 4	支付水电费		9 600	借	507 720
12	25	银收 3	销售产品	93 600		借	601 320
12	25	银收 4	收到租金	28 080		借	629 400
12	26	银付 5	代垫运费		1 000	借	628 400
12	28	银收 5	出售材料	29 250		借	657 650
12	28	银收 6	罚款收入	38 000		借	695 650
12	28	银付 6	支付罚款滞纳金		3 000	借	692 650
12	30	银付 7	支付职工工资		72 800	借	619 850
12	30	银收 7	收到货款运杂费	188 200		借	808 050
12	31	银收 8	取得长期借款	180 000		借	988 050
12	31	银付 8	支付借款利息		8 000	借	980 050
12	31	银付 9	支付广告费用		5 000	借	975 050
12	31		本月合计	957 130	227 080	借	975 050

【例 12－3】 根据记账凭证及所附原始凭证登记有关明细分类账。以下列出原材料、生产成本账户的明细分类账。

原材料明细分类账

总账科目:原材料

明细科目:甲材料　　类别:　　规格:　　计量单位:千克

20××年		凭证编号	摘要	借方			贷方			借或贷	余额		
月	日			数量	单价	金额	数量	单价	金额		数量	单价	金额
12	1		期初余额							借	10 000	20	200 000
12	15	银付1 银付2	购入材料	4 000	20	80 000				借	14 000	20	280 000
12	15	转3	生产领用				2 000	20	40 000	借	12 000	20	240 000
12	15	转4	生产领用				1 100	20	22 000	借	10 900	20	218 000
12	28	转7	出售材料				1 000	20	20 000	借	9 900	20	198 000
12	31		本月合计	4 000	20	80 000	4 100	20	82 000	借	9 900	20	198 000

原材料明细分类账

总账科目:原材料

明细科目:乙材料　　类别:　　规格:　　计量单位:千克

20××年		凭证编号	摘要	借方			贷方			借或贷	余额		
月	日			数量	单价	金额	数量	单价	金额		数量	单价	金额
12	1		期初余额							借	24 000	15	360 000
12	15	转2 银付2	购入材料	2 000	15	30 000				借	26 000	15	390 000
12	15	转3	生产领用				1 600	15	24 000	借	24 400	15	366 000
12	15	转4	生产领用				20	15	300	借	24 380	15	365 700
12	31		本月合计	2 000	15	30 000	1 620	15	24 300	借	24 380	15	365 700

原材料明细分类账

总账科目:原材料

明细科目:丙材料　　类别:　　规格:　　计量单位:千克

20××年		凭证编号	摘要	借方			贷方			借或贷	余额		
月	日			数量	单价	金额	数量	单价	金额		数量	单价	金额
12	1		期初余额							借	4 380	100	438 000
12	15	转4	生产领用				10	100	1 000	借	4 370	100	437 000
12	31		本月合计				10	100	1 000	借	4 370	100	437 000

生产成本明细分类账

产品名称:A 产品　　　　　　　　　　　　　　　　　　　　　　　　产量:1 000 件

20××年		凭证编号	摘　要	借　方	贷　方	借或贷	余　额
月	日						
12	15	转 3	生产领料	64 000		借	64 000
12	31	转 9	分配结转工资费用	40 000		借	104 000
12	31	转 11	分配结转制造费用	16 000		借	120 000
12	31		结转完工产品成本		120 000	平	0

注:A 产品单位生产成本=120 000÷1 000=120(元/件)

生产成本明细分类账

产品名称:B 产品　　　　　　　　　　　　　　　　　　　　　　　　产量:1 500 件

20××年		凭证编号	摘　要	借　方	贷　方	借或贷	余　额
月	日						
12	15	转 4	生产领料	22 000		借	22 000
12	31	转 9	分配结转工资费用	20 000		借	42 000
12	31	转 11	分配结转制造费用	8 000		借	50 000
12	31		结转完工产品成本		50 000	平	0

注:B 产品单位生产成本=50 000÷500=100(元/件)

【例 12-4】 根据记账凭证逐笔登记总分类账。以下列出银行存款、库存现金、原材料、生产成本等总分类账户。

总分类账

会计科目:银行存款

20××年		凭证编号	摘　要	借方	贷方	借或贷	余　额
月	日						
12	1		期初余额			借	245 000
12	1	银收 1	收到国家投资款	300 000		借	545 000
12	1	银收 2	取得临时借款	100 000		借	645 000
12	15	银付 1	购入材料		88 920	借	556 080
12	15	银付 2	分摊运费杂费		6 000	借	550 080
12	15	银付 3	支付前欠货款		32 760	借	517 320
12	20	银付 4	支付水电费		9 600	借	507 720
12	25	银收 3	销售产品	93 600		借	601 320
12	25	银收 4	收到租金	28 080		借	629 400

（续表）

20××年		凭证编号	摘　要	借方	贷方	借或贷	余　额
月	日						
12	26	银付 5	代垫运费		1 000	借	628 400
12	28	银收 5	出售材料	29 250		借	657 650
12	28	银收 6	罚款收入	38 000		借	695 650
12	28	银付 6	支付罚款滞纳金		3 000	借	692 650
12	30	银付 7	支付职工工资		72 800	借	619 850
12	30	银收 7	收到货款运杂费	188 200		借	808 050
12	31	银收 8	取得长期借款	180 000		借	988 050
12	31	银付 8	支付借款利息		8 000	借	980 050
12	31	银付 9	支付广告费用		5 000	借	975 050
12	31		本月合计	957 130	227 080	借	975 050

总分类账

会计科目：库存现金

20××年		凭证编号	摘　要	借方	贷方	借或贷	余　额
月	日						
12	1		期初余额			借	2 200
12	16	现付 1	购买办公用品		900	借	1 300
12	16	现付 2	预借差旅费		1 000	借	300
12	20	现收 1	报销差旅费	200		借	500
12	31		本月合计	200	1 900	借	500

总分类账

会计科目：原材料

20××年		凭证编号	摘　要	借方	贷方	借或贷	余　额
月	日						
12	1		期初余额			借	998 000
12	15	银付 1	购入材料	76 000		借	1 074 000
12	15	转 2	购入材料	28 000		借	1 102 000
12	15	银付 2	分摊运费杂费	6 000		借	1 108 000
12	15	转 3	生产领用材料		64 000	借	1 044 000
12	15	转 4	生产领用材料		23 300	借	1 020 700
12	28	转 7	结转材料成本		20 000	借	1 000 700
12	31		本月合计	110 000	107 300	借	1 000 700

总分类账

会计科目：生产成本

20××年		凭证编号	摘　　要	借　方	贷　方	借或贷	余　额
月	日						
12	1		期初余额			平	0
12	15	转 3	生产领料	64 000		借	64 000
12	15	转 4	生产领料	22 000		借	86 000
12	31	转 9	分配结转工资费用	60 000		借	146 000
12	31	转 11	分配结转制造费用	24 000		借	170 000
12	31	转 12	结转完工产品成本		170 000	平	0
12	31		本月合计	170 000	170 000	平	0

【例 12－5】 月终，将库存现金日记账和银行存款日记账和各种明细分类账的余额与有关总分类账的余额核对相符。原材料明细分类账的本期发生额及余额对照表如表 12－2 所示。

表 12－2　原材料明细账本期发生额及余额对照表

明细账户	计量单位	单价	期初余额		本期发生				期末余额	
			数量	金额	收入		发出		数量	金额
					数量	金额	数量	金额		
甲材料	千克	20	10 000	200 000	4 000	80 000	4 100	82 000	9 900	198 000
乙材料	千克	15	24 000	360 000	2 000	30 000	1 620	24 300	24 380	365 700
丙材料	千克	100	4 380	438 000			10	1 000	4 370	437 000
合计				998 000		110 000		107 300		1 000 700

光明公司全部科目发生额和余额表，见第五章**【例 5－37】**，在此不再列示。

【例 12－6】 月终，根据总分类账及有关明细分类账编制财务报表（略）。

第三节　科目汇总表账务处理程序

一、科目汇总表账务处理程序的特点

科目汇总表账务处理程序是指根据原始凭证或原始凭证汇总表编制的记账凭证定期编制科目汇总表，然后根据科目汇总表登记总账的一种账务处理程序。科目汇总表账务处理程序是在记账凭证科目汇总表账务处理程序的基础上简化和发展形成的。其特点是：定期将所有记账凭证编制成科目汇总表，根据科目汇总表登记总分类账，在记账凭证和总分类账之间增加了科目汇总表这个工具。

科目汇总表账务处理程序下的账簿组织与记账凭证账务处理程序相类似。记账凭证方面，一般采用收、付、转三种格式，也可以采用单式的记账凭证，为了定期将全部记账凭证进行汇总，还应设置科目汇总表。科目汇总表是指根据记账凭证汇总编制，列示有关总分类账本期借方、贷方发生额的一种记账凭证汇总表。它的主要作用是作为记账凭证与总分类账的中间环节，以减少登记总分类账的工作量。

科目汇总表的编制方法是将一定时期内的全部记账凭证，按相同的会计科目进行归类，定期汇总编制。首先，将汇总期内各项经济业务所涉及的会计科目填在科目汇总表的“会计科目”栏内，为了便于登记总分类账，会计科目的顺序按总分类账上会计科目的先后顺序填写。其次，按会计科目分别加计每一个总分类账科目的借方发生额合计数和贷方发生额合计数，将其合计数填在相应会计科目的“借方”和“贷方”栏。最后，在编制的科目汇总表内，分别加总借方、贷方发生额合计数，根据“有借必有贷，借贷必相等”的记账原则，进行发生额的试算平衡。科目汇总表的编制时间，可以每月汇总一次，也可以分五天、十天、半个月编制，具体应根据各企业、单位的业务量大小而定。科目汇总表上，还应注明据以编制的各种记账凭证的起讫字号，以备检查。

二、科目汇总表账务处理程序的记账步骤

(1) 根据原始凭证和汇总原始凭证，编制收款凭证、付款凭证和转账凭证等记账凭证；

(2) 根据收款凭证和付款凭证，序时逐笔登记库存现金日记账和银行存款日记账；

(3) 根据原始凭证、汇总原始凭证和收款凭证、付款凭证和转账凭证等记账凭证逐笔登记各种明细分类账；

(4) 根据一定时期内的全部记账凭证，汇总编制科目汇总表；

(5) 根据定期编制的科目汇总表，登记总分类账；

(6) 月终，将库存现金日记账、银行存款日记账的余额，以及各种明细分类账户余额合计数，分别与总分类账中有关账户的余额核对相符；

(7) 根据核对无误的总分类账和有关明细分类账编制财务报表。

科目汇总表账务处理程序的工作步骤，见图 12－2 所示。

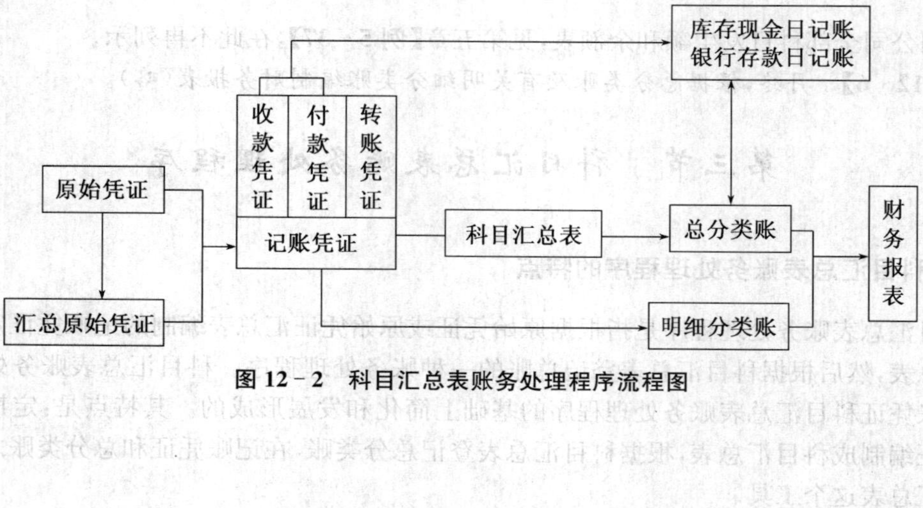

图 12－2　科目汇总表账务处理程序流程图

三、科目汇总表账务处理程序的优缺点及适用范围

科目汇总表账务处理程序与记账凭证账务处理程序相比，其突出的优点是：由于总分类账是根据定期编制的科目汇总表登记的，大大减少了登记总分类账的工作量；通过编制的科目汇总表，可以在登记总分类账之前进行试算平衡，从而及时发现错误，保证记账工作的质量。其不足之处在于：科目汇总表是按总账科目汇总编制的，只能作为登记总账和试算平衡的依据，不能反映科目之间的对应关系；总分类账登记后，不能明确反映账户之间的对应关系，不便于分析和检查经济业务的来龙去脉，不便于查对账目。科目汇总表账务处理程序一般适用于经营规模大、经济业务量多的大中型企业。

常见的科目汇总表的格式如下所示。

科目汇总表(一)

年 月 日至 日 第 号

会计科目	借方金额	记账	贷方金额	记账
合计				
收款凭证自 号至 号 付款凭证自 号至 号 转账凭证自 号至 号 借项 号至 号 贷项 号至 号				

会计主管 记账 审核 制证

科目汇总表(二)

年 月 日至 日 第 号

会计科目	1～10日		11～20日		21～30日		合 计		总账页数
	借方	贷方	借方	贷方	借方	贷方	借方	贷方	
收款凭证自 号至 号 付款凭证自 号至 号 转账凭证自 号至 号 借项 号至 号 贷项 号至 号									

会计主管 记账 审核 制证

科目汇总表账务处理程序中的工作步骤1、2、3、6与记账凭证账务处理程序中的工作步骤相同，这里举例说明有区别的工作步骤4和工作步骤5。

【例12-7】 根据12月份的记账凭证编制科目汇总表。

科目汇总表

20××年 12 月 1 日至 20 日　　科汇字第 1201 号

会计科目	本期发生额		记账凭证起讫号
	借方	贷方	
库存现金	200	1 900	现收款凭证自第 1 号至第 1 号；银收款凭证自第 1 号至第 2 号；现付款凭证自第 1 号至第 2 号；银付款凭证自第 1 号至第 4 号；转账凭证自第 1 号至第 5 号
银行存款	400 000	137 280	
原材料	110 000	87 300	
生产成本	86 000		
其他应收款	1 000	1 000	
固定资产	160 000		
短期借款		100 000	
应付账款	32 760	32 760	
应交税费	17 680		
制造费用	8 000		
管理费用	4 600		
实收资本		460 000	
合计	820 240	820 240	

科目汇总表

20××年 12 月 21 日至 31 日　　科汇字第 1202 号

会计科目	本期发生额		记账凭证起讫号
	借方	贷方	
银行存款	557 130	89 800	银收款凭证自第 3 号至第 8 号；银付款凭证自第 5 号至第 9 号；转账凭证自第 6 号至第 21 号
应收账款	188 200	188 200	
原材料		20 000	
周转材料		14 500	
库存商品	170 000	148 000	
累计折旧		15 000	
应付职工薪酬	72 800	72 800	
应交税费		87 430	
应付股利		340 000	
长期借款		180 000	
盈余公积		54 280	
本年利润	796 000	327 000	
利润分配	394 280	542 800	

（续表）

会计科目	本期发生额		记账凭证起讫号
	借方	贷方	
生产成本	84 000	170 000	
制造费用	16 000	24 000	
主营业务收入	240 000	240 000	
主营业务成本	148 000	148 000	
营业税金及附加	13 700	13 700	
其他业务收入	49 000	49 000	
其他业务成本	34 500	34 500	
营业外收入	38 000	38 000	
营业外支出	3 000	3 000	
销售费用	5 000	5 000	
管理费用	11 800	16 400	
财务费用	8 000	8 000	
所得税费用	24 600	24 600	
合计	2 854 010	2 854 010	

【例 12-8】 根据科目汇总表登记总分类账。本例仅以“银行存款”“原材料”为例说明，如下所示。其他总账登记方法与之相同，不再详细登录。

总分类账

会计科目：银行存款

20××年		凭证编号	摘　　要	借方	贷方	借或贷	余额
月	日						
12	1		期初余额			借	245 000
12	20	科汇 1201	1～20 科目汇总表	400 000	137 280	借	507 720
12	31	科汇 1202	21～31 科目汇总表	557 130	89 800	借	975 050
12	31		本月合计	957 130	227 080	借	975 050

总分类账

会计科目：原材料

20××年		凭证编号	摘　　要	借方	贷方	借或贷	余额
月	日						
12	1		期初余额			借	998 000
12	20	科汇 1201	1～20 科目汇总表	110 000	87 300	借	1 020 700
12	15	科汇 1202	21～31 科目汇总表		20 000	借	1 000 700
12	31		本月合计	110 000	107 300	借	1 000 700

说明:由于科目汇总表按相同会计科目汇总,科目汇总表仅能反映某一会计科目的本期借方或贷方发生额,已无法反映会计科目之间的对应关系。因此,总账不设置对方科目栏。

第四节　汇总记账凭证账务处理程序

一、汇总记账凭证账务处理程序的特点

汇总记账凭证账务处理程序是根据原始凭证或汇总原始凭证编制记账凭证,再根据记账凭证定期编制汇总记账凭证,然后根据汇总记账凭证登记总分类账的一种账务处理程序。这种账务处理程序是在记账凭证账务处理程序的基础上简化和发展而形成的。汇总记账凭证账务处理程序与科目汇总表账务处理程序一样,先将记账凭证定期进行汇总,然后登记总账,只是汇总方式不同,科目汇总表按照相同的会计科目进行汇总,汇总记账凭证则按照会计科目之间的对应关系进行汇总。其目的都是为简化总账的登记工作。

汇总记账凭证账务处理程序、账簿组织与记账凭证账务处理程序相类似。在记账凭证方面,除设置收款凭证、付款凭证和转账凭证外,还应增设“汇总收款凭证”“汇总付款凭证”“汇总转账凭证”。“汇总收款凭证”“汇总付款凭证”“汇总转账凭证”是分别根据收款凭证、付款凭证、转账凭证汇总编制的,其主要作用是作为记账凭证与总分类账的中间环节,以减少登记总分类账的工作量。

汇总记账凭证的编制方法是先将各种记账凭证定期(一般可 5 天或 10 天)按照会计科目的对应关系在汇总记账凭证中汇总一次,每月编制一张。

(一) 汇总收款凭证及其编制方法

汇总收款凭证是指按“库存现金”和“银行存款”科目的借方分别设置,定期按贷方科目加以归类、汇总,5 天或 10 天定期填列一次,每月编制一张的一种汇总记账凭证,它汇总了一定时期内库存现金和银行存款的收款业务。其格式如下所示。

汇总收款凭证

借方科目:库存现金或银行存款　　　　年　　月　　日　　　　汇收字第　号

贷方科目	金额				总账页数
	1～10 日 收字第　号至　号	11～20 日 收字第　号至　号	21～31 日 收字第　号至　号	合计	
合计					

会计主管　　　　记账　　　　审核　　　　制证

(二) 汇总付款凭证及其编制方法

汇总付款凭证是指按“库存现金”和“银行存款”科目的贷方分别设置，定期按借方科目加以归类、汇总，5 天或 10 天定期填列一次，每月编制一张的一种汇总记账凭证，它汇总了一定时期内库存现金和银行存款的付款业务。其格式如下所示。

汇总付款凭证

贷方科目：库存现金或银行存款　　　　年　月　日　　　　汇付字第　号

借方科目	金额				总账页数
	1～10 日 付字第　号至　号	11～20 日 付字第　号至　号	21～31 日 付字第　号至　号	合计	
合计					

会计主管　　　　记账　　　　审核　　　　制证

(三) 汇总转账凭证及其编制方法

汇总转账凭证根据转账凭证按每一贷方科目分别设置，按对应的借方科目归类、汇总编制，月终结出合计数并据以登记总账的一种汇总记账凭证。按贷方科目设置，能够减少汇总工作量。为便于汇总，所有转账凭证必须是“一借一贷”或“多借一贷”的会计分录。若有“一借多贷”或“多借多贷”的会计分录，需分解为“一借一贷”的简单分录。汇总转账凭证的格式如下所示。

汇总转账凭证

贷方科目：原材料　　　　年　月　日　　　　汇转字第　号

借方科目	金额				总账页数
	1～10 日 转字第　号至　号	11～20 日 转字第　号至　号	21～31 日 转字第　号至　号	合计	
合计					

会计主管　　　　记账　　　　审核　　　　制证

二、汇总记账凭证账务处理程序的记账步骤

（1）根据原始凭证或原始凭证汇总表编制收款凭证、付款凭证和转账凭证等记账凭证；

(2) 根据收款凭证和付款凭证序时逐笔登记库存现金日记账和银行存款日记账；

(3) 根据收款凭证、付款凭证、转账凭证及所附原始凭证或原始凭证汇总表登记各种明细分类账；

(4) 根据一定时期内的收款凭证、付款凭证、转账凭证分别定期编制汇总收款凭证、汇总付款凭证和汇总转账凭证；

(5) 根据定期编制的汇总收款凭证、汇总付款凭证和汇总转账凭证登记总分类账；

(6) 月末，将库存现金日记账、银行存款日记账的余额，以及各种明细分类账余额合计数，分别与总分类账中有关账户的余额核对相符；

(7) 根据核对无误的总分类账及有关明细分类账编制财务报表。

汇总记账凭证账务处理程序的工作步骤，如图 12－3 所示。

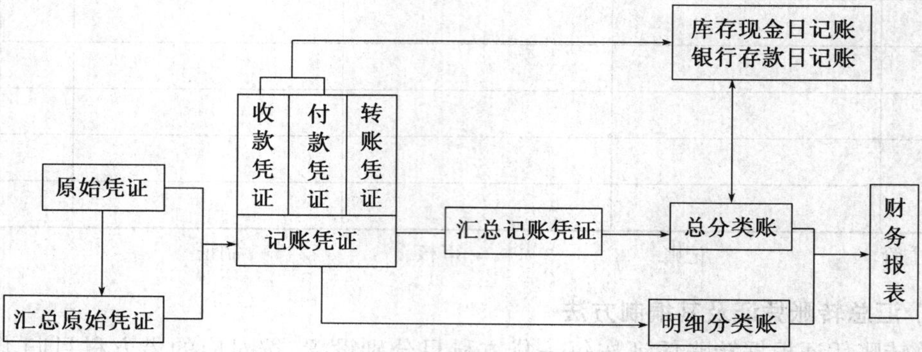

图 12－3　汇总记账凭证账务处理程序流程图

三、汇总记账凭证账务处理程序的优缺点及适用范围

汇总记账凭证账务处理程序与记账凭证账务处理程序及科目汇总表账务处理程序相比，其优点是：记账凭证通过汇总记账凭证汇总后，于月末时一次登记总分类账，减轻了登记总账的工作量，克服了记账凭证账务处理程序的缺点；汇总记账凭证是按会计科目的对应关系进行归类、汇总编制的，便于了解经济业务的来龙去脉和进行查账，克服了科目汇总表账务处理程序的缺点。汇总记账凭证账务处理程序缺点是：汇总记账凭证的编制，是按每一贷方科目，而不是按经济业务的性质归类、汇总的，比较复杂，不利于会计核算工作的分工，当转账凭证较多时，编制汇总记账凭证的工作量大。因此汇总记账凭证账务处理程序一般适用于经营规模较大、经济业务量多的企业单位，特别是收、付业务多而转账业务较少的单位。

第五节　日记总账账务处理程序

一、日记总账账务处理程序的特点

日记总账是日记账和分类账结合在一起的联合账簿，是将全部科目都集中设置在一张账页上，以记账凭证为依据，对所发生的全部经济业务进行序时登记，月末将每个科目借、贷方登记的数字分别合计，并计算出每个科目的月末余额。其特点是：设置日记总账，根据记账凭证逐笔登记日记总账。

在日记总账账务处理程序下，需要特别开设日记总账，其余与前述账务处理程序相同。设置的记账凭证应按经济业务内容不同，分为收款凭证、付款凭证和转账凭证。要求分别根据收款凭证、付款凭证和转账凭证逐日、逐笔登记日记总账，对每一笔经济业务所涉及的各个会计科目的借方发生额和贷方发生额，都应分别登记在同一行的不同科目的借方栏和贷方栏内，并将借贷方发生额合计数记在“发生额栏”内。月末，分别计算各栏次的合计数和各科目的月末借方或贷方余额，进行账簿记录的核对工作。

设置的库存现金日记账和银行存款日记账，一般采用三栏式；设置日记总账；设置各种明细账，根据需要可采用三栏式、数量金额式或多栏式。

二、日记总账账务处理程序的记账步骤

(1) 根据原始凭证、编制汇总原始凭证；

(2) 根据原始凭证和汇总原始凭证编制收款凭证、付款凭证和转账凭证；

(3) 根据收款凭证和付款凭证，登记库存现金日记账和银行存款日记账；

(4) 根据原始凭证、汇总原始凭证和各种记账凭证，登记各种明细账；

(5) 根据收款凭证、付款凭证和转账凭证，逐日逐笔登记日记总账；

(6) 月终，将现金日记账、银行存款日记账的余额、各种明细分类账余额合计数，分别与总分类账中有关账户的余额核对相符；

(7) 根据核对无误的日记总账和各种明细分类账的记录，编制财务报表。

日记总账账务处理程序的工作步骤，如图 12－4 所示。

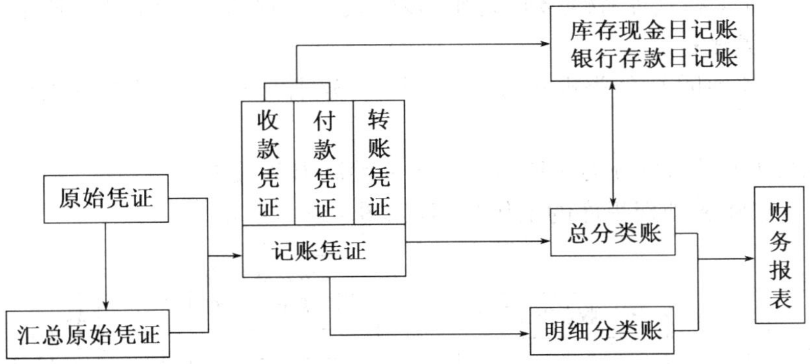

图 12－4　日记总账账务处理程序流程图

三、日记总账账务处理程序的优缺点及适用范围

日记总账是按全部总账科目分借方和贷方设置的，并且根据记账凭证逐日逐笔登记，因此，日记总账账务处理程序的优点是账务处理程序比较简单，能够全面地反映各项经济业务的来龙去脉。日记总账账务处理程序的不足之处在于，如果企业或单位运用的会计科目较多，总分类账的账页就会过长，影响记账和查阅的速度。日记总账账务处理程序适用于经济规模小、业务简单、使用会计科目少的单位。

第六节　多栏式日记账账务处理程序

一、多栏式日记账账务处理程序的特点

多栏式日记账账务处理程序是通过登记多栏式日记账对收款凭证、付款凭证进行汇总，然后根据多栏式日记账、转账凭证或转账凭证汇总表登记总账的一种账务处理程序。

多栏式日记账账务处理程序的特点是：库存现金日记账和银行存款日记账均采用多栏式，并根据收款凭证和付款凭证逐笔登记库存现金、银行存款日记账，再根据库存现金日记账和银行存款日记账登记总账。对于转账业务，可以根据转账凭证或转账凭证汇总表登记总账（转账凭证汇总表的格式及编制方法与科目汇总表相同）。

在多栏式日记账账务处理程序下，需设置收款凭证、付款凭证和转账凭证等记账凭证；需设置库存现金日记账和银行存款日记账，并采用多栏式。

二、多栏式日记账账务处理程序的记账步骤

（1）根据原始凭证或原始凭证汇总表填制记账凭证，如转账凭证较多，可定期根据转账凭证编制转账凭证汇总表；

（2）根据收款凭证和付款凭证，序时登记多栏式库存现金日记账和多栏式银行存款日记账；

（3）根据原始凭证和原始凭证汇总表或记账凭证，逐笔登记明细分类账；

（4）月终，根据多栏式库存现金日记账、多栏式银行存款日记账和转账凭证（或转账凭证汇总表）登记总分类账；

（5）月终，将各种明细分类账的余额合计数，分别与总分类账中有关账户的余额核对相符；

（6）根据核对无误的总分类账和明细分类账编制财务报表。

多栏式日记账账务处理程序的工作步骤，如图 12－5 所示。

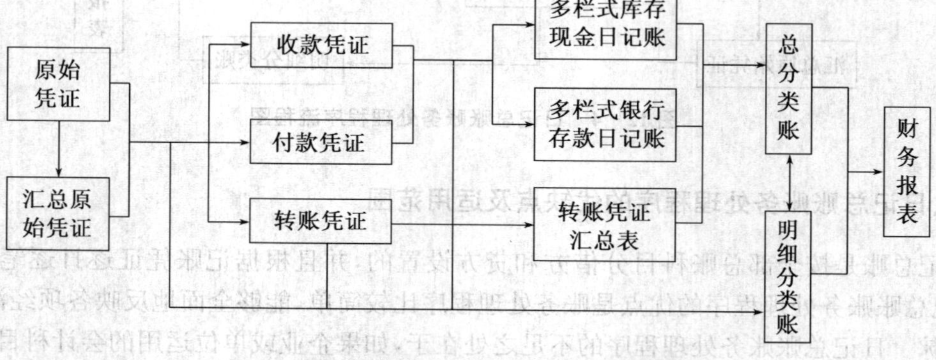

图 12－5　多栏式日记账账务处理程序流程图

三、多栏式日记账账务处理程序优缺点和适用范围

多栏式日记账账务处理程序的优点是通过多栏式日记账对收款凭证、付款凭证进行汇总，然后根据多栏式日记账登记总分类账，可以简化总分类账的登记工作。缺点是在业务较复杂、会计科目设置较多的企业里，多栏式现金日记账的专栏栏次过多，账页较大，不便于登账和查账。多栏式日记账账务处理程序适用于业务量小，但收款、付款业务较多的单位。

【操作训练】

【目的】　练习科目汇总表账务处理程序。

【资料】　振华工厂20××年2月初各账户余额见下表：

期初余额表

账户名称	借方余额	账户名称	贷方余额
库存现金	2 000	累计折旧	30 000
银行存款	511 000	应付账款	300 000
应收账款	210 000	短期借款	300 000
原材料	60 000	应付职工薪酬	60 000
库存商品	212 000	实收资本	400 000
固定资产	300 000	盈余公积	100 000
		本年利润	105 000
合计	1 295 000	合计	1 295 000

振华工厂20××年2月1日有关明细分类账户的余额如下：

应收账款：光明工厂150 000元，东方工厂60 000元

原材料：甲材料100吨，单价300元，金额30 000元

　　　　乙材料150吨，单价200元，金额30 000元

应付账款：红星工厂200 000元，东风工厂100 000元

振华工厂2月份发生的经济业务如下：

(1) 1日，收回光明厂前欠货款150 000元，存入银行。

(2) 3日，以银行存款200 000元归还银行短期借款。

(3) 5日，基本生产车间加工产品领用甲材料50吨，计15 000元，其中：A产品耗用9 000元，B产品耗用6 000元；车间一般性耗用领用乙材料10吨，计2 000元；厂部一般性耗用领用乙材料10吨，计2 000元。

(4) 6日，以银行存款60 000元发放职工工资。

(5) 10日，出售产品给光明工厂，其中A产品300件，单价200元；B产品200件，单价100元。货款收到存入银行。振华工厂增值税税率为17%。

(6) 12日，向东风工厂购进甲材料100吨，单价300元，增值税税率为17%，计35 100元，

发票已收到，货款尚未支付，材料已验收入库。

(7) 12 日，以银行存款支付 2 000 元购买办公用品。其中：车间领用 500 元，行政管理部门领用 1 500 元。

(8) 15 日，以银行存款归还前欠红星工厂货款 200 000 元。

(9) 18 日，向银行借入短期借款 100 000 元，存入银行。

(10) 22 日，以银行存款归还前欠东风工厂货款 100 000 元。

(11) 31 日，收到大地公司投资款 200 000 元。

(12) 31 日，计提固定资产折旧 100 000 元，其中：车间计提 80 000 元，行政管理部门计提 20 000 元。

(13) 31 日，分配职工工资 60 000 元，其中：生产 A 产品工人工资 40 000 元，生产 B 产品工人工资 10 000 元，车间管理人员工资 4 000 元，行政管理人员工资 6 000 元。

(14) 31 日，用银行存款支付广告费 10 000 元。

(15) 31 日，按生产工人工资比例分配结转本月制造费用。

(16) 31 日，A 产品、B 产品各 1 000 件全部完工，结转已完工入库产品的生产成本，假定期初、期末均没有在产品。

(17) 31 日，结转本月已销售产品的生产成本，按本月产品入库单价计算。

(18) 31 日，结转本月主营业务收入、主营业务成本、管理费用和销售费用。

【要求】 根据以上资料，编制会计分录，进而编制科目汇总表，并根据科目汇总表登记总分类账。

【能力测试】

一、单项选择题

1. 各种会计账务处理程序的主要区别在于(　　)。

A. 原始凭证的种类和格式不同　　B. 记账凭证的种类和格式不同

C. 所编财务报表的种类和格式不同　　D. 登记总分类账的依据和方法不同

2. 下列会计账务处理程序中最基本的一种会计账务处理程序是(　　)。

A. 记账凭证账务处理程序　　B. 科目汇总表账务处理程序

C. 汇总记账凭证账务处理程序　　D. 多栏式日记账账务处理程序

3. 记账凭证账务处理程序登记总分类账的依据是(　　)。

A. 原始凭证　　B. 记账凭证　　C. 多栏式日记账　　D. 科目汇总表

4. 直接根据记账凭证，逐笔登记总分类账的依据是(　　)。

A. 日记总账账务处理程　　B. 通用日记账账务处理程序

C. 多栏式日记账账务处理程序　　D. 记账凭证账务处理程序

5. 记账凭证账务处理程序与科目汇总表账务处理程序的主要区别在于(　　)。

A. 编制记账凭证的依据不同　　B. 登记日记账和明细账的依据不同

C. 登记总账的依据不同　　D. 编制财务报表的依据不同

6. 科目汇总表账务处理程序的主要缺点是(　　)。

A. 加大了登记总账的工作量　　B. 据此登账易产生错误

C. 不便于查对账目　　D. 具有试算平衡的作用

7. 科目汇总表账务处理程序和汇总记账凭证账务处理程序的主要相同点是(　　)。

A. 登记总账的依据相同　　B. 记账凭证汇总的方法相同

C. 汇总凭证格式相同　　D. 记账凭证都需要汇总并且记账步骤相同

8. 登记多栏式日记总账的依据是(　　)。

A. 原始凭证　　B. 记账凭证　　C. 多栏式日记账　　D. 汇总记账凭证

9. 汇总记账凭证账务处理程序的适用范围是(　　)。

A. 规模较大、业务较多的单位　　B. 规模较小、业务较少的单位

C. 规模较大、业务较少的单位　　D. 规模较小、业务较多的单位

10. 在汇总记账凭证账务处理程序下，对于平时所编的转账凭证上的会计科目对应关系应保持(　　)。

A. 一借二贷　　B. 一借多贷　　C. 多借多贷　　D. 一借一贷或多借一贷

二、多项选择题

1. 我国企业使用较多的三种会计账务处理程序是(　　)。

A. 记账凭证账务处理程序　　B. 科目汇总表账务处理程序

C. 汇总记账凭证账务处理程序　　D. 日记总账账务处理程序

2. 记账凭证账务处理程序、汇总记账凭证账务处理程序和科目汇总表账务处理程序应共同遵循的程序有(　　)。

A. 根据原始凭证、汇总原始凭证和记账凭证，登记各种明细分类账

B. 根据记账凭证逐笔登记总分类账

C. 期末，库存现金日记账、银行存款日记账和明细分类账的余额与有关总分类账的余额核对相符

D. 根据总分类账和明细分类账的记录，编制会计报表

3. 在各种账务处理程序中，共同的账务处理程序是(　　)。

A. 均应编制原始凭证　　B. 均应编制记账凭证

C. 均应编制汇总记账凭证　　D. 均应设置总账

4. 关于科目汇总表的说法，不正确的是(　　)。

A. 科目汇总表不能反映各科目的对应关系

B. 增加了登记总账的工作量

C. 不能进行试算平衡

D. 需要编制简单会计分录

5. 汇总收款凭证的借方科目可以是(　　)。

A. 其他应收款　　B. 库存现金　　C. 主营业务收入　　D. 银行存款

6. 各种账务处理程序中，明细分类账登记的依据可以是(　　)。

A. 原始凭证　　B. 汇总原始凭证　　C. 记账凭证　　D. 汇总记账凭证

7. 下列账务处理程序中，可以直接根据记账凭证登记总分类账的账务处理程序有(　　)。

A. 科目汇总表账务处理程序　　B. 日记总账账务处理程序

C. 多栏式日记账账务处理程序　　D. 记账凭证账务处理程序

8. 科目汇总表账务处理程序与汇总记账凭证账务处理程序的共同点是(　　)。

A. 减少了登记总账的工作量　　B. 登记明细账的依据相同

C. 登记总账的依据相同　　D. 记账凭证都需要进行汇总

9. 汇总记账凭证账务处理程序的优点是(　　)。

A. 可以了解经济业务的来龙去脉

B. 转账凭证较多时,编制汇总记账凭证的工作量小

C. 反映科目的对应关系,减少登记总账的工作量

D. 有利于会计核算工作的分工

三、判断题

1. 科目汇总表按照相同的会计科目进行汇总,汇总记账凭证则按照会计科目之间的对应关系进行汇总。(　　)

2. 各种账务处理程序的主要区别在于填制会计凭证的依据和方法不同。(　　)

3. 科目汇总表账务处理程序是直接根据记账凭证逐笔登记总分类账。(　　)

4. 财务报表编制的依据是账簿记录。(　　)

5. 登记日记总账依据的是记账凭证。(　　)

四、名词解释

1. 账务处理程序

2. 记账凭证账务处理程序

3. 科目汇总表账务处理程序

4. 汇总记账凭证账务处理程序

五、简答题

1. 简述记账凭证账务处理程序的记账步骤及适用范围。

2. 简述科目汇总表账务处理程序的记账步骤及适用范围。

3. 简述汇总记账凭证账务处理程序的记账步骤及适用范围。

4. 简述日记总账账务处理程序的记账步骤及适用范围。

5. 简述多栏式日记账账务处理程序的记账步骤及适用范围。

【电子化应用】

采用会计电算化进行账务处理,会计人员只需录入和审核会计凭证,其余各项工作如汇总凭证,登记账簿,编制财务报表,对会计数据进行进一步分类、加工等都由计算机自动完成,可以大大减轻会计人员的劳动强度,提高了工作效率,保证了会计核算信息的准确性和会计信息使用的及时性。具体操作将在后续专业课程中介绍。

第十三章　会计工作组织

【操作任务】

熟悉：设置会计机构的原则和会计人员的任职资格、职业道德和继续教育的要求，会计法规，会计档案管理。

掌握：企业会计机构内部控制内容，会计人员的职责和职业道德。

【操作知识】

第一节　会计机构

会计工作的组织包括会计机构的设置、会计人员的配备、会计法规制度的制定与执行以及会计档案的保管等一系列工作。科学、合理、有效地组织会计工作，对于实现会计目标，发挥会计职能作用具有重要的意义。

一、会计机构的设置

会计机构是指各单位办理会计事物的职能部门。建立健全会计机构是保证会计工作正常进行，充分发挥会计职能作用的重要条件。一个单位是否需要单独设置会计机构，主要取决于单位规模的大小、业务繁简和经济管理体制的要求。一般来说，凡实行独立核算的大、中型企业，都要单独设置会计机构，并在企业负责人的领导下开展会计工作。在不具备单独设置会计机构条件的单位，应当在有关机构中配备专职会计人员，并指定会计主管人员，也可以根据《代理记账管理暂行办法》的规定，依法委托中介机构代理记账。

二、会计机构的内部组织形式

会计机构应承担哪些会计工作，与其他职能部门、车间、仓库等会计组织、会计人员之间如何分工，都与会计工作组织方式有关。会计工作的组织方式，以企业为例，一般有集中核算和分散核算两种方式。

（一）集中核算

集中核算，是指将企业会计工作主要集中在企业会计部门进行的一种核算组织方式。采用集中核算组织方式，企业经济业务的明细核算、总分类核算、财务报表编制和各有关项目的考核分析等会计工作，集中由企业会计部门进行；其他职能部门、车间、仓库的会计组织或会计人员，只负责登记原始记录和填制原始凭证，并经初步整理后，为企业会计部门进一步核算提供资料。

实行集中核算，企业会计工作主要集中在企业会计部门进行，可以减少核算环节，精简会计人员。这种组织形式不便于企业内部有关部门及时利用核算资料检查和控制核算工作，进行考核与分析。

（二）分散核算

分散核算也称非集中核算，是指企业内部各部门核算本身发生的经济业务，包括凭证整理、明细核算以及与企业内部单位日常管理需要相适应的内部报表的编制和分析等，企业会计部门根据企业内部各部门报送来的资料进行总分类核算、编报整个企业的财务报表，并负责指导和监督企业内部部门的会计核算工作。

实行分散核算，有利于企业内部有关部门及时利用核算资料进行日常考核与分析，随时发现和解决问题。这种组织形式不便于采用最合理的凭证整理方法，因而会增加会计人员数量，增加费用支出，对会计部门集中掌握和监督企业内部各单位的经济业务情况也有一定影响。

集中核算和分散核算是相对的，而不是绝对的。在实际工作中，企业应当根据规模的大小、业务繁简和经济管理体制的要求，决定采用集中核算形式还是采用分散核算形式，或二者兼而有之。但无论采用哪种形式，企业对外的现金往来、银行存款往来、物资购销、债权债务的结算都应由企业会计部门集中办理。

三、会计机构的岗位设置

会计工作的岗位设置，就是在财务会计机构内部，按照会计工作的内容和会计人员的配备情况进行合理的分工，使每项工作都有专人负责，每位会计人员都明确自己的职责。

企业单位目前一般设置的基本会计工作岗位及其职责如下：

（1）总账报告岗位。负责总账的登记，并与有关的日记账和明细账相核对；进行总账与余额的试算平衡，编制财务报告；保管会计档案；进行财务预测，制定或参与制定财务预算，参与企业生产经营决策，进行企业财务情况的综合分析。

（2）出纳岗位。负责货币资金的收支、保管，登记现金和银行存款日记账；按规定使用和保管签发支票所用印章。

（3）财务岗位。负责资金的筹集、使用、调度；随时了解、掌握资金市场动态，分析货币资金收支计划和银行借款计划的执行情况；制订或参与制订货币资金收支和银行借款计划。

（4）结算岗位。办理企业与供应、购买等单位之间的往来结算；制定或参与制定信用标准；监督企业贯彻执行现金管理制度、结算制度和信贷制度的情况。

（5）工资核算岗位。负责计算职工的各种薪酬和奖金；办理职工的工资结算，并进行有关的明细核算；分析工资总额计划的执行情况，控制工资总额支出；参与制订工资计划。

（6）固定资产核算岗位。负责审核固定资产购建、调拨、内部转移、租赁、清理的凭证；进行固定资产的明细核算；参与固定资产清查；编制有关固定资产增减变动的报表；参与制订固定资产重置、更新和修理计划；指导和监督固定资产管理部门和使用部门对固定资产的核算工作。

（7）材料核算岗位。负责审核材料采购的发票、账单等结算凭证；进行材料采购、收发、结存的明细核算；参与库存材料清查；分析采购资金使用情况、采购成本超支或节约情况和储备资金占用情况，控制材料采购成本和材料资金占用；参与制订材料采购资金计划和材料计划成本；指导和监督供应部门、材料仓库和使用材料的车间、部门对材料的核算工作。

(8) 成本核算岗位。会同有关部门建立健全各项原始记录、消耗定额和计量验收制度；改进成本管理的基础工作；负责审核各项费用开支；参与自制半成品和产成品的清查；核算产品成本，编制成本报表；分析成本计划执行情况，控制产品成本和生产资金占用；进行成本预测，制订成本计划，配合成本归口分级管理，将成本指标分解、落实到各部门、车间、班组；指导、监督和组织各部门、车间、班组的成本核算和厂内经济核算工作。

(9) 销售和利润核算岗位。负责审核产成品收发、销售和营业外收支凭证；参与产成品清查；进行产成品、销售和利润的明细核算；计算应交税费，进行利润分配，编制利润表，分析成品资金占用情况、销售收入、利润及分配计划的执行情况；参与市场预测，制订或参与制订销售和利润计划。

会计工作岗位可以一人一岗、一人多岗或者一岗多人，但出纳人员不得兼任稽核、会计档案保管和收入、费用、债权债务账目的登记工作。根据企业内部牵制和内部控制的原则，会计工作岗位设置中不相容的业务不得由同一会计人员执行，即建立钱、账、物分管制度，这是保护单位财产安全及保证会计工作顺利进行的必要措施。

为了使会计人员全面熟悉各个工作岗位的业务工作，符合一专多能并适应社会发展的、具有较强的综合工作能力的要求，在有关岗位设定以后，还应对会计人员有计划地实行定期岗位轮换，促使各岗位会计人员相互配合、协调工作。

四、会计机构的内部控制

内部控制是指单位各级管理部门，利用单位内部因分工而产生的相互联系、相互制约关系，所制定的一系列方法和制度。会计机构的内部控制是指企、事业单位根据会计法及其他会计法规的规定，结合本单位的具体情况和内部控制的管理需要，本着建立健全会计工作的目的而建立的有关会计工作的各项内部制度。

各单位制定会计机构的内部控制应当遵循下列原则：

(1) 应当执行法律、法规和国家统一的财务会计制度；

(2) 应当体现本单位的生产经营、业务管理的特点和要求；

(3) 应当全面规范本单位的各项会计工作，建立健全会计基础，保证会计工作的有序进行；

(4) 应当科学、合理，便于操作和执行；

(5) 应当定期检查执行情况；

(6) 应当根据管理需要和执行中遇到的问题使内部会计管理制度不断完善。

一般来说，企、事业单位会计机构的内部控制应包括下述内容：

1. 建立会计工作的内部控制体系

单位内部会计管理体系，主要是指一个单位的会计工作组织体系。《会计法》规定，单位负责人对本单位的会计工作和会计资料的真实性、完整性负责，因此应建立由单位负责人、总会计师为核心的会计工作的领导体系；明确会计机构以及会计机构负责人(或者会计主管人员)的职责、权限；明确会计机构与其他职能机构的分工与关系，以及确定单位内部的会计核算组织形式。

2. 建立会计人员岗位责任制度

会计人员岗位责任制度是单位内部会计人员管理的一项重要制度。主要内容包括：会计人员工作岗位的设置，各个会计工作岗位的职责和工作标准；会计工作岗位的人员和具体分工；会计工作岗位轮换办法；对各会计工作岗位的考核办法。

3. 建立账务处理程序制度

账务处理程序制度主要是对会计凭证、账簿、报表等会计账务处理流程和基本方法的规定。主要内容包括：单位会计科目和明细科目的设置和使用范围，单位的会计凭证格式、填制要求、审核要求、传递程序、保管要求等，会计核算方法，会计账簿的设置、格式、登记、对账、结算、改错等要求，编制财务报表的种类和要求，单位内部会计指标体系和考核要求。

4. 建立内部牵制制度

制定该项制度时，应当与会计人员岗位责任制度结合起来考虑。主要内容包括：内部牵制制度的原则，组织分工，出纳岗位的职责和限制条件，有关岗位的职责和权限，有关部门或领导对限制性岗位的定期检查办法。

5. 建立稽核制度

稽核制度是指在会计机构内部指定专人对有关会计账证进行审核、复查的一种制度。主要内容包括：稽核工作的组织形式和具体分工，稽核工作的职责、权限，稽核工作的程序及审核会计凭证及复核会计账簿、财务报表的方法等。

6. 建立原始记录管理制度

原始记录是会计核算工作的基础环节。建立规范的原始记录管理制度，对会计核算工作的正常进行起重要保证作用。主要内容包括：原始记录的格式、内容和填制方法，原始记录填制人的责任，原始记录签署、传递、汇集、管理和审核要求。

7. 建立定额管理制度

定额管理制度是指确定定额制定依据、制定程序、考核方法、奖惩措施的制度。主要内容包括：定额管理的范围，制定和修订定额的依据、程序和方法，明确定额的执行、考核、奖惩的具体办法等。

8. 建立计量验收制度

主要内容包括：计量检测手段和方法，计量验收管理的要求，计量验收人员的责任和奖惩办法等。

9. 建立财产清查制度

建立财产清查制度，是保证会计核算正常进行和会计核算质量的重要措施，符合《会计法》的有关规定。主要内容包括：财产清查的范围，财产清查的组织领导，财产清查的期限和方法，对财产清查中发现问题的处理办法，对财产管理人员的奖惩办法。

10. 建立财务收支审批制度

财务收支审批制度是指确定财务收支审批范围、审批人员、审批权限、审批程序及其责任的制度。主要内容包括：财务收支审批人员和审批权限；财务收支审批程序；财务收支审批人员的责任，以及明确对财务收支中违反规定的责任人和领导人的处理要求。

11. 实行成本核算的单位应当建立成本核算制度

成本核算制度主要适用于企业单位。主要内容包括：成本核算的对象，成本核算的方法和程序，成本分析与考核等。

12. 建立财务会计分析制度

建立定期财务会计分析制度，是指定期检查财务会计指标落实情况，分析存在的问题和原因，提出相应改进措施，以加强单位内部管理、不断提高经济效益的制度。主要内容包括：财务会计分析的主要内容，财务会计分析的基本要求和组织程序，财务会计分析的具体方法，财务会计分析报告的编写要求。

第二节　会计人员

《会计法》规定，设置会计机构的单位，必须配备相应的会计人员。会计人员是指在公司、企业、事业单位和其他组织所设置的会计机构中直接从事会计工作的专职人员。而对业务并入其他职能部门的机构也应该配备会计人员。对于业务比较简单，的确没必要设置会计机构的单位，也应在有关机构中设置办理会计工作的专职或兼职会计人员。

一、会计人员的配备

会计人员的配备原则：一是根据实际需要，实行结构合理、人数适当的原则；二是按照内部控制制度的要求，实行回避原则。配备方式有三种：一是由国家的会计管理机构或上级主管单位直接任命，二是由各单位自行聘任，三是由各单位征得上级主管部门的同意后聘任。

会计机构负责人或会计主管人员，是在一个单位内具体负责会计工作的中层领导人员。根据《会计法》的规定，各单位应当根据单位业务的需要，设置会计机构或者在有关机构中设置会计人员并指定会计主管人员。担任单位会计机构负责人（会计主管人员）的，除应取得会计从业资格证书外，还应当具备会计师以上专业技术职务资格或者从事会计工作 3 年以上经历。此外，还应当具有较高的政治素质和政策业务水平、良好的职业道德、组织领导能力和较好的身体等。

国有的和国有资产占控股地位或者主导地位的大、中型企业，根据《会计法》的规定必须设置总会计师，其他单位可以根据业务需要，自行决定是否设置总会计师。总会计师是主管本单位财务会计工作的行政领导。总会计师协助单位主要行政领导人工作，直接对单位主要行政领导人负责。担任总会计师应当具备下列条件：

（1）坚持社会主义方向，积极为社会主义建设和改革开放服务；

（2）坚持原则，廉洁奉公；

（3）取得会计师任职资格，主管一个单位或者单位内一个重要方面的财务会计工作时间不少于 3 年；

（4）有较高的理论政策水平，熟悉国家财经法律、法规、方针、政策和制度，掌握现代化管理的有关知识；

（5）具备本行业的基本业务知识，熟悉行业情况；

（6）身体健康，能胜任本职工作。

在国家机关、社会团体、公司、企业、事业单位和其他组织从事会计机构负责人（会计主管人员），出纳，稽核，资本、基金核算，收入、支出、债权债务核算，工资、成本费用、财务成果核算，财产物资的收发、增减核算，总账，财务会计报告编制，会计机构内会计档案管理等会计工作的人员，必须取得会计从业资格，持有会计从业资格证书，并进行注册登记。

二、会计人员的职责

1. 进行会计核算

会计人员要对本企业发生的各种经济业务按照会计制度的规定，切实做好记账、算账、报账工作。及时、准确、完整地反映经济活动情况，为会计资料的使用者提供真实、准确的会计信息。

2. 实行会计监督

依据国家有关规定，会计人员对本单位经济业务的合法性、合理性进行监督，对违反《会计法》和国家统一会计制度规定的会计事项拒绝办理，按职权予以纠正，必要时向单位领导人汇报，及时制止违法行为。

3. 拟订本单位办理会计事项的具体方法

根据国家颁布的会计法规、财政经济政策，从本单位的具体情况出发，制定本单位内部各项会计规章制度，例如会计人员岗位责任制度、钱账分管制度、内部稽核制度等等。

4. 参与本单位的经营管理

会计人员应积极参与本单位的经营管理活动，拟订本单位的经济计划、业务计划，编制预算和财务计划并考核、分析其执行情况，总结经验，揭露问题，促使有关部门改善经营管理。

三、会计人员的职业道德

会计职业道德规范是指在会计职业活动中应当遵循的、体现会计职业特征的、调整会计职业关系的职业行为准则和规范。会计职业道德突出了会计的职业特征，同时也是社会道德体系的重要组成部分。根据我国会计工作和会计人员的实际情况，我国会计职业道德的内容可以概括为：爱岗敬业、诚实守信、廉洁自律、客观公正、坚持原则、提高技能、参与管理和强化服务。

1. 爱岗敬业

爱岗敬业就是要求会计人员热爱自己的工作岗位，热爱本职工作，忠于职守，尽职尽责，以主人翁的态度对待自己的工作，努力培养吃苦耐劳的精神，刻苦钻研业务，将整个身心融入到职业工作中，在平凡的岗位上做出不平凡的事业。

2. 诚实守信

诚实守信就是要求会计人员做老实人，说老实话，办老实事，执业谨慎，信誉至上，不为利益所诱惑，不弄虚作假，不泄露秘密。所谓诚实，就是忠诚老实，不讲假话，它是衡量一个人品行的尺子。如果一个人不诚实，那么在具有很高的犯罪率的财务岗位上，就会出现挪用公款，甚至偷窃财物的行为。所谓守信，就是信守诺言，说话算数。诚实和守信两者的意思是相通的，是相互联系在一起的。诚实是守信的基础，守信是诚实的具体表现。诚实守信是市场经济最直接的道德基础。没有信用，就没有秩序，市场经济就不能健康发展。

3. 廉洁自律

廉洁自律要求会计从业人员公私分明、不贪不占、遵纪守法，经得起金钱、权利、美色的考验，不贪污挪用公款，不监守自盗财物。自律，是指会计人员按照一定的标准，自己约束自己、自己控制自己的言行和思想，使言行达到至善至美的过程。廉洁自律是中华民族的一种传统美德，作为整天同钱财打交道的会计人员来说，如何强化会计职业道德观念，抵制行业不正之风，避免成为财、权的奴隶，就一定要做到廉洁自律。

4. 客观公正

客观公正要求会计从业人员实事求是，依法办事，既不夸大，也不缩小，不掺杂个人的主观意愿，公平正直，保持应有的独立性。在会计职业中，客观公正是会计人员必须具备的行为品德，是会计职业道德规范的灵魂。会计人员要做到客观公正，需要在履行会计职能时做到具有客观公正的态度、扎实的专业理论功底和较高的专业技能。客观公正不只是一种工作态度，更是会计人员追求的一种境界。

5. 坚持原则

坚持准则要求会计从业人员在处理业务过程中，严格按照国家的法律、法规和国家统一的会计法律制度的要求进行会计核算，实施会计监督，不为主观或他人意志所左右。这里的"准则"包括会计法律、会计行政法规、国家统一的会计制度以及与会计工作相关的法律制度。这就要求每一位会计人员必须熟悉和掌握准则的具体内容，牢固树立财经法治意识，时刻保持清醒的头脑，在各种诱惑面前不为所动，为政府、企业、单位和其他相关当事人提供真实、完整的会计信息。

6. 提高技能

提高技能要求会计从业人员通过学历教育、后续培训等手段学习和掌握会计理论和与会计有关的经济理论，增强会计实务操作能力、沟通交流能力以及职业判断能力，从而提高业务水平。会计工作质量的优劣，一方面取决于会计人员的道德品行，另一方面取决于会计人员的专业技能和相关法律、法规的理解及掌握程度，没有相当娴熟的专业技能，是无法开展会计工作、履行会计职责的。因此，遵守会计职业道德客观上需要会计人员不断进取，努力提高业务水平。

7. 参与管理

参与管理要求会计从业人员在做好本职工作的同时，为管理者当参谋，主动提出合理化建议，协助领导决策。会计人员要树立参与管理的意识，在努力钻研相关业务，全面熟悉本单位经营活动和业务流程的基础上，运用掌握的会计信息和会计方法，主动提出合理化建议，为改善单位内部管理、提高经济效益服务。

8. 强化服务

强化服务要求会计从业人员树立服务意识，端正服务态度，提高服务质量。会计职业强化服务的结果是要求会计人员做到文明服务，克服服务态度不佳，"看人办事、看利办事"的现象，努力维护和提升会计职业的良好社会形象。

第三节　会计法规

会计法规是以处理会计事务的各种经济关系为调整对象的法律规范的总称。它的制定和执行，是以法律的形式明确了会计机构和会计人员的职责和权限，可以有效保证会计工作贯彻执行国家有关的财经方针、政策，保证会计工作按照一定的目标进行。我国的会计法规按各法规之间的关系可分为三个层次：

一、《会计法》

《中华人民共和国会计法》（以下简称《会计法》）是会计工作的基本法，是制定其他一切会计法规、制度的法律依据。因此,会计法也被称为是一切会计法规制度的"母法"。

《会计法》于 1985 年 1 月 21 日第六届全国人民代表大会常务委员会第九次会议通过,并于 1985 年 5 月 1 日起实施。随着社会的发展和经济环境的变化,先后于 1993 年 12 月 29 日第八届全国人民代表大会常务委员会第五次会议进行了第一次修改和 1999 年 10 月 31 日第九届全国人民代表大会常务委员会第十二次会议进行了第二次修订。最新修改的《会计法》自 2000 年 7 月 1 日起施行,共 7 章 52 条,包括总则、会计核算、公司与企业会计核算的特别规定、会计监督、会计机构和会计人员、法律责任及附则。《会计法》的制定和实施,开创了我国会计工作的新局面,具有十分重大而深远的意义。

二、《企业会计准则》

《企业会计准则》是对各单位发生的经济业务的会计处理方法和账务处理程序作出的规定,为各单位的会计核算行为提供规范。它是由国家财政部制定,报国务院批准后由财政部长签署发布的,对所有设在中华人民共和国境内的单位的会计核算工作均有约束力。《企业会计准则》是以《会计法》为指导,同时又统驭企业会计制度,是我国会计制度制定的依据。

我国《企业会计准则》分为基本会计准则和具体会计准则两个层次。2006 年 2 月 25 日,财政部发布了包括 1 项基本准则和 38 项具体准则在内的会计准则体系,要求自 2007 年 1 月 1 日起在上市公司施行,鼓励其他企业执行。

我国基本准则分为 11 章 50 条,规定了会计准则体系的目的、会计假设及会计基础、质量特征、会计要素定义及其确认、会计计量属性、财务会计报告等内容。具体分为三个部分:

(1) 第一部分:主要包括会计目标、会计对象和会计假设;

(2) 第二部分:主要包括会计信息质量要求;

(3) 第三部分:主要包括会计要素的确认、计量与财务报告。

我国基本准则框架包括以下内容:

(1) 总则;

(2) 信息质量要求;

(3) 会计要素的定义、确认;

(4) 会计计量;

(5) 财务会计报告;

(6) 附则。

我国现行会计准则由 38 项具体会计准则组成。

三、企业会计制度

本节所指的会计制度是指国家财政部门根据《中华人民共和国会计法》及国家其他有关法律和法规制定的一系列会计核算制度。根据实际工作的需要,财政部门制定和发布了以下三项企业会计制度:

1.《企业会计制度》

为了贯彻执行《中华人民共和国会计法》和《企业财务会计报告条例》,规范企业的会计核算工作,财政部于 2000 年 12 月 29 日正式颁布了《企业会计制度》,并于 2001 年 1 月 1 日起施行。会计制度分为两部分:第一部分是对会计核算的一般规定,共 14 章 160 条;第二部分是关于会计科目和财务报表的说明。《企业会计制度》是适用于除金融企业以外的大中型企业的会计制度。

2.《金融企业会计制度》

《金融企业会计制度》共 15 章 164 条，主要规范了各类金融企业的会计核算。它是由财政部于 2001 年 11 月 27 日正式颁布，并于 2002 年 1 月 1 日起实施，适用于银行(含信用社)、保险公司、证券公司、信托投资公司、期货公司、基金管理公司、租赁公司、财务公司等各类金融企业。

3.《小企业会计制度》

《小企业会计制度》由财政部于 2004 年 4 月 27 日正式颁布，并于 2005 年 1 月 1 日起在全国小企业范围内实施。所谓小企业，是指不对外筹集资金、经营规模较小的企业。《小企业会计制度》的主要内容包括：总体说明，会计科目名称和编号，会计科目使用说明，财务报表格式，财务报表编制说明。

我国会计法规三个层次的关系是：会计法统驭会计准则，会计准则统驭会计制度。

第四节　会计档案

一、会计档案的概念

会计档案是指会计凭证、会计账簿和财务报表等会计核算专业材料，它是记录和反映经济业务的重要史料和证据。具体范围包括会计凭证、会计账簿、财务报表和其他专业资料等四类，不包括单位的财务预算、计划、制度、规章等文件材料(它们属于文书范围)。

(1) 会计凭证类：原始凭证、记账凭证、汇总凭证、其他凭证。

(2) 会计账簿类：总账、明细账、日记账、固定资产卡片、辅助账簿、其他会计账簿。

(3) 财务报表类：月度、季度、半年度等中期财务报表和年度财务报表，包括资产负债表、利润表、现金流量表、所有者权益(或股东权益)变动表以及附注。

(4) 其他类：银行存款余额调节表、银行对账单、其他应当保存的会计核算专业资料，会计档案移交清册、会计档案保管清册、会计档案销毁清册。

实行会计电算化单位存贮在磁性介质上的会计数据、程序文件及其他会计核算资料均应视同会计档案一并管理。

会计档案是会计活动的产物，是记录和反映经济活动的重要史料和证据，其重要作用表现在以下方面：

(1) 会计档案是总结经验、揭露责任事故、打击经济领域犯罪、分析和判断事故原因、检验离任干部是否廉洁的重要依据和证据；

(2) 利用会计档案提供的过去经济活动的史料，有助于各单位进行经济前景的预测，进行经营决策，编制财务、成本计划；

(3) 利用会计档案资料，可以为解决经济纠纷，处理遗留的经济事务，维护公民利益提供依据；

(4) 会计档案在研究财政、经济历史和发展经济科学的研究活动中，发挥着重要史料价值的作用。

二、会计档案管理的基本内容

(一) 会计档案的收集、归档与保管

(1) 会计档案的收集是通过执行归档制度来实现的。为了维护会计档案的完整与安全,必须按《会计档案管理办法》的要求,收集归档的全部会计文件材料,要求逐人逐年把会计材料移交齐全,逐件登记,对遗失会计材料的应严肃追究责任并处理。

(2) 会计档案的归档。即在会计年度终了后,由财务会计部门编造清册移交本单位的档案部门保管。各单位每年形成的会计档案,应由会计部门按照归档的要求,负责整理立卷或装订成册。会计电算化档案是会计档案的重要组成部分,包括存储在计算机中的会计数据(以磁性介质或光盘存储的会计数据)和计算机打印出来的书面形式的会计数据。

(3) 会计档案的保管。各单位对会计档案应进行科学管理,做到妥善保管,存放有序,查找方便。同时,应严格执行安全和保密制度,严防毁损、散失和泄密。企业要做好对会计电算化档案的防磁、防火、防潮和防尘等安全工作(重要的会计档案应准备双份,存放在两个不同的地点),采用磁性介质保存的会计档案,要定期进行检查、复制,防止会计档案丢失。

按照《会计档案管理办法》规定,各种会计档案的保管期限,根据其特点,分为永久和定期两类。定期保管期限分为3年、5年、10年、15年、25年五类。

目前我国企业会计档案的保管期限如表13-1所示。

表13-1　企业会计档案保管期限表

序号	档案名称	保管期限	备注
一	会计凭证类		
1	原始凭证	15年	
2	记账凭证	15年	
3	汇总凭证	15年	
二	会计账簿类		
4	总账	15年	包括日记总账
5	明细账	15年	
6	日记账	15年	现金和银行存款日记账保管25年
7	固定资产卡片		固定资产报废清理后保管5年
8	辅助账簿	15年	
三	财务报告类		包括各级主管部门汇总财务报告
9	月、季度财务报告	3年	包括文字分析
10	年度财务报告(决算)	永久	包括文字分析
四	其他类		
11	会计移交清册	15年	
12	会计档案保管清册	永久	
13	会计档案销毁清册	永久	
14	银行余额调节表	5年	
15	银行对账单	5年	

当年的会计档案在会计年度终了后，可暂时由会计部门保管1年，然后编造清册移交本单位的档案部门保管。

（二）会计档案的借阅

会计档案为本单位提供利用，原则上不得借出，有特殊需要须经上级主管单位或单位领导、会计主管人员批准。

外部人员借阅会计档案时，应持有单位正式介绍信，经会计主管人员或单位领导人批准后，方可办理借阅手续；单位内部人员借阅会计档案时，应经会计主管人员或单位领导人批准后，办理借阅手续。借阅人应认真填写档案借阅登记簿，将借阅人姓名、单位、日期、数量、内容、归期等情况登记清楚。借阅会计档案人员应妥善保管会计档案，严禁在会计档案上涂画、拆封和抽换，并不得拆散原卷册，应限期归还。

（三）会计档案的销毁

会计档案保管期满，需要销毁时，由本单位档案部门提出销毁意见，会同财务部门共同鉴定，严格审查，编造会计档案销毁清册。机关、团体和事业单位报本单位领导批准后销毁；国有企业经企业领导审查，报经上级主管单位批准后销毁。对于其中未了结的债权债务的原始凭证，应单独抽出，另行立卷，由档案部门保管到结清债权债务时为止。建设单位在建设期间的会计档案，不得销毁。

各单位按规定销毁会计档案时，档案部门和财会部门应共同派员监销；各级主管部门销毁会计档案时，还应有同级财政部门、审计部门派员参加监销；各级财政部门销毁会计档案时，应由同级审计机关派员参加监销。监销人在销毁会计档案以前，应当认真进行清点核对，销毁后，在销毁清册上签名盖章，并将监销情况报告本单位领导。撤销、合并单位和建设单位完工后的会计档案，应移交给指定的单位，并按规定办理交接手续。

【能力测试】

一、单项选择题

1. 位于我国会计法规体系中最高层次的是（　　）。

A. 基本会计准则　B. 会计法　C. 企业会计制度　D. 会计规章

2. 我国会计法规体系主要组成部分是（　　）。

A. 方针、政策和实施办法　B. 中央和地方会计制度

C. 宏观政策引导和具体规定　D. 会计法、会计准则和会计制度

3. 集中核算方式就是把（　　）的主要会计核算工作都集中在企业一级的会计部门进行。

A. 各生产经营单位　B. 某些重要单位

C. 整个企业单位　D. 各职能管理部门

4. 会计法与会计准则的关系是（　　）。

A. 前者从属于后者　B. 前者受监督于后者

C. 前者统驭后者　D. 前者受控制于后者

5. 各个企业和行政、事业单位原则上都要（　　）。

A. 与其他机构合并设置会计机构　B. 配备专职的会计人员

C. 单独设置会计机构　D. 指定专人办理会计工作

6. 实事求是，依法办事，既不夸大，也不缩小，不掺杂个人的主观意愿，公平正直，保持应有的独立性，这是对我国会计人员职业道德(　　)内容的概括。

A. 廉洁自律　　B. 坚持原则　　C. 客观公正　　D. 爱岗敬业

7. 做老实人，说老实话，办老实事，执业谨慎，信誉至上，不为利益所诱惑，不弄虚作假，不泄露秘密，这是对我国会计人员职业道德(　　)内容的概括。

A. 廉洁自律　　B. 诚实守信　　C. 客观公正　　D. 爱岗敬业

8.《中华人民共和国会计法》于1985年1月21日第六届全国人民代表大会常务委员会第九次会议通过，并于(　)起实施。

A. 1985年2月1日　　B. 1985年5月1日

C. 1985年7月1日　　D. 1986年1月1日

9. 当年的会计档案在会计年度终了后，可暂时由会计部门保管(　　)，然后编造清册移交本单位的档案部门保管。

A. 3个月　　B. 半年　　C. 9个月　　D. 1年

二、多项选择题

1. 会计工作组织方式通常分为(　　)。

A. 独立核算　　B. 统一核算　　C. 集中核算　　D. 分散核算

2. 会计人员的主要职责包括(　　)。

A. 进行会计核算　　B. 实行会计监督

C. 拟定本单位会计核算具体办法　　D. 参与拟定经济计划、业务计划

3. 企业无论采用集中核算还是非集中核算方式，都由企业会计部门集中办理的是(　　)。

A. 债务结算　　B. 进行成本核算　　C. 登记有关明细分类账　D. 物资购销

4. 根据企业规模大小、业务繁简，其会计机构的设置可以选择采用的方式是(　　)。

A. 单独设置会计机构　　B. 与其他机构合并设置会计机构

C. 配备专职会计人员　　D. 指定专人负责办理会计工作

5. 财务报告的保管期限有(　　)。

A. 3年　　B. 5年　　C. 10年　　D. 永久

6. 下列会计档案应永久保存的有(　　)。

A. 原始凭证　　B. 年度财务报告

C. 会计档案保管清册　　D. 会计档案销毁清册

7. 下列属于会计档案的有(　　)。

A. 会计凭证　　B. 会计账簿　　C. 财务报表　　D. 财务预算

三、判断题

1. 出纳人员不得兼任稽核、会计档案保管和收入、费用、债权债务账目的登记工作。(　　)

2. 企业会计制度是我国会计法规体系中最高层次的法律。(　　)

3. 国有的和国有资产占控股地位或者主导地位的大中型企业，根据《会计法》的规定可以根据业务需要，自行决定是否设置总会计师。(　　)

4. 会计制度三个层次的关系是：会计法统驭会计准则，会计准则统驭会计制度。(　　)

5. 原始凭证会计档案保管期限为5年。（　　）
6. 建设单位在建设期间的会计档案，不得销毁。（　　）
7. 会计法也被称为是一切会计法规制度的“母法”。（　　）
8. 我国现行会计准则由38项具体会计准则组成。（　　）

四、名词解释

1. 会计人员
2. 会计职业道德规范
3. 集中核算
4. 分散核算
5. 会计法规制度
6. 会计档案

五、简答题

1. 简述企业目前一般应设置的基本会计工作岗位。
2. 简述担任总会计师应当具备的条件。
3. 简述会计人员的主要权限。
4. 简述会计人员的职业道德包括哪些具体内容？
5. 简述会计档案管理的基本内容。

附一　参考答案

第一章　会计基本理论

【能力测试】

一、单项选择题

1. A　2. B　3. B　4. B　5. A　6. A　7. A

二、多项选择题

1. BD　2. ABC　3. ABCD

三、判断

1. ✓　2. ×　3. ✓　4. ×　5. ×　6. ×

四、名词解释(略)

五、简答题(略)

第二章　会计要素和会计等式

【操作训练】

训练一

1. (业务 1)将现金 4 000 元存入银行。

(业务 2)购入物料用品 1 000 元,价款未付。

(业务 3)接受投资人投入资本 6 000 元,存入银行。

(业务 4)接受投资人投入家具用具 8 500 元。

(业务 5)购入物料用品 3 600 元,以银行存款支付 2 000 元,其余 1 600 元尚未支付。

训练二

1. 属于资产的项目有:库存现金、银行存款、交易性金融资产、无形资产。
   属于负债的项目有:应付账款、短期借款、应付票据。
   属于所有者权益的项目有:实收资本、资本公积。
2. ① 属于资产类(980 元)　② 属于负债类(200 000 元)
   ③ 属于资产类(163 000 元)　④ 属于资产类(6 820 元)
   ⑤ 属于负债类(5 000 元)　⑥ 属于资产类(37 000 元)
   ⑦ 属于资产类(2 200 元)　⑧ 属于资产类(32 000 元)
   ⑨ 属于资产类(8 000 元)　⑩ 属于所有者权益类(45 000 元)
   资产总计=①+③+④+⑥+⑦+⑧+⑨=980+163 000+6 820+37 000+2 200+

32 000＋8 000

＝250 000(元)

负债及所有者权益总计＝②＋⑤＋⑩＝200 000＋5 000＋45 000＝250 000(元)

3.

类　　型	经济业务序号
一项资产增加,另一项资产减少	①⑩
一项负债增加,另一项负债减少	⑧
一项所有者权益增加,另一项所有者权益减少	⑦⑨
一项负债增加,一项所有者权益减少	
一项负债减少,一项所有者权益增加	
一项资产增加,一项负债增加	⑤⑥
一项资产增加,一项所有者权益增加	④
一项资产减少,一项负债减少	②③
一项资产减少,一项所有者权益减少	

【能力测试】

一、单项选择题

1. A　2. D　3. D　4. B　5. A　6. D　7. A　8. A　9. A　10. B

二、多项选择题

1. ABCD　2. BCD　3. ABD　4. CD　5. AD　6. AC　7. BC　8. AB　9. ABC　10. ABD

三、判断题

1. ×　2. √　3. ×　4. ×　5. √　6. √　7. ×　8. ×　9. √　10. ×

四、名词解释(略)

五、简答题(略)

第三章　会计科目和账户

【操作训练】

原材料

期初余额	2 400 000	①	60 000
			20 000
②	300 000	③	20 000
		④	20 000
			100 000
⑤	100 000		
	150 000		
⑥	200 000		
	300 000	⑦	400 000
			300 000
		⑧	100 000
			100 000
期末余额	2 330 000		

原材料——甲

期初余额	1 000 000		
		①	60 000
②	300 000		
		③	20 000
⑥	200 000	④	20 000
		⑦	400 000
期末余额	1 000 000		

原材料——乙

期初余额	800 000		
		①	20 000
⑤	100 000		
		⑦	300 000
		⑧	100 000
期末余额	480 000		

原材料——丙

期初余额	600 000		
⑤	150 000	④	100 000
⑥	300 000		
		⑧	100 000
期末余额	850 000		

【能力测试】

一、单项选择题

1. D　2. C　3. C　4. B　5. D　6. D　7. C

二、多项选择题

1. CD　2. ABCD　3. CD　4. ABCD

三、判断题

1. √　2. ×　3. ×　4. ×　5. √　6. √　7. √　8. ×

四、名词解释(略)

五、简答题(略)

第四章　复式记账法

【操作训练】

训练一

附 1　代记账凭证

序号	摘要	会计科目	金额	
			借方	贷方
1	购入材料，款未付	原材料 应付账款	36 000	 36 000
2	购入电脑	固定资产 银行存款	16 000	 16 000
3	取得短期借款	银行存款 短期借款	60 000	 60 000
4	生产领料	生产成本 原材料	120 000	 120 000
5	提取现金	库存现金 银行存款	1 000	 1 000
6	偿还前欠货款	应付账款 银行存款	13 300	 13 300
7	收到投资款	银行存款 实收资本	50 000	 50 000
8	收到前欠货款	银行存款 库存现金 应收账款	8 000 600	 8 600
9	收到投入的设备及存款	固定资产 银行存款 实收资本	250 000 50 000	 300 000
10	完工入库	库存商品 生产成本	66 000	 66 000
11	收到材料抵偿前欠货款	原材料 应收账款	18 000	 18 000
12	偿还借款	短期借款 银行存款	50 000	 50 000
13	将短期借款转为长期借款	短期借款 长期借款	100 000	 100 000

附2 "T"字型账户

库存现金

期初余额	1 600		
(5)	1 000		
(8)	600		
本期发生额	1 600		
期末余额	3 200		

银行存款

期初余额	240 000	(2)	16 000
(3)	60 000	(5)	1 000
(7)	50 000	(6)	13 300
(8)	8 000	(12)	50 000
(9)	50 000		
本期发生额	168 000	本期发生额	80 300
期末余额	327 700		

应收账款

期初余额	86 000	(8)	8 600
		(11)	18 000
		本期发生额	26 600
期末余额	59 400		

原材料

期初余额	140 000	(4)	120 000
(1)	36 000		
(11)	18 000		
本期发生额	54 000	本期发生额	120 000
期末余额	74 000		

固定资产

期初余额	653 000		
(2)	16 000		
(9)	250 000		
本期发生额	266 000		
期末余额	919 000		

短期借款

		期初余额	323 800
(12)	50 000	(3)	60 000
(13)	100 000		
本期发生额	150 000	本期发生额	60 000
		期末余额	233 800

应付账款

		期初余额	91 100
(6)	13 300	(1)	36 000
本期发生额	13 300	本期发生额	36 000
		期末余额	113 800

实收资本

		期初余额	812 700
		(7)	50 000
		(9)	300 000
		本期发生额	350 000
		期末余额	1 162 700

长期借款

		(13)	100 000
		本期发生额	100 000
		期末余额	100 000

库存商品

期初余额	82 000		
(10)	66 000		
本期发生额	66 000		
期末余额	148 000		

生产成本

期初余额	25 000	（10）	66 000
（4）	120 000		
本期发生额	120 000	本期发生额	66 000
期末余额	79 000		

附3　本期发生额及余额试算平衡表

2007年1月31日　　　　单位：元

账户名称	期初余额		本期发生额		期末余额	
	借方	贷方	借方	贷方	借方	贷方
库存现金	1 600		1 600		3 200	
银行存款	240 000		168 000	80 300	327 700	
应收账款	86 000			26 600	59 400	
原材料	140 000		54 000	120 000	74 000	
固定资产	653 000		266 000		919 000	
库存商品	82 000		66 000		148 000	
生产成本	25 000		120 000	66 000	79 000	
短期借款		323 800	150 000	60 000		233 800
应付账款		911 00	13 300	36 000		113 800
实收资本		812 700		350 000		1 162 700
长期借款				100 000		100 000
合计	1 227 600	1 227 600	838 900	838 900	1 610 300	1 610 300

训练二

1. 库存现金：本期贷方发生额为 14 300 元。
   应收账款：期末借方余额为 130 000 元。
   应收票据：期初借方余额为 2 000 元。
   库存商品：本期借方发生额为 43 000 元。
   短期借款：期末贷方余额为 300 000 元。
   应付账款：本期贷方发生额为 140 000 元。
   应交税费：本期借方发生额为 50 000 元。
   实收资本：期初贷方余额为 740 000 元。
2. 期末余额：固定资产借方 150 000 元。实收资本贷方 540 000 元。
3. 期初余额：库存商品借方 110 000 元。应付账款贷方 210 000 元。
4. 本期借方发生额：应收账款 44 000 元。短期借款 180 000 元。
5. 本期贷方发生额：原材料 410 000 元。其他应付款 24 000 元。

【能力测试】

一、单项选择题

1. B 2. D 3. D 4. A 5. D 6. B 7. B 8. B 9. C 10. A

二、多项选择题

1. BC 2. ABCD 3. ABCD 4. CD 5. AD

三、判断题

1. √ 2. × 3. × 4. × 5. × 6. × 7. × 8. × 9. × 10. √ 11. ×

四、名词解释(略)

第五章　借贷记账法的运用

【操作训练】

训练一

1. 借:固定资产　80 000
　　银行存款　100 000
　贷:实收资本　180 000
2. 借:银行存款　120 000
　贷:短期借款　120 000
3. 借:银行存款　250 000
　贷:长期借款　250 000
4. 借:财务费用　1 080
　贷:银行存款　1 080
5. 借:原材料——甲材料　100 000
　　　　——乙材料　120 000
　　应交税费——应交增值税(进项税额)　37 400
　贷:银行存款　257 400
6. 借:原材料——甲材料　2 000
　　　　——乙材料　3 000
　贷:银行存款　5 000
7. 借:原材料——丙材料　30 000
　　应交税费——应交增值税(进项税额)　5 100
　贷:应付账款——B公司　35 100
8. 借:原材料——丙材料　800
　贷:库存现金　800
9. 借:应付账款——B公司　35 100
　贷:银行存款　35 100

训练二

1. 借:生产成本——A 产品 105 600
　　　　　　——B 产品 56 680
　　制造费用 5 000
　　管理费用 3 000
　贷:原材料 170 280

2. 借:生产成本——A 产品 40 000
　　　　　　——B 产品 12 000
　　制造费用 9 120
　　管理费用 11 400
　贷:应付职工薪酬 72 520

3. 借:库存现金 72 520
　贷:银行存款 72 520

4. 借:应付职工薪酬 72 520
　贷:库存现金 72 520

5. 借:制造费用 18 000
　　管理费用 6 000
　贷:累计折旧 24 000

6. 借:制造费用 800
　贷:库存现金 800

7. 借:制造费用 2 440
　贷:银行存款 2 440

8. 借:生产成本——A 产品 27 200
　　　　　　——B 产品 8 160
　贷:制造费用 35 360

9. 借:库存商品——A 产品 172 800
　　　　　　——B 产品 76 840
　贷:生产成本——A 产品 172 800
　　　　　　——B 产品 76 840

训练三

1. 借:银行存款 280 800
　贷:主营业务收入——A 产品 240 000
　　应交税费——应交增值税(销项税额) 40 800

2. 借:应收账款 140 400
　贷:主营业务收入——B 产品 120 000
　　应交税费——应交增值税(销项税额) 20 400

3. 借:销售费用 8 000
　贷:银行存款 8 000

4. 借:主营业务成本——A 产品 138 240

——B产品　　76 840

贷:库存商品——A产品　　138 240

——B产品　　76 840

5. 借:应交税费——应交消费税　　3 600

贷:银行存款　　3 600

6. 借:银行存款　　18 720

贷:其他业务收入　　16 000

应交税费——应交增值税(销项税额)　　2 720

7. 借:其他业务成本　　10 200

贷:原材料——甲材料　　10 200

8. 借:银行存款　　9 000

贷:投资收益　　9 000

9. 借:银行存款　　140 400

贷:应收账款　　140 400

10. 借:财务费用　　2 020

贷:银行存款　　2 020

11. 借:银行存款　　30 000

贷:营业外收入　　30 000

12. 借:营业外支出　　5 000

贷:银行存款　　5 000

13. 借:营业税金及附加　　5 220

贷:应交税费——应交消费税　　4 000

——应交教育费附加　　1 220

14. 借:主营业务收入　　360 000

其他业务收入　　16 000

营业外收入　　30 000

投资收益　　9 000

贷:本年利润　　415 000

15. 借:本年利润　　267 000

贷:主营业务成本　　215 080

其他业务成本　　10 200

营业税金及附加　　5 220

营业外支出　　5 000

管理费用　　20 400

销售费用　　8 000

财务费用　　3 100

16. 借:所得税费用　　37 000

贷:应交税费——应交所得税　　37 000

17. 借:本年利润　　37 000

　　贷:所得税费用　　37 000

18. 借:本年利润　　111 000

　　贷:利润分配　　111 000

19. 借:利润分配　　11 100

　　贷:盈余公积　　11 100

20. 借:利润分配　　30 000

　　贷:应付股利　　30 000

营业利润＝360 000＋16 000－215 080－10 200－5 220－8 000－20 400－3 100＋9 000
＝123 000(元)

利润总额＝123 000＋30 000－5 000＝148 000(元)

净利润＝148 000－37 000＝111 000(元)

【能力测试】

一、单项选择题

1. C　2. C　3. A　4. B　5. C　6. D　7. A　8. D　9. C　10. C　11. B　12. D　13. A　14. D　15. C　16. B　17. C　18. C　19. C　20. B　21. B

二、多项选择题

1. AD　2. ABD　3. BCD　4. BC　5. ABC　6. BCD　7. AB　8. ABCD　9. ABC　10. AD　11. AC　12. ABC　13. CD　14. BCD　15. AB　16. ABC　17. BCD　18. ABD

三、判断题

1. ×　2. ×　3. ×　4. ×　5. ×　6. √　7. √　8. √　9. √

四、名词解释(略)

第六章　账户分类

【操作训练】

账户名称	具体类别	
	按经济内容分类	按用途和结构分类
库存现金	资产类账户	盘存账户
应收账款	资产类账户	债权结算账户
应付职工薪酬	负债类账户	债务结算账户
管理费用	费用类账户	集合汇转账户
材料成本差异	资产类账户	计价对比账户
实收资本	所有者权益类账户	资本账户
制造费用	成本类账户	集合分配账户

（续表）

账户名称	具体类别	
	按经济内容分类	按用途和结构分类
材料采购	资产类账户	成本计算账户
主营业务收入	损益类账户	集合汇转账户
利润分配	所有者权益类账户	调整账户
套期工具	共同类账户	结算账户
长期待摊费用	资产类账户	跨期摊提账户
固定资产清理	资产类账户	计价对比账户
长期借款	负债类账户	结算账户
库存商品	资产类账户	盘存账户
交易性金融资产	资产类账户	盘存账户
生产成本	成本类账户	成本计算账户
所得税费用	费用类账户	集合汇转账户
劳务成本	成本类账户	成本计算账户

【能力测试】

一、单项选择题

1. A　2. B　3. A　4. A　5. B　6. B　7. B　8. C　9. C　10. D　11. B　12. C　13. A　14. C　15. B

二、多项选择题

1. ABC　2. BC　3. BCD　4. AB　5. BCD　6. ABCD　7. ABCD　8. AB　9. BC　10. ACD　11. ABCD　12. AB　13. BCD　14. BCD　15. AB

三、判断题

1. √　2. √　3. ×　4. ×　5. ×　6. ×　7. ×　8. ×　9. ×　10. ×　11. ×　12. √　13. ×　14. √　15. ×　16. √　17. ×　18. √　19. √　20. √

四、名词解释(略)

五、问答题(略)

第七章　成本计算

【操作训练】

训练一

按重量分配运杂费：

$$分配率=\frac{2\,400}{6\,000+4\,000+10\,000}=0.12(元/千克)$$

A 产品应负担的运杂费＝6 000×0.12＝720(元)

B 产品应负担的运杂费＝4 000×0.12＝480(元)

C 产品应负担的运杂费＝10 000×0.12＝1 200(元)

会计分录：

1. 借:在途物资——A 材料　　48 720
　　　　　——B 材料　　40 480
　　　　　——C 材料　　41 200
　　应交税费——应交增值税(进项税额)　　21 760
　　贷:应付账款——新天公司　　152 160

2. 向新天公司支付款项

(1) 借:应付账款——新天公司　　152 160
　　贷:银行存款　　152 160

(2) 借:原材料——A 材料　　48 720
　　　　　——B 材料　　40 480
　　　　　——C 材料　　41 200
　　贷:在途物资——A 材料　　48 720
　　　　　　——B 材料　　40 480
　　　　　　——C 材料　　41 200

3. 按购买价比例分配运杂费和装卸费

$$分配率=\frac{1\ 225+200}{36\ 000+21\ 000}=0.025(元)$$

B 产品应负担的运杂费＝36 000×0.025＝900(元)

D 产品应负担的运杂费＝21 000×0.025＝525(元)

会计分录：

借:在途物资——B 材料　　36 900
　　　　——D 材料　　21 525
　应交税费——应交增值税(进项税额)　　9 690
　贷:银行存款　　68 115

4. 借:原材料——B 材料　　36 900
　　　　——D 材料　　21 525
　　贷:在途物资——B 材料　　36 900
　　　　　　——D 材料　　21 525

5. 借:原材料——A 材料　　3 400
　　应交税费——应交增值税(进项税额)　　544
　　贷:银行存款　　3 944

训练二

1. 借:生产成本——甲产品　　142 000
　　　　　——乙产品　　133 000
　　制造费用　　26 000

管理费用　　1 000

贷:原材料　　302 000

2. 借:生产成本——甲产品　　60 000

——乙产品　　40 000

制造费用　　16 000

管理费用　　14 000

贷:应付职工薪酬——工资　　130 000

3. 借:制造费用　　6 000

管理费用　　3 000

贷:累计折旧　　9 000

4. 借:制造费用　　1 000

贷:银行存款　　1 000

5. 借:制造费用　　1 600

贷:银行存款　　1 600

6. 借:制造费用　　4 000

管理费用　　2 000

贷:银行存款　　6 000

7. (1) 按生产工人薪酬比例分配制造费用(汇总本月发生的制造费用为 54 600 元)

分配率$=\frac{54\,600}{60\,000+40\,000}=0.546$(元)

甲产品应分配制造费用$=60\,000\times0.546=32\,760$(元)

乙产品应分配制造费用$=40\,000\times0.546=21\,840$(元)

(2) 编制"制造费用分配表"

制造费用分配表

20××年 8 月

产品名称	生产工人工资(元)	分配率	分配额(元)
甲产品	60 000		32 760
乙产品	40 000		21 840
合　计	100 000	0.546	54 600

(3) 会计分录:

借:生产成本——甲产品　　32 760

生产成本——乙产品　　21 840

贷:制造费用　　54 600

8. 甲、乙产品全部完工,结转完工产品成本。

(1) 编制"产品生产成本计算表"

产品生产成本计算表

金额:元

成本项目	甲产品(100 件)				乙产品(80 件)		
	期初余额	本期发生额	总成本	单位成本	本期发生额	总成本	单位成本
直接材料	160 000	142 000	302 000	3 020	133 000	133 000	1 662.5
直接人工	9 000	60 000	69 000	690	40 000	40 000	500
制造费用	7 000	32 760	39 760	397.6	21 840	21 840	273
本期生产成本	176 000	234 760	410 760	4 107.6	194 840	194 840	2 435.5

(2) 会计分录:

借:库存商品——甲产品　　410 760
　库存商品——乙产品　　194 840
　贷:生产成本——甲产品　　410 760
　　生产成本——乙产品　　194 840

训练三

1. 借:银行存款　　117 000
　贷:主营业务收入　　100 000
　　应交税费——应交增值税(销项税额)　　17 000
2. 借:销售费用　　40 000
　贷:银行存款　　40 000
3. 借:应收账款　　70 200
　贷:主营业务收入　　60 000
　　应交税费——应交增值税(销项税额)　　10 200
4. 借:应收票据　　142 740
　贷:主营业务收入　　122 000
　　应交税费——应交增值税(销项税额)　　20 740
5. 借:银行存款　　58 500
　贷:其他业务收入　　50 000
　　应交税费——应交增值税(销项税额)　　8 500
6. 借:应收票据　　234 000
　贷:主营业务收入　　200 000
　　应交税费——应交增值税(销项税额)　　34 000
7. 借:银行存款　　20 000
　贷:预收账款　　20 000
8. 借:预收账款　　20 000
　应收账款　　15 100
　贷:主营业务收入　　30 000
　　应交税费——应交增值税(销项税额)　　5 100
9. 计算并结转产品销售成本

(1) 甲产品销售成本＝300×600＝180 000(元)

乙产品销售成本＝400×350＝140 000(元)

(2) 会计分录：

借:主营业务成本——甲产品　　180 000

主营业务成本——乙产品　　140 000

贷:库存商品——甲产品　　180 000

库存商品——乙产品　　140 000

10. 计算并结转A材料销售成本

(1) A材料销售成本＝70×500＝35 000(元)

(2) 会计分录：

借:其他业务成本　　35 000

贷:原材料　　35 000

【能力测试】

一、单项选择题

1. B　2. D　3. B　4. B　5. C　6. C　7. B　8. C　9. A　10. D

二、多项选择题

1. BC　2. ABD　3. ACD　4. ABC　5. ABD　6. AB　7. ACD　8. AC　9. AD　10. ABD

三、判断题

1. ×　2. ×　3. ×　4. √　5. ×　6. √　7. ×　8. √　9. √　10. ×

四、名词解释(略)

五、简答题(略)

第八章　会计凭证

【操作训练】

制证(略)

【能力测试】

一、单项选择题

1. A　2. B　3. C　4. B　5. D　6. C　7. D　8. B　9. B　10. A　11. D　12. C　13. C　14. A　15. D

二、多项选择题

1. ABC　2. CD　3. ABCD　4. ABCD　5. BCD　6. AB　7. ACD　8. CD　9. BCD　10. ABCD　11. BCD　12. CD　13. ABC

三、判断题

1. ×　2. ×　3. √　4. ×　5. √　6. √　7. √　8. √　9. √　10. ×　11. ×

12. × 13. × 14. √ 15. × 16. √ 17. × 18. √ 19. √ 20. √

四、名词解释(略)

五、简答题(略)

第九章　会计账簿

【操作训练】

训练一至三(略)

训练四

1. 该题属于编制凭证时使用会计科目错误而导致账簿记录错误;应采用红字(全部)冲销法更正。

(1) 冲销分录:

借:生产成本　　　　$\boxed{600}$

　贷:原材料　　　　$\boxed{600}$

(2) 更正分录:

借:制造费用　　　　600

　贷:原材料　　　　600

并据以登记入账

2. 该题属于编制凭证时金额少记而导致账簿记录错误,应采用补充登记法进行更正。

补充分录:

借:管理费用　　　　234

　贷:库存现金　　　　234

并据以登记入账

3. 该题属于编制凭证时金额多记而导致账簿记录错误;应采用红字(部分)冲销法进行更正。

更正分录:

借:销售费用　　　　$\boxed{7\ 200}$

　贷:银行存款　　　　$\boxed{7\ 200}$

并据以登记入账

4. 该题属于编制凭证正确但登记账簿时产生笔误,应采用划线更正法进行更正。

更正方法:把银行存款日记账上的 3 000 元划红线注销,然后在其上方填写 2 000 元。

2 000

~~3 000~~

【能力测试】

一、单项选择题

1. B 2. A 3. D 4. A 5. D 6. A 7. A 8. A 9. B 10. A 11. D 12. D 13. A 14. B 15. C 16. D 17. D 18. C 19. D 20. A

二、多项选择题

1. ABCD 2. BCD 3. BC 4. BCD 5. ABC 6. BCD 7. ACD 8. AC 9. ABD 10. BCD 11. ABCD 12. ABC 13. ACD 14. ABC 15. BCD 16. AC 17. AD 18. AB 19. ABD 20. ABD

三、判断题

1. √ 2. × 3. × 4. × 5. × 6. × 7. × 8. × 9. √ 10. √ 11. × 12. √ 13. √ 14. √ 15. √ 16. √ 17. × 18. × 19. √ 20. √

四、名词解释(略)

五、简答题(略)

第十章　财产清查

【操作训练】

训练一

银行存款余额调节表

20××年6月30日　　　　金额单位:元

项目	金额	项目	金额
银行存款日记账余额	128 600	银行对账单余额	127 600
加:银行已收企业未收款项	4 000	加:企业已收银行未收款项	8 000
减:银行已付企业未付款项	2 000	减:企业已付银行未付款项	5 000
调节后的存款余额	130 600	调节后的存款余额	130 600

训练二

1. 借:待处理财产损溢——待处理流动资产损溢　3 000
　　贷:原材料——A材料　3 000
　借:管理费用　3 000
　　贷:待处理财产损溢——待处理流动资产损溢　3 000
2. 借:待处理财产损溢——待处理流动资产损溢　200
　　贷:原材料——B材料　200
　借:其他应收款——保管员　200
　　贷:待处理财产损溢——待处理流动资产损溢　200
3. 借:原材料——C材料　500
　　贷:待处理财产损溢——待处理流动资产损溢　500
　借:待处理财产损溢——待处理流动资产损溢　500

贷:管理费用　　500

4. 借:待处理财产损溢——待处理固定资产损溢　　4 000
　　累计折旧　　6 000
　　贷:固定资产　　10 000
　借:营业外支出　　4 000
　　贷:待处理财产损溢——待处理固定资产损溢　　4 000

【能力测试】

一、单项选择题

1. C　2. A　3. B　4. B　5. B　6. D　7. C　8. A　9. B　10. C

二、多项选择题

1. AD　2. ABCD　3. ABD　4. ABD　5. ABCD　6. ABCD　7. AB　8. BD　9. BC

三、判断题

1. √　2. ×　3. ×　4. √　5. ×　6. √　7. ×　8. ×　9. √　10. ×

四、名词解释(略)

五、简答题(略)

第十一章　财务报表

【操作训练】

训练一

1. (1)"应收账款"项目=65 000 元
　(2)"应付账款"项目=73 000 元
　(3)"预收账款"项目=45 000 元
　(4)"货币资金"项目=330 000 元
　(5)"存货"项目=580 000 元

2. (1)该企业 20××年的营业收入=3 000+300=3 300 万元
　(2)该企业 20××年的营业成本=1 500+200=1 700 万元
　(3)该企业 20××年的营业利润=3 300-1 700-300-200-150-210-1 00+600=1 240 万元
　(4)该企业 20××年的利润总额=1 240+50-40=1 250 万元
　(5)该企业 20××年的净利润=1 250-312.5=937.5 万元

训练二　编制资产负债表

资产负债表

会企 01 表

编制位:乙企业　　20××年 12 月 31 日　　单位:元

资产	期末余额	年初余额	负债和所有者权益(或股东权益)	期末余额	年初余额
流动资产:			流动负债:		

（续表）

资产	期末余额	年初余额	负债和所有者权益（或股东权益）	期末余额	年初余额
货币资金	73 000		短期借款	50 000	
交易性金融资产			交易性金融负债		
应收票据	27 000		应付票据		
应收账款	61 500		应付账款	85 000	
预付款项	20 000		预收款项	31 000	
应收利息			应付职工薪酬	30 000	
应收股利			应交税费	26 800	
其他应收款	5 000		应付利息		
存货	520 000		应付股利	10 000	
一年内到期的非流动资产			其他应付款	3 700	
其他流动资产			一年内到期的非流动负债		
流动资产合计	706 500		其他流动负债		
非流动资产：			流动负债合计	236 500	
可供出售金融资产			非流动负债：		
持有至到期投资			长期借款	270 000	
长期应收款			应付债券		
长期股权投资			长期应付款		
投资性房地产			专项应付款		
固定资产	240 000		预计负债		
在建工程			递延所得税负债		
工程物资			其他非流动负债		
固定资产清理			非流动负债合计	270 000	
生产性生物资产			负债合计	506 500	
油气资产			所有者权益（或股东权益）：		
无形资产			实收资本（或股本）	375 000	
开发支出			资本公积		
商誉			减：库存股		
长期待摊费用			盈余公积	25 000	
递延所得税资产			未分配利润	40 000	
其他非流动资产			所有者权益（或股东权益）合计	440 000	
非流动资产合计	240 000				
资产总计	946 500		负债和所有者权益（或股东权益）总计	946 500	

训练三　编制利润表

利润表

会企 02 表

编制单位:丙企业　　　　20××年　　　　单位:元

项目	本期金额	上期金额
一、营业收入	8 300 000	
减:营业成本	4 200 000	
营业税金及附加	60 000	
销售费用	300 000	
管理费用	200 000	
财务费用	40 000	
资产减值损失	10 000	
加:公允价值变动收益(损失以"一"号填列)	—30 000	
投资收益(损失以"一"号填列)	410 000	
其中:对联营企业和合营企业的投资收益		
二、营业利润(亏损以"一"号填列)	3 870 000	
加:营业外收入	50 000	
减:营业外支出	40 000	
其中:非流动资产处置损失		
三、利润总额(亏损总额以"一"号填列)	3 880 000	
减:所得税费用	970 000	
四、净利润(净亏损以"一"号填列)	2 910 000	
五、每股收益:		
(一)基本每股收益		
(二)稀释每股收益		

训练四　编制利润表

利润表

会企 02 表

编制单位:顺达公司　　　　20××年　　　　单位:元

项目	本期金额	上期金额
一、营业收入	4 876 000	
减:营业成本	3 575 280	
营业税金及附加	65 220	
销售费用	98 000	
管理费用	270 400	
财务费用	38 100	

(续表)

项目	本期金额	上期金额
资产减值损失		
加:公允价值变动收益(损失以“—”号填列)		
投资收益(损失以“—”号填列)	69 000	
其中:对联营企业和合营企业的投资收益		
二、营业利润(亏损以“—”号填列)	898 000	
加:营业外收入	60 000	
减:营业外支出	15 000	
其中:非流动资产处置损失		
三、利润总额(亏损总额以“—”号填列)	943 000	
减:所得税费用	235 750	
四、净利润(净亏损以“—”号填列)	707 250	
五、每股收益:		
(一) 基本每股收益		
(二) 稀释每股收益		

【能力测试】

一、单项选择题

1. C 2. A 3. C 4. D 5. D 6. C 7. A

二、多项选择题

1. ABD 2. AB 3. ABCD 4. BC 5. BCD 6. AB 7. AC 8. ACD 9. ABCD

三、判断题

1. ✓ 2. ✓ 3. ✓ 4. ✓ 5. × 6. × 7. × 8. × 9. ✓ 10. ✓

四、名词解释(略)

五、简答(略)

第十二章 账务处理程序

【操作训练】

科目汇总表本期发生额合计为 1 825 424 元。

2 月末总分类账户余额合计为 1 250 588 元。

【能力测试】

一、单项选择题

1. D 2. A 3. B 4. D 5. C 6. C 7. D 8. C 9. A 10. D

二、多项选择题

1. ABC 2. ACD 3. ABD 4. BCD 5. BD 6. ABC 7. BD 8. ABD 9. AC

三、判断题

1. √ 2. × 3. × 4. √ 5. √

四、名词解释(略)

五、简答题(略)

第十三章 会计工作组织

【能力测试】

一、单项选择题

1. B 2. D 3. C 4. C 5. C 6. C 7. B 8. B 9. D

二、多项选择题

1. CD 2. ABCD 3. AD 4. ACD 5. AD 6. BCD 7. ABC

三、判断题

1. √ 2. × 3. × 4. √ 5. × 6. √ 7. √ 8. √

四、名词解释(略)

五、简答题(略)

附二　模拟实训资料

一、实习要求

1. 根据实习资料(一)总账账户期初余额开设总分类账户。
2. 根据实习资料(一)明细账账户期初余额开设明细分类账户。
3. 根据资料(二)振兴厂20××年6月份发生的经济业务填制和审核原始凭证。
4. 根据上述原始凭证逐笔编制记账凭证。
5. 根据记账凭证或有关原始凭证登记日记账和明细账。
6. 根据记账凭证编制科目汇总表。
7. 根据科目汇总表登记总账。
8. 总账和日记账、明细账核对相符。
9. 根据总账和明细账资料编制资产负债表和利润表。
10. 通过模拟实习,根据实际操作后的体会回答下列问题:

(1) 你在实习过程中,以什么样的程序进行会计核算,作具体说明。

(2) 成本类账户是如何结转的?

(3) 各类账户的期末余额情况如何?

(4) 出现了错账以后,怎样更正?

二、实习资料

(一) 振兴厂20××年6月初总账及明细账户余额如下:

总账账户期初余额表

账户名称	借方余额	账户名称	贷方余额
库存现金	1 480	短期借款	50 000
银行存款	106 500	应付账款	80 000
应收账款	60 000	应付职工薪酬	8 000
其他应收款	1 200	应付利息	2 500
原材料	35 340	实收资本	255 000
库存商品	75 000	盈余公积	24 320
固定资产	204 800	本年利润	35 500
累计折旧	－29 000		
合计	455 320	合计	455 320

明细账户期初余额表

账户名称	数量	单价	记账方向		金额
			借	贷	
库存现金			借		1 480
银行存款			借		106 500
应收账款——幸福厂			借		35 000
应收账款——宏达公司			借		25 000
其他应收款——周强			借		1 200
原材料——甲材料	1 200 千克	10.20	借		12 240
原材料——乙材料	1 100 千克	21.00	借		23 100
库存商品——A 产品	2 000 件	25.00	借		50 000
库存商品——B 产品	625 包	40.00	借		25 000
固定资产——房屋	4 栋		借		124 800
固定资产——机器设备	50 台		借		80 000
累计折旧				贷	29 000
应付账款——东山厂				贷	80 000
应付利息——借款利息				贷	2 500
应付职工薪酬				贷	8 000
短期借款——生产周转借款				贷	50 000
实收资本				贷	255 000
盈余公积——法定盈余公积				贷	24 320
本年利润				贷	35 500

（二）振兴厂 20××年 6 月份发生如下经济业务：

序号	20××年		经济业务内容	所附单据
	月	日		
1	6	1	以银行存款付前欠东山厂材料款 50 000 元。	电汇凭证回单
2		2	周强出差回来，报销差旅费用 1 038 元，收回现金 162 元。	差旅费报销单、收款收据
3		3	开出现金支票一张，提取现金 1 200 元备用。	现金支票存根
4		5	向金源商场销售 A 产品 1 000 件，每件单价 60 元，共计金额 60 000元，增值税为 10 200 元，收到转账支票一张（NO:058356），已送存银行。	增值税专用发票、进账单回单
5		5	职工王为因到上海开会，预借差旅费用 1 500 元，付出现金。	差旅费用借款单

（续表）

序号	20××年		经济业务内容	所附单据
	月	日		
6		10	从红星厂购入甲材料 1 000 千克，单价 10 元，购入乙材料 2 000 千克，单价 20 元，共计价款 50 000 元，增值税额为 8 500 元，货款以银行存款支付，材料未到。	增值税专用发票、托收凭证承付支款凭证
7		11	以转账支票支付甲、乙材料入库前运杂费 900 元。	运费结算单、转账支票存根
8		11	甲、乙材料验收入库。	材料入库单
9		13	从银行存款户提取现金 17 600 元，备发工资。	现金支票存根
10		13	以现金支付职工工资 17 600 元。	工资结算汇总表
11		15	以银行存款支付销售广告费用 1 000 元。	行政事业收费通用凭证、转账支票存根
12		18	以现金支付业务招待费 500 元。	饮食业发票
13		21	计提本月固定资产折旧 3 508 元。其中：车间计提 3 000 元，厂部计提 508 元。	折旧计算表
14		22	以现金购买办公用品 292 元。	普通发票
15		23	向华鑫公司销售 B 产品 900 包，销售单价 100 元，计金额 90 000 元，增值税为 15 300 元，已办妥托收手续。	增值税专用发票、托收凭证回单
16		26	分配本月份工资 17 600 元。其中：A 产品生产工人工资为 4 800 元，B 产品生产工人工资为 7 200 元，车间管理人员工资为 2 500 元，厂部管理人员工资 3 100 元。	工资费用分配表
17		27	接银行转来利息结算单，第二季度借款利息 3 750 元。	利息结算单
18		28	本月材料耗用情况如下：生产 A 产品耗用甲材料 2 000 千克，单位成本 10.24 元；生产 B 产品耗用乙材料 3 000 千克，单位成本 20.55 元。	耗用材料汇总表
19		30	按生产工时分配制造费用。	制造费用分配表
20		30	本月生产产品全部完工，已验收入库。其中：生产 A 产品 1 000 件，生产 B 产品 2 000 包。	产品入库单、成本计算单
21		30	计算结转本月已销产品生产成本。（单位生产成本 A 产品 25.83元，B 产品 37 元）	销售成本计算单
22		30	计算本月应交所得税（25%）。	所得税计算表
23		30	结转本月利润。	结转“本年利润”明细表

原始凭证：

(1－1)

中国工商银行电汇凭证(回单)

汇款单位编号　　　　委托日期 20×× 年 6 月 1 日　　第 66 号　　教学专用

<table>
<tr><td rowspan="3">收款单位</td><td>全称</td><td colspan="3">东山厂</td><td rowspan="3">汇款单位</td><td>全称</td><td colspan="3">振兴厂</td></tr>
<tr><td>账号或住址</td><td colspan="3">6536782</td><td>账号或住址</td><td colspan="3">02212522</td></tr>
<tr><td>汇入地点</td><td>山东省济南市</td><td>汇入行名称</td><td>中国工商银行××支行</td><td>汇出地点</td><td>山东省烟台市</td><td>汇出行名称</td><td>中国工商银行××支行</td></tr>
<tr><td>金额</td><td colspan="7">人民币(大写)伍万元整</td><td colspan="2">百 十 万 千 百 十 元 角 分
¥ 5 0 0 0 0 0 0</td></tr>
<tr><td colspan="7">汇款用途：付前欠货款</td><td colspan="3" rowspan="3">(汇出行盖章)
年　月　日</td></tr>
<tr><td colspan="7">上列款项已根据委托办理，如须查询，请持此回单来行面洽</td></tr>
<tr><td colspan="7">单位主管　　会计　　出纳　　记账</td></tr>
</table>

此联是汇出银行给汇款单位的回单

(2－1)

差旅费结算单

附单据共　7　　　　20××年 6 月 2 日

<table>
<tr><td rowspan="2">项　目</td><td colspan="8">金　额</td><td colspan="2" rowspan="10">出差时间：5 月 28 日至 6 月 1 日共 5 天
出差地点：上海
事　　由：参观学习

部门负责人(签字)　年　月　日
财务主管(签字)　年　月　日</td></tr>
<tr><td>十</td><td>万</td><td>千</td><td>百</td><td>十</td><td>元</td><td>角</td><td>分</td></tr>
<tr><td>原借款</td><td></td><td></td><td></td><td></td><td></td><td></td><td></td><td></td></tr>
<tr><td>火车</td><td></td><td></td><td></td><td></td><td></td><td></td><td></td><td></td></tr>
<tr><td>汽车</td><td></td><td></td><td></td><td></td><td></td><td></td><td></td><td></td></tr>
<tr><td>旅馆费</td><td></td><td></td><td></td><td></td><td></td><td></td><td></td><td></td></tr>
<tr><td>补助费</td><td></td><td></td><td></td><td></td><td></td><td></td><td></td><td></td></tr>
<tr><td>市内交通费</td><td></td><td></td><td></td><td></td><td></td><td></td><td></td><td></td></tr>
<tr><td>其　他</td><td></td><td></td><td></td><td></td><td></td><td></td><td></td><td></td></tr>
<tr><td>合计</td><td></td><td></td><td></td><td></td><td></td><td></td><td></td><td></td></tr>
<tr><td colspan="11">各项支出(大写)＿＿＿＿＿＿＿＿　　结算人(盖章)
退还结余款＿＿＿＿＿＿＿＿　　周强
补　付　款＿＿＿＿＿＿＿＿　　年　月　日</td></tr>
</table>

制单：　　　　　复核：

请将原始单据粘贴在此单据后面

(2-2)

火车票 (烟台—上海) ¥:258.00

上海出租车票 发票 10元

上海市内交通车票 1元

上海市内交通车票 1元

上海出租车票 发票 10元

火车票 (上海—烟台) ¥:258.00

(2-3)

××市服务业发票

发　票　联

客户名称:振兴厂　　　　20××年6月1日　　　　NO:325678

品名	单位	数量	单价	金额						
				万	千	百	十	元	角	分
住宿费	天	5	100			5	0	0	0	0
合计人民币(大写)伍佰元整					¥	5	0	0	0	0

第二联报销凭证

收款人:李四　　　　单位名称(盖章):某招待所章

(2-4)

收款收据

20××年6月2日　　　　第1128号

交款单位＿＿＿＿＿＿＿＿＿＿＿＿＿＿＿＿＿＿＿＿

交款事由＿＿＿＿＿＿＿＿＿＿＿＿＿＿＿＿＿＿＿＿

人民币(大写)　　仟　佰　拾　元　角　分¥

备注:

第二联交付款单位

单位盖章:　　　　会计:　　　　经办人:

(3－1)

中国××银行 现金支票存根	中国××银行现金支票 №567865 教学专用
支票号码：№567865 附加信息 出票日期 年 月 日 收款人： 金额： 用途： 单位主管 会计	出票日期(大写) 年 月 日 付款行名称： 收款人： 出票人账号： 本支票付款期限十天 人民币(大写) 百 十 万 千 百 十 元 角 分 用途： 上列款项请从 我账户内支付 出票人签章 复核 记账

(4－1)

增值税专用发票

NO:656896

开票日期:20××年6月5日

教学专用

购货单位				
购货单位	名称	金源商场	纳税人登记号	256
	地址电话	济南市市中区	开户银行及账号	工商银行济南市××支行 555555

货物或应税劳务名称	计量单位	数量	单价	金额								税率(%)	税额							
				十	万	千	百	十	元	角	分		十	万	千	百	十	元	角	分
A产品销售	件	1 000	60.00		6	0	0	0	0	0	0			1	0	2	0	0	0	0
合计				¥	6	0	0	0	0	0	0		¥	1	0	2	0	0	0	0
价税合计(大写)⊗柒万零贰佰元整 ¥70 200.00																				

销货单位				
销货单位	名称	振兴厂	纳税人登记号	586
	地址、电话	烟台市幸福路	开户银行及账号	工商银行烟台市××支行 02212522

收款人： 开票单位(未盖章无效)

（4－2）

中国工商银行进账单(回单或收账通知)

教学专用　　日期:20××年6月5日　　第50号

收款人	全称	振兴厂	付款人	全称	金源商场									
	账号	02212522		账号	555555									
	开户银行	工商银行烟台市××支行		开户银行	工商行济南市××支行									
人民币(大写)柒万零贰佰元整						十	万	千	百	十	元	角	分	
						¥	7	0	2	0	0	0	0	
票据种类	转账支票(058356)			收款人开户行盖章										
票据张数	1													
单位主管　会计　复核　记账														

回单联或收账通知

（5－1）

差旅费用借款单

出差地点	上海		预计天数	3				
事由	开会							
金额(大写)壹仟伍佰元整		万	千	百	十	元	角	分
		¥	1	5	0	0	0	0
部门负责人 (签字)同意/赵强 20××年6月5日	财务主管 (签字)同意/张立 20××年6月5日	借款人 (签字)王为 年　月　日						

（6－1）

增值税专用发票

NO:5693256

开票日期:20××年6月2日　　教学专用

购货单位	名称	振兴厂			纳税人登记号								586										
	地址电话	烟台市幸福路			开户银行及账号								工商银行烟台市××支行 02212522										
货物或应税劳务名称		计量单位	数量	单价	金额								税率(%)	税额									
					十	万	千	百	十	元	角	分		十	万	千	百	十	元	角	分		
甲材料		千克	1 000	10.00		1	0	0	0	0	0	0				1	7	0	0	0	0		
乙材料		千克	2 000	20.00		4	0	0	0	0	0	0				6	8	0	0	0	0		
合计					¥	5	0	0	0	0	0	0			¥	8	5	0	0	0	0		
价税合计(大写)⊗伍万捌仟伍佰元整　¥58 500.00																							
销货单位	名称	红星厂			纳税人登记号								669										
	地址、电话	青岛市四方区			开户银行及账号								工商行青岛市××支行 2011562										

第三联:抵扣联

收款人:李丽　　开票单位(未盖章无效)

(6-2)

托收承付凭证(承付支款通知)

电　　委托日期 20××年 6 月 2 日　　托收号码:02658

教学专用

承付期限
到期　年　月　日

付款人	全称	振兴厂	收款人	全称	红星厂
	账号或地址	02212522		账号	2011562
	开户银行	工商银行烟台市××支行		开户银行	工商行青岛市××支行

托收金额	人民币(大写)伍万捌仟伍佰元整	百	十	万	千	百	十	元	角	分
			¥	5	8	5	0	0	0	0

附件		商品发运情况	合同名称号码
附单证张数或册数	2		

备注	
电　划	付款人注意: 1. 根据结算办法规定,上列托收款项,如超过承付期并未拒付时,即视同全部承付。如系全额支付即以此联代支款通知;如遇延付或部分支付时,再由银行另送延付或部分支付的支款通知。 2. 如需提前承付或多承付时,应另写书面通知送银行办理。 3. 如系全部或部分拒付,应在承付期限内另填拒绝承付理由书送银行办。

付款人开户行交付款人的付款通知

(7-1)

中国××银行 转账支票存根	中国××银行转账支票　№216781　教学专用
支票号码:№216781 附加信息 出票日期　年　月　日	出票日期(大写)　年　月　日　付款行名称: 收款人:　出票人账号:
收款人: 金额: 用途:	本支票付款期限十天 人民币(大写)　百 十 万 千 百 十 元 角 分 用途: 上列款项请从 我账户内支付
单位主管　会计	出票人签章　复核　记账

(7－2)

汽车运费结算单

20××年6月5日　　　　第80号

发货单位:红星厂	备注:发运甲材料1 000千克、乙材料2 000千克		
收货单位:振兴厂			
承运单位:某运输公司	车号:02568	吨位:8	里程:200公里
货物件数20件	运费¥900.00	人民币(大写)玖佰元整	

交委托单位

经手人:赵六

(7－3)

运费分配计算表

20××年6月11日

品　名	运输数量(千克)	分配率	分配额
甲材料	1 000		
乙材料	2 000		
合　计	3 000		900.00

制单:　　　　审核:

(8－1)

材料入库单

供货单位:红星厂　　　　验收日期:20××年　6月11日　　　　编号:08

材料类别	原料及主要材料			发票编号	5693256		
品　名	单位	数　量		金　额			
		发货数	实收数	单价	总价	运杂费	总成本
甲材料	千克	1 000	1 000	10.00	10 000.00		
乙材料	千克	2 000	2 000	20.00	40 000.00		
合计					50 000.00		

保管:　　　制单:　　　审核:

(9－1)

中国××银行 现金支票存根 支票号码:№567866 附加信息 出票日期　年　月　日 收款人: 金额: 用途: 单位主管　会计	中国××银行现金支票　№567866　教学专用 出票日期(大写)　年　月　日　付款行名称: 收款人:　出票人账号: 本支票付款期限十天 人民币(大写)　百 十 万 千 百 十 元 角 分 用途:＿＿＿＿ 上列款项请从 我账户内支付 出票人签章　复核　记账

(10－1)

工资结算汇总表

20××年 6 月 13 日

单位:元

车间及部门		职工人数	标准工资	岗位工资	各种津贴	缺勤扣款	应付工资	代扣水电费	实发工资
生产车间	生产工人	20	6 000.00	3 200.00	2 800.00		12 000.00		12 000.00
	管理人员	4	1 400.00	600.00	500.00		2 500.00		2 500.00
	小计	24	7 400.00	3 800.00	3 300.00		14 500.00		14 500.00
厂部管理人员		6	1 700.00	800.00	600.00		3 100.00		3 100.00
合计		30	9 100.00	4 600.00	3 900.00		17 600.00		17 600.00

制单：　　　　　　审核：

(11－1)

××省行政事业性费用通用票据

20××年　6 月 15 日

鲁财 NO:0705051

交款单位或交款人			收款方式	转支
收费项目名称	收费标准	数量	金额	备注
广告费			1 000.00	
合计			¥1 000.00	
人民币(大写):壹仟元整				

收款单位(盖章):某电视台　　单位负责人(盖章):　　经手人:刘强

(11－2)

中国××银行
转账支票存根
支票号码:№216782
附加信息

出票日期　年　月　日

收款人:
金额:
用途:

单位主管　　会计

中国××银行转账支票　　№216782　　教学专用

出票日期(大写)　　年　　月　　日　　付款行名称:

收款人:　　出票人账号:

本支票付款期限十天

人民币(大写)	百	十	万	千	百	十	元	角	分

用途:________

上列款项请从

我账户内支付

出票人签章　　复核　　记账

(12－1)

××市饮食业发票

发　票　联

客户名称:振兴厂　　20××年6月18日　　NO:678596

品　名	单位	数量	单价	金　额						
				万	千	百	十	元	角	分
业务招待费						5	0	0	0	0
合计人民币(大写)伍佰元整					¥	5	0	0	0	0

第二联:报销凭证

填票人:李月　　收款人:孙杰　　单位名称(盖章):某酒店

(13－1)

固定资产折旧计算表

20××年6月21日

类　别	原　值	月折旧率	月折旧额	备　注
生产车间	150 000.00	2%		
管理部门	54 800.00	0.927%		
合计			3 508.00	

制单:　　审核:

(14－1)

××省商业零售统一发票

发票联

客户名称:振兴厂　　20××年6月22日　　NO:00789653

品　名	数量	单价	金　额						
			万	仟	百	十	元	角	分
办公用笔	20	10			2	0	0	0	0
办公用纸						9	2	0	0
合计人民币:(大写)零万零仟贰佰玖拾贰元零角零分				¥	2	9	2	0	0

第二联:发票联

开票人:王华　　收款人:孙丽　　开票单位:某百货公司

(15－1)

增值税专用发票

NO:656897

教学专用

开票日期:20××年6月23日

购货单位	名称	华鑫公司			纳税人登记号					695												
	地址电话	龙口市			开户银行及账号					工商银行龙口市××支行 00586512												
货物或应税劳务名称		计量单位	数量	单价	金额								税率(%)	税额								
					十	万	千	百	十	元	角	分		十	万	千	百	十	元	角	分	
B产品销售		包	900	100.00		9	0	0	0	0	0	0			1	5	3	0	0	0	0	
合计					¥	9	0	0	0	0	0	0		¥	1	5	3	0	0	0	0	
价税合计(大写)⊗壹拾万伍仟叁佰元整					¥105 300.00																	
销货单位	名称	振兴厂			纳税人登记号					586												
	地址、电话	烟台市幸福路			开户银行及账号					工商银行烟台市××支行 02212522												

收款人:　　　　开票单位(未盖章无效)

第四联:记账联

(15－2)

托收承付凭证(回单)

教学专用

电　　委托日期20××年6月23日　　托收号码:01236

付款人	全称	华鑫公司	收款人	全称	振兴厂								
	账号或地址	00586512		账号	02212522								
	开户银行	工商银行龙口市××支行		开户银行	工商银行烟台市××支行								
托收金额	人民币(大写)壹拾万伍仟叁佰元整				百	十	万	千	百	十	元	角	分
					¥	1	0	5	3	0	0	0	0
附件		商品发运情况			合同名称号码								
附单证张数或册数	1												
备注 电划		款项收妥日期 年 月 日			收款人开户行盖章 月 日								

单位主管:　　会计:　　复核:　　记账:

此联是回单联

(16－1)

工资费用分配计算表

年　月　日

<table>
<tr><td colspan="2" rowspan="2">部门及产品</td><td colspan="3">应列借方账户</td><td rowspan="2">合　计</td></tr>
<tr><td>生产成本</td><td>制造费用</td><td>管理费用</td></tr>
<tr><td rowspan="3">生产车间</td><td>A产品</td><td></td><td></td><td></td><td></td></tr>
<tr><td>B产品</td><td></td><td></td><td></td><td></td></tr>
<tr><td>小计</td><td></td><td></td><td></td><td></td></tr>
<tr><td colspan="2">车间管理部门</td><td></td><td></td><td></td><td></td></tr>
<tr><td colspan="2">厂部管理部门</td><td></td><td></td><td></td><td></td></tr>
<tr><td colspan="2">合计</td><td></td><td></td><td></td><td></td></tr>
</table>

制单：　　　　　　　　　　　　审核：

(17－1)

中国工商银行
借款利息通知单

NO:5635691

<table>
<tr><td colspan="2">借款账户户名:振兴厂</td><td>账号:02212522</td></tr>
<tr><td colspan="2">利息计算时间:3月28日起6月27日止</td><td rowspan="5">中国工商银行
烟台市××支行(付)

章
对方科目(收)开户银行盖章复核
20××年6月27日</td></tr>
<tr><td>计算积数共计:￥4 50 000</td><td>利率:2.5%</td></tr>
<tr><td colspan="2">计息金额:(大写)叁仟柒佰伍拾元整</td></tr>
<tr><td>附记</td><td>￥3 750.00</td></tr>
<tr><td colspan="2">会计:　　　复核:　　　制单:</td></tr>
</table>

第三联　代付款凭证

(18－1)

原材料耗用汇总表

年　月　日

<table>
<tr><td colspan="2" rowspan="2">部门及产品</td><td colspan="3">甲材料</td><td colspan="3">乙材料</td><td rowspan="2">合计</td></tr>
<tr><td>数量</td><td>单价</td><td>金额</td><td>数量</td><td>单价</td><td>金额</td></tr>
<tr><td rowspan="2">生产车间</td><td>A产品</td><td></td><td></td><td></td><td></td><td></td><td></td><td></td></tr>
<tr><td>B产品</td><td></td><td></td><td></td><td></td><td></td><td></td><td></td></tr>
<tr><td colspan="2">合计</td><td></td><td></td><td></td><td></td><td></td><td></td><td></td></tr>
</table>

制单：　　　　　　　　　　　　审核：

（19－1）

制造费用分配表

年　月　日

产品名称	工时	分配率	分配额
A 产品	2 000		
B 产品	3 000		
合计	5 000		

制单：　　　　　　　　审核：

（20－1）

生产成本计算表

年　月　日　　　　完工产品：1 000 件

产品名称：A 产品　　　　在产品 0 件　完工程度：100％

摘要	成本项目			合计
	直接材料	直接人工	制造费用	
月初在产品成本				
本月生产费用				
完工产品成本				
期末在产品成本				

制单：　　　　　　　　审核：

（20－2）

生产成本计算表

年　月　日　　　　完工产品：2 000 包

产品名称：B 产品　　　　在产品 0 包　完工程度：100％

摘要	成本项目			合计
	直接材料	直接人工	制造费用	
月初在产品成本				
本月生产费用				
完工产品成本				
期末在产品成本				

制单：　　　　　　　　审核：

（20－3）

产品入库单

编报单位：成品仓库　　　　年　月　日

品名	单位	数量	备注
A 产品	件		
B 产品	包		

保管：　　　　　　　　审核：

(21－1)

产品销售成本计算表

年　月　日

产品	销售数量	单位成本	销售成本
A产品			
B产品			
合计			

制单：　　　　　　审核：

(22－1)

应交所得税计算表

年　月　日

应纳税所得额	税率(25%)	应交所得税	备注

制单：　　　　　　审核：

(23－1)

月末结转“本年利润”明细表

年　月　日　　　　金额单位:元

账户名称	转入“借方”金额	账户名称	转入“贷方”金额
合计			

制单：　　　　　　审核：

（备用票据）

中国××银行
现金支票存根
支票号码：№567867
附加信息

出票日期　年　月　日

收款人：	
金额：	
用途：	

单位主管　会计

中国××银行现金支票

№567867 教学专用

出票日期(大写)　年　月　日　付款行名称：
收款人：　出票人账号：

本支票付款期限十天

人民币（大写）	百	十	万	千	百	十	元	角	分

用途：

上列款项请从
我账户内支付

出票人签章　复核　记账

中国××银行
现金支票存根
支票号码：№567868
附加信息

出票日期　年　月　日

收款人：	
金额：	
用途：	

单位主管　会计

中国××银行现金支票

№567868 教学专用

出票日期(大写)　年　月　日　付款行名称：
收款人：　出票人账号：

本支票付款期限十天

人民币（大写）	百	十	万	千	百	十	元	角	分

用途：

上列款项请从
我账户内支付

出票人签章　复核　记账

中国××银行
现金支票存根
支票号码：№567869
附加信息

出票日期　年　月　日

收款人：	
金额：	
用途：	

单位主管　会计

中国××银行现金支票

№567869 教学专用

出票日期(大写)　年　月　日　付款行名称：
收款人：　出票人账号：

本支票付款期限十天

人民币（大写）	百	十	万	千	百	十	元	角	分

用途：

上列款项请从
我账户内支付

出票人签章　复核　记账

中国××银行
现金支票存根
支票号码:№216783
附加信息

出票日期 年 月 日

收款人:
金额:
用途:

单位主管 会计

中国××银行现金支票

№216783 教学专用

出票日期(大写) 年 月 日 付款行名称:
收款人: 出票人账号:

本支票付款期限十天

人民币(大写)	百	十	万	千	百	十	元	角	分

用途:
上列款项请从
我账户内支付
出票人签章 复核 记账

中国××银行
现金支票存根
支票号码:№216784
附加信息

出票日期 年 月 日

收款人:
金额:
用途:

单位主管 会计

中国××银行现金支票

№216784 教学专用

出票日期(大写) 年 月 日 付款行名称:
收款人: 出票人账号:

本支票付款期限十天

人民币(大写)	百	十	万	千	百	十	元	角	分

用途:
上列款项请从
我账户内支付
出票人签章 复核 记账

中国××银行
现金支票存根
支票号码:№216785
附加信息

出票日期 年 月 日

收款人:
金额:
用途:

单位主管 会计

中国××银行现金支票

№216785 教学专用

出票日期(大写) 年 月 日 付款行名称:
收款人: 出票人账号:

本支票付款期限十天

人民币(大写)	百	十	万	千	百	十	元	角	分

用途:
上列款项请从
我账户内支付
出票人签章 复核 记账

中国××银行
现金支票存根
支票号码:№216786
附加信息

出票日期 年 月 日

收款人:	
金额:	
用途:	

单位主管 会计

中国××银行现金支票

№216786 教学专用

出票日期(大写) 年 月 日 付款行名称:
收款人: 出票人账号:

本支票付款期限十天

人民币(大写)	百	十	万	千	百	十	元	角	分

用途:__________
上列款项请从
我账户内支付
出票人签章 复核 记账

模拟实训资料参考答案

1. 借:应付账款——东山厂　50 000
　贷:银行存款　50 000
2. 借:库存现金　162
　　管理费用　1 038
　贷:其他应收款——周强　1 200
3. 借:库存现金　1 200
　贷:银行存款　1 200
4. 借:银行存款　70 200
　贷:主营业务收入　60 000
　　应交税费——应交增值税(销项税额)　1 0200
5. 借:其他应收款——王为　1 500
　贷:库存现金　1 500
6. 借:在途物资——甲材料　10 000
　　在途物资——乙材料　40 000
　　应交税费——应交增值税(进项税额)　8 500
　贷:银行存款　58 500
7. 借:在途物资——甲材料　300
　　在途物资——乙材料　600
　贷:银行存款　900
8. 借:原材料——甲材料　10 300
　　原材料——乙材料　40 600
　贷:在途物资——甲材料　10 300
　　在途物资——乙材料　40 600
9. 借:库存现金　17 600
　贷:银行存款　17 600
10. 借:应付职工薪酬　17 600
　贷:库存现金　17 600
11. 借:销售费用　1 000
　贷:银行存款　1 000
12. 借:管理费用　500
　贷:库存现金　500
13. 借:制造费用　3 000
　　管理费用　508
　贷:累计折旧　3 508
14. 借:管理费用　292
　贷:库存现金　292
15. 借:应收账款——华鑫公司　105 300

贷:主营业务收入　　90 000
　　应交税费——应交增值税(销项税额)　　15 300

16. 借:生产成本——A 产品(直接人工)　　4 800
　　生产成本——B 产品(直接人工)　　7 200
　　制造费用　　2 500
　　管理费用　　3 100
　贷:应付职工薪酬　　17 600

17. 借:财务费用——借款利息　　1 250
　　应付利息——借款利息　　2 500
　贷:银行存款　　3 750

18. 借:生产成本——A 产品(直接材料)　　20 480
　　生产成本——B 产品(直接材料)　　61 650
　贷:原材料——甲材料　　20 480
　　原材料——乙材料　　61 650

19. 借:生产成本——A 产品(制造费用)　　2 200
　　生产成本——B 产品(制造费用)　　3 300
　贷:制造费用　　5 500

20. 借:库存商品——A 产品　　27 480
　　库存商品——B 产品　　72 150
　贷:生产成本——A 产品　　27 480
　　生产成本——B 产品　　72 150

21. 借:主营业务成本——A 产品　　25 830
　　主营业务成本——B 产品　　33 300
　贷:库存商品——A 产品　　25 830
　　库存商品——B 产品　　33 300

22. 应交所得税＝(150 000－1 000－1 250－25 830－33 300－5 438)×25％＝83 182×25％＝20 795.50 元

借:所得税费用　　20 795.50
　贷:应交税费——应交所得税　　20 795.50

23. 借:本年利润　　87 613.50
　贷:主营业务成本　　59 130
　　销售费用　　1 000
　　财务费用　　1 250
　　管理费用　　5 438
　　所得税费用　　20 795.50

借:主营业务收入　　150 000
　贷:本年利润　　150 000

明细账资料:

现金

期初余额	1 480		
(2)	162		
(3)	1 200		
		(5)	1 500
(9)	17 600		
		(10)	17 600
		(12)	500
		(14)	292
期末余额	550		

银行存款

期初余额	106 500		
		(1)	50 000
		(3)	1 200
(4)	70 200		
		(6)	58 500
		(7)	900
		(9)	17 600
		(11)	1 000
		(17)	3 750
期末余额	43 750		

应收账款——幸福厂

期初余额	35 000		
期末余额	35 000		

应收账款——宏达公司

期初余额	25 000		
期末余额	25 000		

应收账款——华鑫公司

(15)	105 300		
期末余额	105 300		

其他应收款——王为

(5)	1 500		
期末余额	1 500		

其他应收款——周强

期初余额	1 200		
		(2)	1 200
期末余额	0		

固定资产

期初余额	204 800		
期末余额	204 800		

在途物资——甲材料

(6)	10 000		
(7)	300		
		(8)	10 300
期末余额	0		

在途物资——乙材料

(6)	40 000		
(7)	600		
		(8)	40 600
期末余额	0		

原材料——甲材料

期初余额	12 240		
(8)	10 300		
		(18)	20 480
期末余额	2 060		

原材料——乙材料

期初余额	23 100		
(8)	40 600		
		(18)	61 650
期末余额	2 050		

库存商品——A产品

期初余额	50 000		
(20)	27 480		
		(21)	25 830
期末余额	51 650		

库存商品——B产品

期初余额	25 000		
(20)	72 150		
		(21)	33 300
期末余额	63 850		

生产成本——A产品

(16)	4 800		
(18)	20 480		
(19)	2 200		
		(20)	27 480
期末余额	0		

生产成本——B产品

(16)	7 200		
(18)	61 650		
(19)	3 300		
		(20)	72 150
期末余额	0		

制造费用

(13)	3 000		
(16)	2 500		
		(19)	5 500
期末余额	0		

累计折旧

		期初余额	29 000
		(13)	3 508
		期末余额	32 508

应付账款——东山厂

		期初余额	80 000
(1)	50 000		
		期末余额	30 000

应付利息——借款利息

		期初余额	2 500
(17)	2 500		
		期末余额	0

应付职工薪酬

		期初余额	8 000
(10)	17 600		
		(16)	17 600
		期末余额	8 000

应交税费——应交增值税

		(4)	10 200
(6)	8 500		
		(15)	15 300
		期末余额	17 000

应交税费——应交所得税

		(22)	20 795.50
		期末余额	20 795.50

短期借款——生产固定借款

		期初余额	50 000
		期末余额	50 000

本年利润

		期初余额	35 500
(23)	87 613.50	(23)	150 000
		期末余额	97 886.50

盈余公积——法定盈余公积

		期初余额	24 320
		期末余额	24 320

实收资本

		期初余额	255 000
		期末余额	255 000

主营业务收入——A产品

		(4)	60 000
(23)	60 000		
		期末余额	0

主营业务收入——B产品

		(15)	90 000
(23)	90 000		
		期末余额	0

主营业务成本——A产品

(21)	25 830		
		(23)	25 830
期末余额	0		

主营业务成本——B产品

(21)	33 300		
		(23)	33 300
期末余额	0		

销售费用

(11)	1 000		
		(23)	1 000
期末余额	0		

管理费用

(2)	1 038		
(12)	500		
(13)	508		
(14)	292		
(16)	3 100		
		(23)	5 438
期末余额	0		

所得税费用

(22)	20 795.50		
		(23)	20 795.50
期末余额	0		

财务费用

(17)	1 250		
		(23)	1 250
期末余额	0		

期初期末余额及本期发生额汇总表

账户名称	期初余额		借方发生额	贷方发生额	期末余额	
	借方	贷方			借方	贷方
库存现金	1 480		18 962	19 892	550	
银行存款	106 500		70 200	132 950	43 750	
应收账款	60 000		105 300		165 300	
其他应收款	1 200		1 500	1 200	1 500	
在途物资	0		50 900	50 900		
原材料	35 340		50 900	82 130	4 110	
库存商品	75 000		99 630	59 130	115 500	
生产成本	0		99 630	99 630		
制造费用	0		5 500	5 500		
固定资产	204 800				204 800	
累计折旧		29 000		3 508		32 508
短期借款		50 000				50 000
应付账款		80 000	50 000			30 000
应付职工薪酬		8 000	17 600	17 600		8 000
应交税费			8 500	46 295.50		37 795.50
应付利息		2 500	2 500			
实收资本		255 000				255 000
盈余公积		24 320				24 320
本年利润		35 500	87 613.50	150 000		97 886.50
主营业务收入			150 000	150 000		
主营业务成本			59 130	59 130		
销售费用			1 000	1 000		
管理费用			5 438	5 438		
财务费用			1 250	1 250		
所得税费用			20 795.50	20 795.50		
合计	484 320	484 320	906 349	906 349	535 510	535 510

图书在版编目(CIP)数据

基础会计学 / 吕秀娥主编. -- 3 版. -- 南京 ：南京大学出版社，2014.2(2020.8重印)
高职高专"十二五"规划教材. 工商管理类
ISBN 978－7－305－09646－4

Ⅰ. ①基… Ⅱ. ①吕… Ⅲ. ①会计学－高等职业教育－教材 Ⅳ. ①F230

中国版本图书馆 CIP 数据核字(2014)第 025984 号

出版发行 南京大学出版社
社　　址 南京市汉口路 22 号　　邮　　编 210093
出 版 人 金鑫荣

丛 书 名 高职高专"十二五"规划教材·工商管理类
书　　名 基础会计学
主　　编 吕秀娥
责任编辑 王向民　　编辑热线 025－83594275

照　　排 南京南琳图文制作有限公司
印　　刷 南通印刷总厂有限公司
开　　本 787×1092 1/16 印张 20 字数 470 千
版　　次 2014 年 2 月第 3 版　　2020 年 8 月第 5 次印刷
ISBN 978－7－305－09646－4
定　　价 42.00 元

网址：http://www.njupco.com
官方微博：http://weibo.com/njupco
官方微信号：njupress
销售咨询热线：(025) 83594756
